强身健体的 中国功夫

鹿军士 编著

中国出版集团 现代出版社

图书在版编目（ＣＩＰ）数据

强身健体的中国功夫 / 鹿军士编著. -- 北京 : 现代出版社，2017.8
ISBN 978-7-5143-6486-6

Ⅰ．①强… Ⅱ．①鹿… Ⅲ．①武术－介绍－中国 Ⅳ．①G852

中国版本图书馆CIP数据核字(2017)第223446号

强身健体的中国功夫

作　　者：鹿军士
责任编辑：李　鹏
出版发行：现代出版社
通讯地址：北京市定安门外安华里504号
邮政编码：100011
电　　话：010-64267325 64245264（传真）
网　　址：www.1980xd.com
电子邮箱：xiandai@vip.sina.com
印　　刷：天津兴湘印务有限公司
字　　数：380千字
开　　本：710mm×1000mm 1/16
印　　张：30
版　　次：2018年5月第1版　2018年5月第1次印刷
书　　号：ISBN 978-7-5143-6486-6
定　　价：128.00元

习近平总书记在党的十九大报告中指出："深入挖掘中华优秀传统文化蕴含的思想观念、人文精神、道德规范，结合时代要求继承创新，让中华文化展现出永久魅力和时代风采。"同时习总书记指出："中国特色社会主义文化，源自于中华民族五千多年文明历史所孕育的中华优秀传统文化，熔铸于党领导人民在革命、建设、改革中创造的革命文化和社会主义先进文化，植根于中国特色社会主义伟大实践。"

我国经过改革开放的历程，推进了民族振兴、国家富强、人民幸福的"中国梦"，推进了伟大复兴的历史进程。文化是立国之根，实现"中国梦"也是我国文化实现伟大复兴的过程，并最终体现在文化的发展繁荣。博大精深的中国优秀传统文化是我们在世界文化激荡中站稳脚跟的根基。中华文化源远流长，积淀着中华民族最深层的精神追求，代表着中华民族独特的精神标识，为中华民族生生不息、发展壮大提供了丰厚滋养。我们要认识中华文化的独特创造、价值理念、鲜明特色，增强文化自信和价值自信。

如今，我们正处在改革开放攻坚和经济发展的转型时期，面对世界各国形形色色的文化现象，面对各种眼花缭乱的现代传媒，我们要坚持文化自信，古为今用、洋为中用、推陈出新，有鉴别地加以对待，有扬弃地予以继承，传承和升华中华优秀传统文化，发展中国特色社会主义文化，增强国家文化软实力。

浩浩历史长河，熊熊文明薪火，中华文化源远流长，滚滚黄河、滔滔长江，是最直接的源头，这两大文化浪涛经过千百年冲刷洗礼和不断交流、融合以及沉淀，最终形成了求同存异、兼收并蓄的辉煌灿烂的中华文明，也是世界上唯一绵延不绝的古老文化，并始终充满生机与活力。

中华文化曾是东方文化摇篮，也是推动世界文明不断前行的动力之一。早在五百年前，中华文化的四大发明催生了欧洲文艺复兴运动和地理大发现。中国四大发明先后传到西方，对于促进西方工业社会发展和形成，起到了重要作用。

中华文化的力量，已经深深熔铸到我们的生命力、创造力和凝聚力中，是我们民族的基因。中华民族的精神，业已深深植根于绵延数千年的优秀文化传统之中，是我们的精神家园。

总之，中国文化博大精深，是中华各族人民五千年来创造、传承下来的物质文明和精神文明的总和，其内容包罗万象，浩若星汉，具有很强的文化纵深，蕴含着丰富的宝藏。我们要实现中华文化的伟大复兴，首先要站在传统文化前沿，薪火相传，一脉相承，弘扬和发展五千年来优秀的、光明的、先进的、科学的、文明的和自豪的文化现象，融合古今中外一切文化精华，构建具有中国特色的现代民族文化，向世界和未来展示中华民族的文化力量、文化价值、文化形态与文化风采。

为此，在有关专家指导下，我们收集整理了大量古今资料和最新研究成果，特别编撰了本套大型书系。主要包括巧夺天工的古建杰作、承载历史的文化遗迹、人杰地灵的物华天宝、千年奇观的名胜古迹、天地精华的自然美景、淳朴浓郁的民风习俗、独具特色的语言文字、异彩纷呈的文学艺术、欢乐祥和的歌舞娱乐、生动感人的戏剧表演、辉煌灿烂的科技教育、修身养性的传统保健、至善至美的伦理道德、意蕴深邃的古老哲学、文明悠久的历史形态、群星闪耀的杰出人物等，充分显示了中华民族厚重的文化底蕴和强大的民族凝聚力，具有极强的系统性、广博性和规模性。

本套书系的特点是全景展现，纵横捭阖，内容采取讲故事的方式进行叙述，语言通俗，明白晓畅，图文并茂，形象直观，古风古韵，格调高雅，具有很强的可读性、欣赏性、知识性和延伸性，能够让广大读者全面触摸和感受中国文化的丰富内涵，增强中华儿女民族自尊心和文化自豪感，并能很好地继承和弘扬中国文化，创造具有中国特色的先进民族文化。

强身健体的
中国功夫

中国功夫

中华武术历史与文化

武术起源可以追溯至远古时代，它产生于人类的生产劳动和部落之间的战争。人类要生存，要保护自己，就要与野兽斗争。这样人们就逐渐掌握了徒手和持械进行攻防格斗的技能，这就是后来武术的萌芽。

在氏族公社时代，部落之间经常发生战争。在这些战争中，远则使用弓箭、投掷器等武器，近则使用棍棒、长矛、刀斧等武器，有攻有防。徒手搏斗时，应用拳打、脚踢、躲闪、扭摔、跳跃等动作。使用器械战斗时，应用劈、砍、刺、扎等动作，使得武术不断发展。

功夫之源

武术萌芽

人类祖先狩猎而萌生武术

　　距今170万年前的云南元谋猿人，还有69万年前的北京猿人和1万多年前的北京山顶洞人，他们都生活在与兽群居的环境中。这时我们中华祖先，他们要求生存，要猎取食物，要保护自己，就要与野兽进行斗争。这时人们稍一疏忽，离开了人群，就会被凶禽猛兽所攻击。

原始人类同野兽搏斗

■ 原始人类制作武器用来打猎

　　在当时，人们的生存条件十分恶劣，人烟稀少，到处都是凶禽猛兽。盘旋在高空中的恶鹰不时地俯冲下来，掳走老弱者，凶狠的猛兽一次又一次地向茫然无措的人们发起攻击。

　　为了保卫自己，也为了从野兽身上得到遮风避雨的毛皮和果腹充饥的食物以生存繁衍下去，我们的祖先们不得不同凶猛的野兽进行殊死搏斗。

　　在山顶洞人的穴居遗址中，后来发现有大量的兽骨，这就是他们与野兽搏斗并取得胜利的证明。野兽有尖尖的利爪，强悍凶残，而先民们用来与野兽搏斗的不过是简陋粗糙的棍棒和石头打制的武器。

　　在与凶禽猛兽的斗争中，人们一方面依靠群体力量，一方面依靠增强群体中每个人的战斗力和技能。在战斗中，人们或单纯使用拳脚，或使用简单的工具和武器，逐渐掌握并发展了徒手和持械进行攻防格斗的技能。

　　于是，这些徒手进行的拳打、脚踢、躲闪、跳跃、摔跌等动作，就逐渐形成了拳术的萌芽。

■ 使用石斧的原始人

在进入石器时代之后，人类开始使用石器、木棒、骨、角、蚌等工具或武器与野兽搏斗，在不断的实践中，逐渐出现了劈、砍、刺、扎、掷等动作，这也成为后来武术中使用器械各种方法的萌芽。

打猎的成功，不仅靠集体的配合，也要依靠猎手们身体的矫健，不仅棍棒的使用要准确有力，徒手的踢、打、摔、拿在必要时也是不可或缺的，在我国最早的诗歌集《诗经》中就有人们徒手与老虎搏斗的记载。

先民们靠着自己的聪明才智，不断地想方设法改进自己的武器。从旧石器时代早期用粗糙的石头打制的砍砸器、尖状器，到中期的骨骸、骨矛、骨叉，再到新石器时期的石刀、石矛、石斧、石镞等，记录着他们在改进武器方面不懈的努力。尖石器、剑的发明和使用，就产生了刺的动作，有了石矛、石手斧的出现，就产生了扎、砍、劈的动作。

特别值得一提的是弓箭的发明，给原始人类提供了远射程武器。

根据古籍的记载，人们看到落在树枝上的鸟在飞走时被弹回来的树枝击伤受到启发，于是，就用绳子把树枝绷成弓，将木棍削磨尖细做成箭，制成了原始的弓箭。

弓箭在原始社会时期开始用于打猎，大大提高了人们打猎的能力，扩大了狩猎的范围和方式，因此其意义重大。

狩猎是原始社会人类维持生存最重要的方式，而武术的萌芽与生产劳动有着直接的关系。除了生产以外，原始的战争也是武术萌芽、生长的重要条件。在原始社会，各个种群、聚落之间为了争夺水草丰美的草场、适于居住的地区，经常产生争斗，也促进了武术的进一步丰富。

并且，我们祖先创造锋刃工具，具有能动性、使用工具方法的主动性、运用格斗技术的自觉性，以此为标志，武术进入了萌芽状态。

武术也是一种文

旧石器时代
（距今约250万—约1万），以使用打制石器为标志的人类物质文化发展阶段。地质时代属于上新世晚期至更新世，我国旧石器时代的早期文化分布已很普遍。距今100万年前的旧石器文化有西侯度文化、元谋人石器、匼河文化、蓝田人文化以及东谷坨文化。

■ 原始石斧

《山海经》 先秦时期重要古籍，是一部富于神话传说的最古老的奇书。内容包罗万象，主要记述古代神话、地理、动物、植物、矿产、巫术、宗教等，也包括古史、医药、民俗、民族等方面的内容，其中的矿物记录，是世界最早的有关文献。

■ 先民用火

化形式。它的萌芽与早期人类社会的一些文化活动，特别是舞蹈有密切的联系。

在许许多多个漫漫长夜里，在熊熊的篝火旁，先民们打猎归来，一边烧炙着猎物，一边敲打着石器，模仿着各种野兽的动作，或表演自己在打猎中的巧妙动作，或重复在战斗中自己敏捷的拳脚，手舞足蹈地跳起来，吼起来，舞起来。

这种原始的舞蹈，人们高兴的时候跳，悲伤的时候跳，宗教祭祀的时候更是要跳。用舞蹈纪念祖先，取悦鬼神，禳灾祈福。原始的舞蹈具有浓重的"武"的色彩，融战斗和舞蹈于一体，舞风强悍，气势逼人，常常有震撼人心的作用。

《山海经》中有一个神话故事："刑天与帝争神，帝断其首，葬之常羊之山。乃以乳为目，以脐为口，操干戚以舞。"

　　意思是说一个怪神与天帝争斗，被砍掉了脑袋，还不罢休，没了脑袋，以两乳为眼睛，以肚脐当嘴巴，一手拿盾牌，一手拿大斧，挥舞不止，以这种战斗的舞蹈来表达自己的满腔愤怒。

　　人们常常把制胜的技术用"舞"的形式再现出来，又利用舞的形式相互模仿交流，相互学习提高，这种有意识的交流与训练，有意识地把攻防技术传授给战友和后人的活动就有着练武的积极意义。

阅读链接

　　武术历史悠久，源远流长，内容丰富多彩，在我国具有广泛的群众基础。武术的最根本特征是技击性，武术的产生源于技击的需要。武术是用于格斗的技术，它的一招一式、一刺一击都是按照进攻和防守的战斗要求设计出来的，也是人类祖先生存经验的总结。

　　原始时代，人群生活在茫茫荒野中，与之为伍的是剑齿虎等十分凶猛的野兽，"封豨、修蛇，皆为民害"。在严酷的生存竞争中，武术技击便开始萌芽了。

太昊伏羲教民以木为兵器

■ 伏羲塑像

从石器时代进入木器时代之后，领导先民与鸷鸟猛兽做斗争的领袖是我们的人祖"太昊伏羲氏"。我国简明通史读本《纲鉴易知录》记载：

太昊之母居于华胥之渚。生帝于成纪，风姓，作都于陈，教民佃鱼畜牧、画八卦、造书契……有圣德，像日月之明，故曰太昊。帝崩，葬于陈……

后来法家学派代表作之一《商

君书·画策篇》也记载："猎者，昊英之世，以伐木杀禽兽。"而昊英、朱襄则是伏羲的两个得力助手。伏羲教民打猎，实际就是教人们练习武术的开始。

在那洪荒的年代里，暴虐的野兽，凶猛的飞禽，直接威胁着人类的生存，人们要想生存下去，就必须与它们做殊死的搏斗，要打死它们，吃掉它们，以保全自己，否则，就会被它们吃掉。

在那实际的战斗中，人们除了用拳脚制敌外，还用木棒、石块、骨器等更有力的手段制服对方，这就发展了徒手或手持武器攻防格斗的技能。

智慧的伏羲，据说能仰观于天，俯察于地，中观万物，他能教民结网、打猎、牧畜、捕鱼，他能教他的臣子养牺牲以充庖厨，制琴瑟乃乐万民……他理所当然是古代一位"出乎其类，拔乎其萃"的英明领袖，是一位伟大的创造发明家。

在伏羲定都宛丘的整个过程中，他对武术、对战争是相当有研究的。他生于成纪，为了民族的昌盛，为了更好地繁衍生息，便带领着本部落的人群，沿着滔滔东流的黄河，来到中原的东部宛丘，迢迢数千里，无疑是跋山涉水，历尽磨难。

当然，这不仅是穷山恶水、猛禽野兽、狂风暴雨及天气寒冷等大自然的磨难，异族的侵扰和阻挠也是不计其数。他们不知要经过多少次战争才来到这富饶的宛丘。

据我国古代兵书《太白阴经》记载："木兵始于伏羲，至神农之士，削石为兵。"《拾遗记》中载："伏羲去巢穴之居，变茹腥之食，立礼教以导文，造干戈以饰武……调和八方，以画八卦。"

所谓"木兵始于伏羲"即用木料制成兵器，以对付敌人，是从伏羲开始的。无疑用木料制成兵器消灭敌人当然比赤手空拳效果要强得多，这在当时来说，就是一大发明。所谓"造干戈以饰武"，"干戈"者兵器也，即后世所称的武术器械，"饰"修饰之意，即将零乱的武术动作加以修饰编成套路，这就是武术套路的萌芽。

■伏羲发明八卦

一天，伏羲坐在一个高大的山丘上，仔细观察黄河与洛河汇流的情景。黄河水是黄的，洛河水是清的，两水相汇，形成一个很大的漩涡；漩涡一半黄，一半清，犹如两条游鱼紧

■ 原始工具

紧地抱在一起。在大漩涡中，又各形成两个小漩涡，就像两条鱼的眼睛。

他灵悟顿生，捡起一根树枝，就在地上画了起来。于是，就形成了流传千古的伏羲太极图。伏羲太极图中的两条游鱼，白的名阳鱼，主阳、主动、主父；黑的名阴鱼，主阴、主静、主母。阳鱼的眼睛是黑色的，阴鱼的眼睛是白色的。阳鱼表示天，阴鱼表示地，阳鱼和阴鱼的交界，就是天和地的交界，表示人。天、地、人被称为"三才"，是太极图的核心。

后来，世界经历过一次大灾难，天塌地陷，洪水横流，多亏了伏羲的妻子女娲炼石补天，又斩断白龟的四条腿支撑住了天，这才挽救了大地苍生。

一天，伏羲在蔡河捕鱼，逮住一只白龟。他想："世上白龟少见哪！当年天塌地陷，白龟老祖救了俺们，后来就再也见不到了。莫非这个白龟是白龟老祖的子孙？我得把它养起来。"

女娲 传说为上古氏族首领，后来逐渐成为神话中的人类始祖。根据神话记载，女娲人首蛇身。女娲的主要功绩为抟土造人，以及炼石补天。其他的功绩包括发明笙簧和规矩，以及创设婚姻。后世女娲成为民间信仰中的神祇，被作为人类的始祖和婚姻之神来崇拜。

他挖个坑，灌进水，把白龟放在里边，逮些小鱼虾放进坑里，叫白龟吃。也怪，白龟养在那儿，坑里的水格外清。伏羲每次去喂它，它都浮到伏羲跟前，趴在坑边不动弹。

伏羲没事儿就坐在坑沿儿，看着白龟想世上的难题。看着看着，他见白龟盖上有花纹，就折一根草秆儿，在地上比着白龟盖上的花纹画。画着想着，想着画着，画了九九八十一天，画出了名堂。他用一通道儿当阳，一断道儿当阴，一阳二阴，一阴二阳，来回搭配，画来画去，画成了八卦图。

所以，我国武术是伏羲创造的，伏羲就是武术的创始人。后世所有的拳法无不讲究阴阳、虚实、神气、意力、起落、进退、动静、张弛、伸缩、吞吐、仰俯、开合，而这些阴阳虚实的基本理论，都是以伏羲的无极、太极、两仪、四象、八卦作为基础的。

在陈州流行数千年的伏羲八卦拳，是按照伏羲八卦的原理辩证地确定阴阳虚实、起落进退的。它的手法、劲法、套捶也都是从八卦原理中派生出来的。

阅读链接

伏羲带领先民们生活在宛丘时，这里地势平坦，森林茂密，动物繁多，气候温和，水草丛生，是使本民族发展昌盛的好地方。然而，这里绝非平静的地方，相互争夺，会武拼杀的场景是可想而知的。

据史书记载，在这里建都的除太昊伏羲、炎帝神农外，以后历代统治者还把这里作为封国。这些王、公、侯在这里为了巩固他们的统治，也一定会豢养大批的军队士兵，这些士兵便是练武习战的主要对象。于是，羲皇子孙将中华艺苑里这株艳丽的武术之花，浇灌得芳香四溢、绚丽多彩，将伏羲老祖在这里创造的武术发扬光大。

轩辕黄帝用干戈进行训练

在轩辕黄帝时代，部落之间经常发生战争。随着社会生产的逐步发展，在满足人们最基本的生活需要以外，逐渐出现了剩余的劳动产品，这样以掠夺奴隶和财富为目的的部落战争越来越频繁，规模也越来越大。汉代杰出的历史学家司马迁在《史记》中写道：

■ 轩辕黄帝雕像

轩辕之时，神农氏世衰，诸侯相侵伐，暴虐百姓，而神农氏弗能征，于是轩辕乃习用干戈。

轩辕，就是我们中华民族的始祖黄帝，

《黄帝内经》分《灵枢》《素问》两部分，为古代医家托轩辕黄帝名之作。在以黄帝、岐伯、雷公对话、问答的形式阐述病机病理的同时，主张不治已病，而治未病，同时主张养生、摄生、益寿、延年。是我国医学宝库中现存成书最早的一部医学典籍。

他号称"轩辕"。当时，神农氏力量衰落，不能再担当部落联盟首领平息战乱，于是，轩辕取而代之。

"干"，是指作战时防御的盾牌，初民时以木杆抵挡矢石，木杆就是干。后来在木杆上编缠藤条或树皮，以扩大掩护面。后来，多用皮制，形制较大，上面钉有圆形的青铜部件，成为防护刀、剑、枪、矢等利器的较好护具。

"戈"，是一种用于进攻的武器，是由镰刀演化而来的，戈刃朝内，多用于钩割，在当时是颇有威力的长兵器。干戈合用，泛指一切兵器，是古代战争的象征，后世常用的"大动干戈"一词中"干戈"的意思即如此。

在这种战争中，人们的格斗对象是同自己一样有智慧的人，因此格斗技术比打猎要复杂得多。这种原始的战争有力地促进了武术的发展。

当时，生活在黄河上游的黄帝轩辕氏部落与生活在中原地区的蚩尤九黎部落之间多年以来发生三次激烈的冲突，其中就有著名的"涿鹿之战"。蚩尤的兵力较多，而且有比较先进的金属武器，传说蚩尤用青铜制作的五种兵器戈、矛等，杀伤力很大。

黄帝采用诱敌深入的策略，退到河北涿鹿一带，利用天时地利打败了蚩尤。黄帝除教民习用干戈之外，还运

■ 青铜戈

用了武术最原始的文化——阴阳、五行。

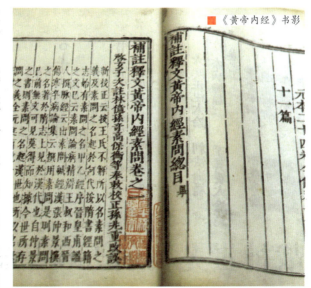

阴阳，是我国古代以朴素的唯物观点来概括一切事物的统一与对立的学说。自然界万事万物的生长、变化、消亡等客观规律，均可以阴阳归之，人体的生理、病理也可以阴阳归之，武术的技击方法亦可以阴阳归之。

据《黄帝内经》记载："阴阳者，天地之道也，万物之纲纪，变化之父母，生杀之本始，神明之府也。"

黄帝所创"阴阳学说"认为："天体宇宙，一切事物都可以分成阴阳两类。"如：天为阳，地为阴；日为阳，夜为阴；男为阳，女为阴。

而运用于武术中，动则为阳，静则生阴；出手为阳，收手为阴；上步为阳，退步为阴；刚劲为阳，柔劲为阴；手足伸出为阳，关节屈曲为阴；掌心向上为阳，掌心向下为阴。阴阳的对立和统一，各自以对方作为自身存在的依据，而且在矛盾运动中，阴阳又永远处于阴消阳长、阳消阴长的运动过程中。

阅读链接

由传说和记载可以得知，黄帝习用干戈的目的，是训练他的部落成员，培养他们的军事技能，以取得战争的胜利。

当时的战斗是非常激烈的，既有弓箭、戈矛、刀斧的劈、砍、刺，又有拳打、脚踢、躲闪等徒手搏斗，掌握一定的攻防技能并自觉运用兵器，有力地促进了武术运动的发生、发展。

战神蚩尤初创五种兵器

　　早在远古时期，梅山地域就有我们的先人栖息，梅山武术也就在远古先人与大自然的斗争中开始萌芽。其中最著名的领袖就是蚩尤。据说蚩尤是炎帝的后代，是九黎族的首领，他在传说中是这一时期最著名的"战争之神"，原始武术的许多故事都发生在他身上。他教人

■蚩尤画像

们在狩猎的过程中，"观其禽技，仿其兽姿"，模仿动物动作创造了原始的格斗技能。

在人类生产之初，工具和武器是没有区别的，除石头、木棍外，还有石刀、石斧等。随着原始人群之间为争夺食物、领地等而引发的争斗的频繁发生，武器逐渐从工具中分离出来，并得到迅速发展。

■ 《吕氏春秋》书影

在《吕氏春秋·荡兵》中记载："争斗之所自来者久矣，不可禁，不可止。""未有蚩尤之时，民固剥林木以战矣。"实际战争中，先民需要延伸自己攻防能力的兵器。但在蚩尤之前，还只停留在石、木制武器阶段。

蚩尤是一个充满智慧的人祖，他发明了金属冶炼和金属兵器的制造。《世本·作篇》说蚩尤"以金作兵器"。《史记·五帝本纪》正义引《龙鱼河图》说道："黄帝摄政，有蚩尤兄弟八十一人……铜头铁额……"说明在他领导的部落中，铜已经被广泛使用。

蚩尤对武术最大的贡献，是他发明了许多兵器。《世本》记载："蚩尤作五兵：即戈、殳、戟、酋矛、夷矛。""为车之五兵""步卒之五兵"则无夷矛而有弓矢。

"戈"，与黄帝之戈类似。"殳"，是一种竹制

《吕氏春秋》

战国末年秦国丞相吕不韦组织属下门客集体编撰的杂家著作，又名《吕览》。此书共分为12纪、8览、6论，共12卷，160篇，20余万字。吕不韦自己认为其中包括天地万物古往今来的事理，所以号称"吕氏春秋"。

■蚩尤发明武器铜殳

强身健体的中国功夫

《逸周书》原名《周书》，是我国古代历史文献汇编。旧说《逸周书》是孔子删定《尚书》后所剩，是为"周书"的逸篇，故得名，后人多以为此书主要篇章出自战国人之手。正文基本上按所记事之时代早晚编次，历记周文王、周武王、周公、成王、康王、穆王、厉王及景王时事。

的兵器，非常锋利。

"戟"，一种专门为战争制造的兼具矛和戈优点的武器，以矛为主体，侧有一横刃。

"矛"，一种长兵器，长度几乎是人体躯干的三倍，矛头有曲刃，顶端有尖，侧有两刃，中为脊，两旁有槽，以出血进气。而酋矛、夷矛可能是矛头大小、形状有区别。

蚩尤发明的这五种兵器，实用性强，战争中威慑力大，基本可以满足当时的作战需要。

蚩尤作战非常勇猛，和黄帝之间的战争相当激烈。《山海经·大荒北经》记载："蚩尤作兵，伐黄帝。"《逸周书·尝麦》也记载："蚩尤乃逐帝，战于涿鹿之阿，九隅天无遗。"这段历史司马迁在《史记》中也有记录："蚩尤作乱，不用帝命，于是黄帝乃征师诸侯，与蚩尤战于涿鹿之野，遂禽杀蚩尤。"

史书对这场战争的记录轻描淡写，寥寥几笔，事实上这场战斗异常艰苦，黄帝为打败蚩尤付出了巨大的代价。据传，蚩尤为了和黄帝打仗，起用角抵。

可见，蚩尤训练的兵士十分擅长于徒手搏斗，更擅长利用青铜器械，提高战斗力，所谓角抵，实际上是戴着牛角之类的护具，进攻时可以击刺对手，防御时可以保护脑袋。"角抵"体现了格斗中以巧取胜的精神，推动了擒、拿、摔、打等战斗技巧的产生和运用。

蚩尤在每次战斗前后所举行的巫事祭祀武舞中，将那些在以往战斗和狩猎中运用得比较成功的一拳一脚、一击一刺逐步融入其中，并带领族人进行反复的模仿与练习，使其从生产技能中分离出来，成为独立的战斗技能，形成了原始的武术，并以此在屡次的战斗中获得胜利，从而得以组建九黎部落集团。

其后，九黎、三苗、有苗、楚蛮战败，退回老家梅山的蚩尤后裔们凭险而守，开始了漫长的"化外蛮夷"生涯。经过长期战争检验并发展起来的梅山武术，则在这相对独立的封闭环境中，不断地进行着自我完善与进化，从而使梅山武术那种古老神秘的特色

■《山海经》中记载涿鹿之战

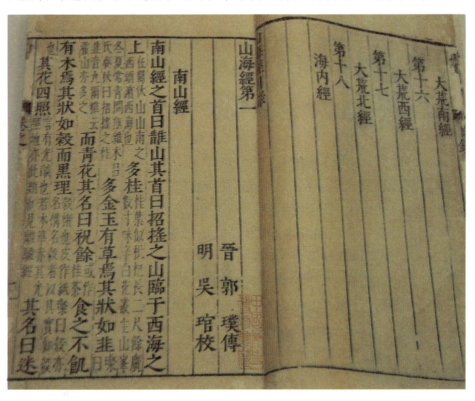

得以持续保留并逐步定型。

在梅山武术传人们所祭拜的祖神中，从头上长角的蚩尤，到翻天倒地的张五郎，可以看出，梅山武术一直传承着蚩尤的那种不屈不挠的反抗精神，一直在塑造着梅山人强悍、刚毅的民性。

传说中的蚩尤铜头铁额、口吞沙石，而梅山武术功法中的"铁牛水""桶子功"等可使练习者体硬如铁、抗击抗打，能头顶开砖破石；"化骨水"可口吞瓷碗、生嚼灯管等，有力地印证了蚩尤铜头铁额、口吞沙石的传说。

另外，梅山武术中打虎耙、巡山耙、铁尺等武术器械的外形，都有一双弯如牛角的分支，冥冥中在纪念着蚩尤老祖那头生双角的形象；从蚩尤所建立的九黎部落到后来的三苗部落，再到梅山武术传人们收徒授艺时所收的拜师礼为三块三毛三或三十三块三，或三百三十三，或三千三百三，也寓示了梅山武术对九黎、三苗的纪念和承续。

阅读链接

其实，寻找战争中克敌制胜的兵器，是先民们一个不懈努力的目标。早在旧石器时期，河套人已经制造出了最早的长矛，这种长矛以骨角做矛头，木棍做矛柄。在距今约7000年的新石器遗址中有各种各样的石刀、玉斧、矛头。

我国最早的甲骨文，武字从戈从止，意即持戈作战或舞练，甲骨文与钟鼎文涉及大量武器，如弓、矢、戈、斧、戟等，反映了当时武器的发明和使用状况。武器的不断创造和使用，极大地提高了原始武术的攻防质量，丰富了格斗搏击内容，为我国武术带来了新的活力。

大禹干戚舞和夏后的九伐

　　为适应原始战争的需要，原始人群要作战斗的演习操练以熟悉战斗的击刺动作和应有的群体组合，于是在原始人群中萌生了"武舞"，或者叫"战舞"，用以展示武力，以"舞"来表现武术的形式

大禹平定华夏

《礼记》古代一部重要的典章制度书籍，儒家经典之一。该书是西汉戴圣对秦汉时期以前各种礼仪加以辑录编纂而成，共49篇。大约是战国末年或秦汉之际儒学家学者托名孔子答问的著作。至唐代被列为"九经"之一，至宋代被列入"十三经"之中，为仕者必读之书。

得到了很大发展。

《淮南子·缪称训》记载，大禹曾经与南方的三苗族打仗。过了30天，三苗族还是不肯服输。于是，大禹换了一个办法，采用攻心战术。他停止进攻，按照舜的旨意，让士兵拿着干和戚，训练了70天。

然后大禹命令士兵手持盾牌和大斧跳起了威武雄壮的战斗舞蹈，请三苗部族的人观看这种"干戚舞"以显示武力雄厚，三苗部族从此臣服。

《尚书·大禹谟》中也记载了这件事："帝乃诞敷文德，舞干羽两阶，七旬有苗格。"这是原始社会一次盛大的武术自卫演练，古代的"武舞"为后来武术套路的形成奠定了基础。

虽然原始社会中的打猎、部落间的战争和舞蹈对武术的产生起着直接的促进作用，但是武术毕竟不等于打猎，不同于打仗，也不是舞蹈。武术的形成和成熟还需要更加充分的条件，还需要更多的时间。

任何一种文化形式的成熟都需要比较长的时间，我国武术把身体与精神、健身娱乐与格斗技术融为一个和谐的整体，就需要更长的时间，更为特殊的条件。

幸运的是，历史慷慨地

■ 执盾陶武士俑

给了中华民族发展武术所需要的时间和条件，而武器在战斗中已被广泛地运用并对提高战斗力起到了重要作用。

《山海经·海外西经》记载："大东之野，夏后氏于此舞九伐。""夏后氏"名启，相传是大禹的儿子，后来建立了大夏王朝。"大东之野"，是指大东的一片广场。夏后氏在这里指挥大家，练"九伐"这类舞蹈。

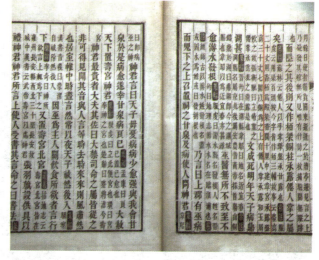

■ 《史记》中记载的大武舞

据《礼记》解释："一击一刺为一伐"，所谓"九伐"就是手持器械，互相击刺的9个回合。

至公元前11世纪的西周时期，西周人沿用夏代传下来的击刺之法，培养和锻炼武士的攻防能力。武王伐纣推翻了商朝。伐商前夕，用武舞鼓舞士气，名曰"武宿夜"，给击刺之法配上了音乐，称为"舞象"，随后，又以灭商时的战争场面为题材，编了一种"大武舞"，歌颂他的武功。

《史记·乐书》记载，大武舞的参加者有数百人，全部戎装，手执兵器在音乐伴奏声中做各种队形变换，一共有6段音乐，队形变换6次。

九伐、舞象、大武舞，都是早期用来表现战争内容的舞蹈。这些舞蹈有助于培养人的军事技能，一击一刺都带有攻防意识，形式也与武术的对练有相近之

《史记》西汉司马迁撰写，我国第一部纪传体通史，是"二十四史"的第一部，记载了从传说中的黄帝至汉武帝后期长达3000年左右的历史。《史记》是我国传记文学的典范。它是历史、文学的统一体，是文学的历史，又是历史的文学。

原始兵器

处。

　　人们把在战斗中运用比较成功的一击一刺、一拳一腿，反复模仿着、传授着、习练着，夏启指挥大家进行攻防格斗的训练，使人们在狩猎活动和战争中积累的搏斗技能相互交流和传授，这实际上是早期的练武活动。击刺之法的回合，就是后世武术套路形式的最初模式。

在春秋战国时期，人们发明了铁器，步骑兵兴起，又进一步改进了武器，使长武器变短，短武器变长，使武器由长、重、单一而向短、轻、多样化发展。同时进一步突出了武术的技击性，武术的健身作用日益受到重视，比试武艺的形式更广泛出现，推动了武术发展。

秦代盛行角抵和手搏。角抵是徒手对抗性项目，系战国时期所创。角就是角技，抵就是相抵触。

汉代武术水平有了较大提高，是武术真正兴起时期。汉代初期鼓励民众习武，民间习武之风空前，武艺、角抵、手搏、角力等武术兴起，形成了多种技术流派。

扎根华夏

春秋时期兴起拳勇角力

春秋时期，管仲在齐国任相，帮助齐桓公建立霸业，为了使位于东部的齐国称雄天下，管子把军事组织和行政组织统一起来，加强军事训练，鼓励百姓习武练拳，使拳术活动在齐国得到很大发展，以至

原始搏击

后人有"拳兴于齐国"的说法。

人类徒手搏击萌芽于原始社会，缘于生存竞争的拳打脚踢多是无意识的本能反应，真正具有一定技巧的搏斗之术，开端于夏商时代。

■ 搏击雕塑

但是，产生于商代的甲骨文中，还没有"拳"字，但有"斗"字，意为两人徒手相搏，互击对方头部。许慎《说文解字》解释为："两士相对，兵仗在事，象门之形。"古人作战时有意不用兵器而徒手搏斗，实际上是展示力量和勇气的武艺竞赛。

这一时期，田猎活动成为军事训练项目，内容之一是与猛兽搏斗，郑康成《诗笺》记载："田猎，搏兽也。"朱熹认为"手执曰搏"。《诗经·大叔于田》描绘了一个排行老三的青年猎手："襢裼暴虎，献于公所。""襢裼"，即裸身；"暴"，空手搏斗，意思是裸身徒手击毙了猛兽。

人与兽斗当然要有非凡的勇气和高超的武艺，在古代也只是个别极端的例子，拳搏技术更多地体现在人与人之间的徒手搏斗中。

商周时，习练拳搏是军事训练的重要内容，《礼记》记载："孟冬之月，天事乃命将帅讲武，习射御角力""凡执技论力，适四方，裸股肱，决射御"。

《说文解字》作者是东汉时期的经学家、文字学家许慎，是我国第一部按部首编排的字典。它的体例是先列出小篆，如果古文和籀文不同，则在后面列出，然后解释这个字的本义，再解释字形与字义或字音之间的关系。开创了部首检字的先河，后世的字典大多采用这个方式。

■ 角力塑像

赤身裸体进行徒手搏斗，是对拳技的炫耀。

　　古代典籍中最早的"拳"字，见于《诗经·巧言》，诗中以"无拳无勇"，讽刺一个人的无能，古注"拳"为"力"，在人们心目中男子汉应该有拳有勇，勇即指勇气，拳即指力量。周代出现了"拳勇"一词，用以代表武艺、勇力。

　　进入春秋时期，《管子》中记载了当时的风气尚武，国君下令举荐"有拳勇股肱之力，筋骨秀出于众者"，命令"有则以告，有而不以告，谓之蔽才，其罪五"。

　　当时除了齐国外，其他一些诸侯国家拳术水平也较高，《春秋公羊传》记载，宋闵公的臣子长万精于武艺，宋闵公讲话羞辱了他，长万竟举拳打死了宋闵公，闵公的部下仇牧赶来复仇，一番对打，长万又击杀了仇牧，可见春秋时期拳击水平已相当高了。

　　因此自春秋战国以来，"拳棒"之称几乎成了武术的代名词。一些有识之士也发现了拳术技击之外的另一种功能是健身。著名军事家孙子就曾经指出"搏刺强士体"，意即除了击刺、搏斗较量武艺外，拳术还有增强体质的作用。

技击和健身的双重作用使拳术迅速发展，最终形成了中国武术一大景观，细腻、复杂、流派众多、千变万化的拳种、拳法，魅力无穷。

徒手搏斗，双方武艺必然有高下之分，战场上这种区分显而易见，平常就要靠相互的"角力"。

"角力"，原始社会末期就流行在河北、山西一带，当时叫"蚩尤戏"。春秋战国时，开展得更加普遍，称为"相搏"，《释名》解释说："相搏，搏谓广搏以击之也。然举手击要，终在扑也。"实际上是集摔跤、擒拿、拳搏于一体的徒手格斗。

举行角力竞赛时，竞技者一对对地分开，双方可用腿足钩绊进攻，也可抓握对手身体的各个部分，或以头撞击对手的头部，但严禁使用拳击动作。

当时规则规定，竞技者只有让对方的双臂和背脊的其中一部分着地三次，才算获胜。

当时，输了的人即被淘汰，然后每对的优胜者再捉对角逐，直至决出优胜者。如果参加角力的竞技者的人数是单

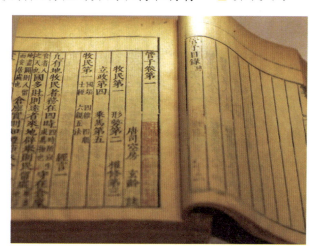

■《管子》书影

数，那么最后一个没有对手的可以直接参加决赛，但这是一个被人们轻视的幸运者。

据《史记》记载，春秋战国时期，拳力相搏开展得相当普遍，喜爱的人众多，甚至有人连做梦都在与人"搏"。《国语》中说，公元前632年，"晋侯梦与公子搏，楚子伏己，而盬其脑"。

又据《春秋穀梁传》记载，公元前660年，鲁公事季友俘获了莒拿，并不处置，却提出与莒拿相搏，并且命令部下退开，不要帮助自己。在相搏过程中，季友处于劣势，在众人催促下，竟违背了徒手相搏的约定，抽出宝剑杀了莒拿，受到舆论的谴责。

为了使武艺得到交流，每年春秋两季，天下武艺高强的人都要云集一起进行较量，《管子·七法》记述了当时的情景：

春秋角试……收天下之豪杰，有天下之俊雄。故举之如飞鸟，动之如雷电，发之如风雨，莫挡其前，莫害其后，独出独人，莫敢禁围。

这段描述的意思是：春秋两季，天下的豪杰英雄都要相聚较量，那些武功高手，在比赛中像飞鸟一样敏捷跳跃，行动迅捷如雷电，爆发时势如疾风骤雨，在他面前无法抵挡，在他后面也无法下手，出入随意，没有人能阻止包围他。

> **阅读链接**
>
> 春秋战国时期，相搏已经成了武艺比赛的一种形式，为了比赛，往往将若干动作贯连一起练习，即是"套路"，这种套路与武舞不同，是真正武术意义上的套路，对武术运动的发展影响重大。

老子以道解说武学真谛

　　道家学派的创始人老子，即老聃，姓李名耳，生于春秋时楚国的苦县，著有《道德经》。道家思想在我国传统文化中影响深远，对中华武术来说，道家思想是其最主要的思想源泉。道家思想对武术文化的影响主要表现在两方面：在认识论方面，武术吸取了道论、气论、

■老子蜡像

■ 老子《道德经》竹简

天人合一的观点，并以此阐释武术的本质；在方法论方面，武术吸取了道家"物极必反""以静制动""以柔克刚""后发制人"等思想，并以此作为武术技击的指导原则。

老子认为"道"是万物之源，我国武术吸取这一思想，认为武术最根本的特征也是"道"。"道者，万物之奥"，一切的来源莫不是"道"，而"道"又是"无"，"天下万物生于有，有生于无"。

这种思想对中华武术的影响是多方面的，如太极拳的基本拳理就是据此生发的。王宗岳《太极拳经》认为"虽变化万端，而理推一贯"，这里的"理"就是老子的"道"，无极生太极，进而才有阴阳变化，这个"无极"也是"理"，也是"道"。

拳技中阴阳、进退、动静、刚柔、虚实种种变化，相辅相成，互为因果，同出一宗。武术的精微之处如同老庄的"道"，无一处是，又无处不在，只可意会不可言传。

"气"是道家用于表达宇宙万物事件的另一个概念。老子说："万物负阴而抱阳，冲气以为和。"庄

无极 原指"无边际，无穷尽"，出自《庄子·逍遥游》，代表着我国古人对宇宙大爆炸之前状态的抽象理解。也指一种哲学思想，指称道的终极性的概念。"无极"作为万物之本源。"无极之真，二五之精，妙合而凝。"

子说："气变而有形，形变而有生。"我国武术吸收和使用道家的"气"的理论来解释众多武术奥妙。

"元气"是武术的根，"元气"是什么？就是太极，就是道。历来各家各派、内功外功，都十分重视"养气"。强调"养气"是武功最重要、最基本的。

道家推崇师法自然，"天人合一"，所谓"天"，即指自然，人作为自然的元素，在本质上与自然是相通一致的，所以一切人事应顺乎自然。

老子说："人法地，地法天，天法道，道法自然。"武术思想中贯串了"天人合一"的思想。在武术家看来，人体是一个整体，武术练习不是局部的锻炼，而是对整体力量和协调的训练。

阴阳本是不同的属性，但中国武术中的一些拳种却可以融两者于一体，一半阴、一半阳，平衡和谐，"纯阴无阳是软手，纯阳无阴是硬手，一阴九阳跟头棍，二阳八阴是散手，三阳七阴犹觉硬，四阴六阳类好手，唯有五阴并五阳，阴阳无偏称好手。妙手一运一太极，迹象化空归乌有"。所以，太极拳的练者入门讲究"摧刚""运动之功夫，先化硬为以柔，然后练柔及刚"。

中国武术的内家功夫十分强调"调息"，

■道教阴阳八卦图

天人合一 汉代思想家、阴阳家董仲舒的哲学思想体系，是中华传统文化的主体。有两层意思：一是天人一致。宇宙自然是大天地，人则是一个小天地；二是天人相应，或天人相通。是说人和自然在本质上是相通的，故一切人事均应顺乎自然规律，达到人与自然和谐。

■道家讲求梳理元气

强身健体的中国功夫

练内功，体现了平衡、和谐的哲学思想。武术练习中如果这种平衡与和谐被打破了，"走火入魔"也就在所难免。

道家天人合一思想更重要的内涵还在于人与自然的和谐与一致，中华武术将这个道理发扬到了极致，"因为一人小天地，无不与天地之理相合"。所以，后世中国武术360多种拳术，全部讲究师法自然，顺乎自然。

武术家练功时精心选择天时、气候、地形、方向，从人与自然的相互沟通中摄取能量，从而实现天人互感，提升功力。这种做法，与道教的"采气"功法如出一辙。

对自然的膜拜，还表现在技击方法中对飞禽走兽的模仿上，象其形、取其意，用最接近自然的方法来增强技击的力量。

据说，有一个练武者拜师以后，三年师父未传他一招，每天所做就是把浮在水缸里的葫芦按下去，如此这般，日久之后，手上的功力收发自如。

如《神跤宝三学艺记》记载：宝三请求跟随宛八爷练功，宛八爷二话未说把宝三领到院里，指着一个大土堆说："从明天起，你早起五更练搬土，把土山搬到西墙根去。"

宛八爷拿起一个大号铁簸箕，撮了满满一簸箕土，底桩腰挺，上腿蹬直，双手平举，慢慢蹲身，蹲到底再拔起来，不摇不摆，做了个示范。土山搬到东墙根，再搬回西墙根，每天1010簸箕土。

3个月后，宛八爷又来找宝三。见面之后，冷不防便对宝三使了个拔脚，宝三脚跟微微动了一下，但没有离开原地。接着宛八爷又上手一压宝三肩膀，下面又是个重脚拔脚，宝三动了几下，但没有摔倒。宛三爷欣喜地夸道："好小子，脚下有根了！"

这种练功方法，在中国武林中相当普通。究其原因，也与崇尚自然、追求和谐有关。在这种指导思想下，武学大师的功力匪夷所思，到了随心所欲的境地。

据说武功高强者放鸟雀于掌中，鸟雀欲飞时的下沉劲被松掉，因而小鸟始终无法从他手中飞起。这种境界，确实是"物我如一"。

采气 道家学说有一种理论：采气就是从天地宇宙空间、日月星辰及万物之中，将各种不同能量流、信息采集体内，激发自身内在的潜能，补自身不足，培养充实自身元气，宇宙的正气不同于五谷之气，是人体生命活动的最大能源。

■ 道家武学

道家武学

以静制动、以柔克刚、后发制人、随机应变，是中国武术理论中最重要的方法论。老子"反者道之动，弱者道之用"的观点，充满了辩证法的思想光辉。老子说："天下莫柔弱于水，而攻坚强者，莫之能胜。弱之胜强，柔之胜刚，天下莫不知，莫能行。"

老子所说的"柔"并非软弱无力，而是坚韧不露、含蓄、深沉，实际上他根本不承认有绝对的弱者、强者，一切都可以在一定条件下相互包容、相互转化。

道家思想重在"养性"，其核心在于"无为而为"，师法自然。它是从认识论和方法论等不同层面上，给了中华武术颇多启示，影响深远。

阅读链接

老子的"止戈"思想，开启了春秋时期的"百家争鸣"。老子的武学思想完全为诸如孙子、鬼谷子等人，及他们的弟子所继承和发扬，由是，上演了春秋五霸，战国七雄，合纵连横，秦扫六合并完成中国统一大业的威武雄壮的历史大戏，从而也使"中国武术""中国兵法"彪炳青史，万古不朽。

孔子以儒家之道论述武术

儒家创始人孔子出生在鲁国一个武术世家。其父叔梁纥为鲁国有名的武士，《左传》记载鲁国举兵围逼阳，逼阳人升起悬门，欲待鲁国武士入门后突然放下，困他们于城中。叔梁纥双臂举起了上千斤重的悬门，救出了被困武士，十分勇武。

《史记》记载："孔子长九尺又六寸，人皆谓之长人而异之。"身材高大的他也可称为武林中人，对此《墨子》《列子》《吕氏春秋》《淮南子》等史书均有记载。《列子》记载："孔

孔子雕塑

古代点穴铜人

子劲能招国门之关，而不肯以力闻。"《淮南子》记载："孔子智过苌弘，勇服于孟贲，足蹑郊兔，力招城关。"《礼记射义》记载："孔子射于瞿相之圃，盖观者如堵墙。"

这些史料表明，孔子是一位勇力非凡、武艺出众的武士。武术植根于"礼仪之邦"的中华大地，深深地烙上伦理道德色彩，因此在传统文化中占主导地位的儒家思想对武术的影响就显得尤为重要，练武与修德、武术行为的规范准则等，无不渗透着儒学精要。

孔子生活在战乱频繁的春秋战国时期，深知文武兼备的重要性。他指出："有文事者，必有武备；有武事者，必有文备。"以此为出发点，他提出了"礼、乐、射、御、书、数"所谓"六艺"的主张，其"乐"即武舞，"射""御"也是当时风行的技击方法。

孔子心目中的"君子"需具备的条件"知""仁""勇""艺"中就有"武"的因素，他的弟子中冉求、子路都是骁勇善战的勇士。

孔子还是一位思想家，他的"仁爱"观念作为人际关系的规范和准则，对必然内含暴力与残酷的武术，起重要的调适作用。

儒家思想的核心是"仁"。"仁"的内涵即"爱人"，"夫仁者，己欲立而立人，己欲达而达人""己所不欲，勿施于人"。儒家思想的"仁爱"观，在崇尚"立德"的我国文化大系统中始终如穿珠的红线，也自然演化成了判断武术行为的道德和价值取向的武术伦理。

武术的"仁义"思想，首先表现为对社会秩序、传统礼教的恪守。孔子倡导的"仁学"，其实质是对人与人之间相互关系的调适，其基本思想是以仁慈、忠厚、善良和爱心来待人接物，处理一切人际关系。

在武术技击技巧和方法的运用上，"仁学"精神有充分体现。练武的目的是保家卫国、除暴安良，而非恃强好狠、为非作歹。对敌人，战必胜之，讲打击之稳、准、狠，即便如此，武术家也以制服对方为主，尽可能避免杀人取命，讲究先礼后兵。对那些具有特强杀伤力的功夫，用之审慎。

后世《少林七十二艺练法》记载："技击之道，尚德不尚力，重守不重攻。"武术界流传"八打八不打"之说。

"八打"指眉头双眼、唇上人中、背后骨缝、鹤膝虎头、破骨千斤、穿胆身门、肉肋肺腑、撩阴离骨部位，这些部位可承受一定重力，因而可选择为攻击目标。

"八不打"指人体中易致人死命的部分，一般禁止攻击，它们是：太阳、对心锁上、中心两闭、两肋太极、两肾对心、两耳扇风、海底撩阴、尾闾丰府。

中华武术的"仁义"

《少林七十二艺练法》 据《少林拳谱》记载，少林寺原有三十六硬功、三十六柔功，又称"三十六外功""三十六内功"，都只在少林门中秘传，但是无详细文字记载。后世所说的"少林七十二艺"通常被人认为是少林功夫的总称。

■ 少林寺初祖达摩雕像

强身健体的中国功夫

■ 武当武术

精神还体现在武术技击的目的论上。少林武术有点穴大法，少林秘典《罗汉行功短打》讲，创造点穴法是"圣人不得已而用之"，是为了使人"心神昏迷，手脚不能动，一救而苏，不致伤人……有志者细心学之，方不负主人一片婆心也"。《峨眉十二法》中也反复强调不争、持戒、化解等，不到最后关头不能擅用武力。

中华武术各门各派都有不同的"戒约"，体现其不同宗旨，其中对行为准则、收授徒弟规定颇多，也最严，很重视对德行的培养。

如少林门中规定：

盖闻自少林起教以来……武事熟而习之，用之于国，则治乱持危；用之于乡，则除贼捕盗……尚有无知门徒矜强持勇，

点穴 根据经络脏腑的生理病理变化在人体相关穴位上可产生一定的反应的原理，在技击中用拳、指、肘、膝等骨梢之强固点来击打人体上的某些薄弱部位和敏感部位即主要穴道，使其产生麻木、酸软或疼痛难忍，失去反抗能力或造成人体伤亡，从而制伏对方的一种武术技击术。

欺良凌弱，此断非吾道中所可许也。但凡我们，务期循规蹈矩，爱众亲人，庶几此道之一进境焉……以上教条，学生要常记心，免犯责罚。另外有十不许之规条……以上十不许，日后有犯之者，定遭杀身之报，慎之，慎之。

武林中收授门徒是一件传承武艺的大事情，很慎重，对德行的考察很严格。少林派规定："传授门徒，宜慎重选择。如确系朴厚忠义之士，始可以以技相传。"后世内家拳法明确规定：剑者、好斗者、轻露者、酗酒者、骨柔质纯者不传。

再如，武当派收徒有五戒之说。骨柔质纯者不传：技击格杀之良方，收徒之先不可不先视其体魄如何。体可换而骨不可换，胆可练而质不可练。心险者不传：防人之心不可无，收其为徒，如果不事先探察其心理，一旦功夫养成无异于养虎伤身。好斗者不传：拳术者，个人习可以强身，众人习可以保国，若逞匹夫之勇，则用之不当。酗酒者不传：酒能乱性，性乱则神迷，神昏则色浮，结果是非不分、凶狂无礼、祸生顷刻。轻露者不传：深沉者其毅力魄力必大，轻露者其志气胆识必小，若仅得皮毛，目空一切，逢人炫耀，非可造之才。

所有这些，都反映了孔子所倡导的儒家思想在武术发展中所起的重要作用。

阅读链接

传统儒学，基本是我国社会占主导地位的意识形态，一些武术门派统统将自己的宗旨靠拢于儒家思想。

武术是战斗的力量、杀伐的手段，必须纳入一定的伦理规则中，这是中国武术伦理色彩浓厚的根本原因。儒家思想对武术行为的规范和约束，具有重要的意义。

春秋秦汉剑术蓬勃兴起

庄子名周，是继承老子道家思想的集大成者，他对武术也有很大贡献，比如，他将道家理论发展到剑术上，说："夫为剑者，示之以虚，开之以利，后之以发，先之以至。"要想取胜对手，必须虚实变换，诱使对方陷入圈套，犯错误。

庄子画像

剑，被称作"短兵之王""百刃之君"，它便于携带，利于近战，是防卫的最好兵器之一。同时，剑制作精美、舞练潇洒，是人们尚武的标志和身份地位的象征，因此时人盛行好剑之风。

剑的起源古籍有记载，认为源于原始部落时代，黄帝之时，开采首山之铜，铸造了剑。民间也流传一些传奇故事，演绎剑的起源，凄

美感人的当属干将、镆铘舍身铸剑的故事。

春秋战国时吴王阖闾，得到越王允常赠送的3把宝剑：湛卢、盘郢、鱼肠，非常珍爱。鉴玩之后仍不满足，访得名师干将，命其铸剑。

在妻子镆铘帮助下，干将采得五山精铁，六合金英，使童男童女300人，积炭为山，鼓风冶炼，历时3年，铁水就是不到火候。情急之下，镆铘纵身跃入，终于炼成两柄宝剑，先成者为"阳"，后成者为"阴"。为纪念镆铘，阳剑取名"干将"，做方块形龟纹，阴剑取名"镆铘"，做水纹形散纹。

剑成后，干将将阴剑藏了起来，只将干将献给吴王。吴王得剑后以石相试，应手而开，据说虎丘的试剑石就是当年试剑的地方。后来，吴王得知干将藏剑，派人去取，并嘱如不得剑，当即杀之。

使者找到干将后，索取宝剑，忽然剑从匣中跃出，化为青龙，干将骑其背上，升天而去。吴王自此更加珍惜干将剑。

吴王死后，干将剑也便下落不明。直至600多年后的晋代，宰相张华偶见"斗牛"星间有一股紫气，便召天象家雷焕询问。雷焕说是宝剑的剑光，在豫章丰城一带反射。

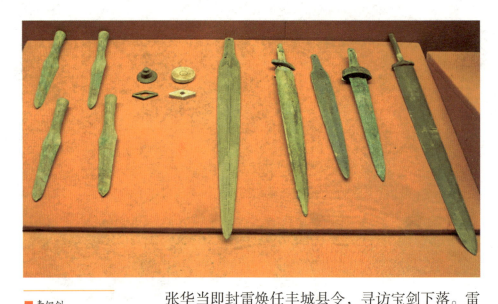

■ 青铜剑

强身健体的中国功夫

欧冶子 春秋末期到战国初期越国人。我国古代铸剑鼻祖，龙泉宝剑创始人。少年时代学会了冶金技术，开始冶铸青铜剑和铁锄、铁斧等生产工具。他肯动脑筋，具有非凡的智慧，他身体强健，能吃苦耐劳。后来发现了铜和铁性能的不同之处，冶铸出了第一把铁剑"龙渊"，开创了我国冷兵器之先河。

张华当即封雷焕任丰城县令，寻访宝剑下落。雷焕到任后，发掘出一石函，打开果见一剑，以南昌西山的土擦拭，光芒四射。从剑文上知是干将。

传说张华乘船过江，忽视所佩干将跃入水中，急使人下水寻找，见两龙张须相向，使人惊恐而退。从此干将、镆铘两剑便永不再现。

我国已发现的剑，最早是商代的铜剑，即河南陕县虢国贵族墓葬中的4柄青铜剑，四川奉节发现两把战国时的"巴式剑"，铸造工艺已经比较先进，剑身铸有图案花纹。

尤其是在湖北省江陵县发现的历史名剑——越王勾践剑。此剑是铜制，剑刃经历千年仍然锋利无比，剑茎上满缠丝绳，有两道箍，首作圆形，剑身近格处有两行错金鸟篆体铭文："钺王鸠浅自乍用剑。"即"越王勾践自作剑"。

越王勾践剑确是剑中珍品，据传是匠人欧冶子制造。勾践被吴王打败以后，卧薪尝胆，励精图治，最终灭掉吴国。关于越王勾践剑，古籍中也有记载，《越绝书》写道："勾践乃身被赐夷之甲，带步光之剑。""昔者，越王勾践有宝剑王闻于天下。"这柄剑在湖北江陵的楚墓中，大约是楚国占领越地后作为战利品带回的缘故。

铜剑以后又被铁剑取代，江淹《铜剑赞》序说："春秋迄于战国，战国至于秦时，攻争纷乱，兵革互兴，铜即不克给，故以铁足之。铸铜即难，求铁甚易，是故铜兵转少，铁兵转多。"

最早的铁剑是在长沙一座古墓中发现的。春秋晚期的铁剑，工艺水平又有较大提高，淬火锋利，式样别致。铁剑代替铜剑是历史的一大进步。剑身由最短的如北京琉璃河发现的那柄17.5厘米到最长如衡阳发现的那柄1.4米，威力大增。

据《左传》《国语》等史书记载，当时的名剑有"湛卢""大夏""龙雀""纯钧""镆铘""干将""鱼肠""胜邪""巨溯""龙渊""豪曹"等，割玉物如割泥。拳谚说"一寸长，一寸强"，剑身由短变长，两侧剑刃能更好地发挥劈、撩、扫、斩等技法，促成了

■越王勾践剑

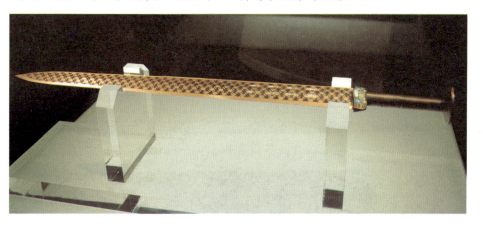

剑术和剑法的多样化。

剑术发展较早，流传甚广。孔子的学生子路就非常喜欢剑术，据《家书》记载："子路戎服见孔子，拔剑而舞之，曰：'古之君子以剑自卫乎？'"

剑术多以斗剑的形式出现，当时贵族以观赏斗剑寻欢作乐，他们豢养剑客。

《庄子·说剑》描写斗剑场面："蓬头突鬓垂冠曼胡之缨，短后之衣，目而语难。相击于前，上斩颈领，下决肺肝。"庄子对此大加抨击，认为"无异于斗鸡"，无所用于国事。但是，在民间剑术却得到了健康发展，出现了众多剑术高超的武术家，如越女、鲁石公等。

战国时期的司徒玄空，耕食于峨眉山中。他模拟猿猴动作，在狩猎术基础上创编了一套攻守灵活的"峨眉通臂拳"，据说学徒甚众。

因为司徒玄空常着白衣，徒众们称之为"白猿祖师"。他还创有"猿公"剑法，并传剑越女，称之为"越女剑法"。而后世峨眉武术正是发源于此。越女，是春秋战国民间武术家，精于剑术，剑术理论也

子路 名为仲由，又字季路，孔子得意门生。以政事见称。性格爽直率真，有勇力才艺，敢于批评孔子。孔子了解其为人，评价很高，认为可备大臣之数，做事果断，信守诺言，勇于进取，曾任卫蒲邑大夫、季氏家宰，是孔子"堕三都"之举的最主要合作者之一。

048

强身健体的中国功夫

■铁剑

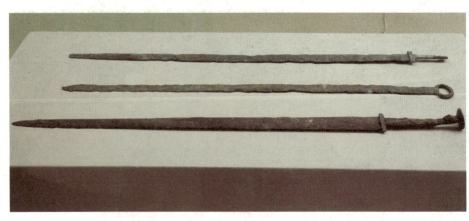

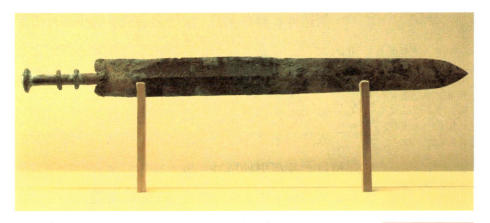

■ 青铜剑

非常精辟，对后人影响颇大。

鲁石公的剑道也出类拔萃，汉代刘向《说苑》对此有记载：

> 鲁石公剑，迫则能应，感则能动，昀穆无穷，变无形象，复柔委从，如影如响，如龙之守户，如轮之逐马，响之应声，影之象形也。间不及，呼不及吸，足举不及集，相离若蝉翼，尚在肱北，眉睫之微，曾不可以大息小，以小况大，用兵之道，其犹然乎。

从这段描述中，我们就可以看出鲁石公出神入化的高超剑术。

武林有"剑走青，刀走黑"的谚语，"青"是"轻"的通假，指轻捷便利，交手之时，能干净利落、快速敏捷地防守和进攻，谓之"走青"。剑的特点就在于身薄而轻，且为直身，因而基本剑法劈、刺、扎、撩、点、崩、截、抹等都是这种特点的必然选择。

刘向（约前77—前6），西汉经学家、目录学家、文学家。本名更生，字子政，今江苏沛县人。汉初楚元王，即刘交的四世孙。治《春秋穀梁传》。曾任谏大夫、宗正等。成帝时，任光禄大夫，终中垒校尉。曾校阅皇家藏书，撰成《别录》，为我国最早的目录学著作。著有《新序》《说苑》《列女传》等。

曹丕 （187—226），三国时期著名的政治家、文学家，曹魏的开国皇帝，曹操的长子。曹丕文武双全，8岁就能提笔为文。220年正月，曹丕继任丞相、魏王。除军政以外，曹丕自幼好文学，于诗、赋、文学皆有成就，与其父曹操和弟曹植，并称"三曹"。

■ 双鸟环首青铜短剑

剑这种兵器在战场上攻击力有限，远不如攻势厚沉的大刀，《武备志》中有"古之言兵者必言剑，今不用于阵"的说法，表明了剑不再适合实战需要的情况，有一定道理。

战阵拒绝排斥了剑，而剑并未绝迹，反而制作更加精良，技法更加精妙，被人称为"诸器之帅"，原因是剑具有了比其他内涵更加丰富的功能。

剑在人类文明的初期就神圣化了，人们在剑前冠以"宝"字，称之"宝剑"，将剑视作"神兵""神器"，王公贵族均备名剑，佩剑之风盛行。

《古今刀剑录》记载：夏禹之子启"铸铜剑"，"上刻二十八宿文"，秦始皇有"定秦"剑，汉高祖刘邦有"赤霄剑"，汉文帝有"神龟"剑……统治者得名剑甚至成了君权神授的象征。

刘长卿诗《宝剑篇》"自然神鬼伏，天子莫空弹"，谭用之诗《古剑》"铸时天匠待英豪"隐隐表明了这种意思。

三国时袁绍梦见神仙授给他一柄宝剑，醒来后果然发现宝剑就放在卧室里，取来一看，剑上铸有铭文"思召"二字。

袁绍找人解释，解释者说，思通丝，丝与召就是绍字，袁绍听罢喜不自禁。这个故事里，剑明明白白是受命的象征了。

更神奇的是剑还常常传达出一种预言。东汉光武帝刘秀，尚未发迹前，在南阳鄂山得一把宝剑，上面的铭文为"秀靶"。后来刘秀果然得了天下，自己铸了4柄宝剑上面都刻有"中兴"，但自己刻的没有用，后来便"一剑无故自失"，东汉也在灵帝手中名存实亡了。

剑毕竟还是兵器，秦汉时期，不仅佩剑之风盛行，而且精于剑术的人颇多，特别是一些文人学士，如司马迁 "在赵国者，以传剑论显"，武将就更不用说了。剑道在这个时期出现比较复杂的招式，出现了竞技性质的比赛，竞争激烈。

如《典论》记载了曹丕与邓展的一场比赛：一天，曹丕与邓展一起饮酒，席间谈话说起了剑术，曹丕指出了邓展的一些错误说法，并向邓展表示，若不信服，可以较量一番。

邓展当时稍有醉意，经曹丕一激不甘示弱，当即表示愿与之较量。

考虑到真剑会失手伤人，两人就用甘蔗作为剑，没几个回合，曹丕3次击中邓展的臂膀，引起旁边观者的哄笑。

邓展不服气，要求再比，在第二轮比赛中，曹丕以败招引诱邓展，邓果又中计，被曹丕击中门面。

据说曹丕曾师从洛阳名师王越，经过勤学苦练，剑术炉火纯青，所以才战胜了剑术老到的名将邓展。

阅读链接

在我国古代，剑是武、武备、武功、武术、尚武精神的象征。可以说了解了剑，也就基本了解了我国武术的真谛。

如《五代史》还记载了一个传说：成都有一个叫朱善存的人，世世代代传下一柄宝剑，天下太平时，剑便长出"神芝"，天下兵乱时，剑则吐"黑烟"，日期与暴乱发生的时间一天不差。剑已经是一种权威、威仪、力量的象征了。

秦汉崇尚角抵与手搏运动

　　先秦时期称之为"角力"的徒手搏斗，至秦汉时期发展成一种新的并带有娱乐性质的武术活动，称为"角抵"。《太白阴经》卷六《教旗图篇》记载："春秋之后，灭弱吞小，并为战国，稍增讲武之礼，以为戏乐，用相夸饰，而秦更名为角抵。"《史记·李斯列传》记载："是时二世在甘泉，方做觳抵、俳优之观。"可见角抵与角力

角抵戏

的渊源关系。裴骃集解引劭语释
道："角者，角材者；抵者，相
抵触也。""名此乐为角抵者，
两两相当，角力，角技艺。"说
明角抵是一种徒手竞争，主要以
摔法和体力进行竞争。

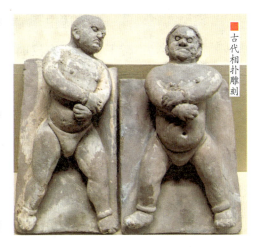
古代相扑雕刻

秦代的角抵，只限于摔法，
以较力为主，更多地用于表演和
娱乐，广泛流传于民间和宫廷。汉代初期，刘邦为了"与民休息"，
曾一度罢废角抵，但却没有禁止住，至武帝刘彻时期，反而极力倡
导，更加兴盛。

《汉书·武帝纪》记载："元封三年春，作角抵戏，三百里内皆
观。"又记载："元封六年夏，京师民观角抵于上林平乐馆。"可见
当时之空前盛况。

汉武帝时，由于国力强盛，百姓殷实，统治者乐于炫耀国力，角抵
成为向外宾夸示的工具。《汉书·张骞》记载："大角氐出奇戏诸怪
物，多聚观者，行赏赐。""而角氐戏岁增变，其益兴自此始。""岁增
变"，每年变化，花样翻新；"其益兴"，角抵越来越兴盛。

《后汉书·夫馀国传》中也记载了东汉顺帝以角抵招待外国宾客
使者的情况。

《汉书·金日磾传》还记载了一场精彩的角抵场面：

何罗袖白刃从东箱上，见日磾，色变，走趋卧内欲入，
行触宝瑟，僵。日磾得抱何罗，因传曰："莽何罗反！"上
惊起，左右拔刃欲格之，上恐并中日磾，止勿格。日磾捽胡
投何罗殿下。

强身健体的中国功夫

在描述中，"胡"的意思是"颈也，捽其颈而投殿下也"，东汉时期名士孟康认为"胡昔互，捽胡，若今相僻卧轮之类也"，据考证，"相僻"就是相扑，由此推知，角抵就是相扑，也就是摔跤。

东汉时期，杂技、武术、舞蹈、幻术、角抵等文体活动并称"百戏"，角抵在其中占有重要地位，所以百戏又称"角抵戏"。张衡《西京赋》称赞角抵"临迥望之广场，程角抵之妙戏"。

陕西发现有一块秦汉墓中的铜牌，上刻有表现角抵场面纹饰：两人赤脚站立，或抱腰，或扳腿，相互抱摔，形态逼真传神。

三国时期，角抵更是花样翻新，出现了女子摔跤，妇人相扑。虞溥《江表传》记载：三国时东吴国之君孙皓，曾"使尚方以金作步摇假髻以千数，令官人著以相扑，早成夕败，辄使更作"。"金步摇"是古代妇女使用的首饰，戴上首饰相扑，可见这种活动是以观赏为主。

秦汉时期，手搏作为一种攻防技击术，广为流

■ 汉代杂技俑

传。从秦代开始，手搏比赛就比较正规了。

湖北江陵凤凰山一座秦墓中有一件木篦，上面有漆面，画面上有3个男子，均上身赤裸，不穿短装，腰束长带；右边两人正在进行手搏比赛，左边一人手往前伸，似是裁判。值得注意的是手搏双方的装束和后来的相扑极为相似，两者似有一定的渊源关系。

汉代时，手搏称为"卞"或"弁"。《汉书·甘延寿传》记载

■ 汉代杂技俑

"延寿试弁为期门"。"弁，手搏也。试武士用手搏，以手固实用之术也。"很明显，手搏和角抵是两个类型的不同的项目。

汉末魏初人苏林说："手搏为卞，角力为戏也。"唐代人颜师古认为："手搏为卞，角力为武戏。"清代人王先谦注："今谓之贯摔。"种种资料表明手搏不同于角抵，而是综合运用踢、打、拿的搏斗技术。

阅读链接　　角抵和手搏的技术实战性较强，《水浒传》中自称"三代相扑为生"的没面目焦挺，与李逵争斗时，第一回合"手起一拳"，把李逵打了个"塔墩"，第二回合是"肋罗里又是一脚"，把李逵"踢了一跤"，这种打斗方式和相扑、摔跤都不同，倒是类似于武术中的相扑和柔道，也类似于散打。

神医华佗初创健身五禽戏

华佗画像

汉代末年，神医华佗受"熊经鸟伸"的启发，并吸收了鹿、猿、虎等动物的动作特征，创立了"五禽戏""亦以除病，并利蹄足"，既可以健身治病，又能使人手足灵活有力，从而能自卫击人。

人类的象形习性是人类固有的品性，因而人类的象形活动伴随着人类的形成而发展。《尚书·皋陶谟》记载："予击石附石，百兽率舞。"可见在旧石器时代，祖先就学仿百兽之形了。原始社会出现的猿猴舞、雀鸟舞、熊舞等模仿各种动物动作的舞蹈，在《尚书》中被称为"百兽舞"，其中许多动作被

后来的武艺吸收，形成五花八门的象形拳。

■ 五禽戏木雕

至汉代，已经出现了模拟动物或吸收动物动作特点的拳种。湖南长沙马王堆汉墓出土的汉帛画中就有"沐猴灌"的名目和图像，表现的正是古代的猴拳，从形象上看，吸取了猴子敏捷的特点，也有拨弄挑逗、凌厉攻击、奔逃嬉戏的情景，十分逼真。

华佗，字元化，小时候非常聪明，但性格孤僻，长大后不愿意出仕做官，却特别喜欢治病救人的医术，他收集了很多秘方验方，但效果都不太理想，后来他听说名山之中常有得道的仙人居住，于是就遍游山川，拜师求道。

华佗这样访寻了好多年，虽并没有遇到想象中的仙人，却看到了不少活泼可爱的动物，如象、鹿、鹤、猿等，它们奔跑戏耍的形象，给华佗留下了深刻的印象，但他并没有悟出这与他所追求的医术养生术有什么关系。为了求道，华佗继续在深山中寻访。

皋陶 我国古代传说中的人物。史书典籍中多称为"大业"，传说他是上古五帝之首的少昊的后裔，东夷部落的首领。是舜帝和夏朝初期的一位贤臣，曾经被舜任命为掌管刑法的"理官"，以正直闻名天下。他还被奉为我国司法鼻祖，后常为狱官或狱神的代称。

五禽之戏

虎形　熊形　鹿形　猿形　鸟形

■ 五禽之戏

方术 古代用自然的变异现象和阴阳五行之说来推测、解释人和国家的吉凶祸福、气数命运的医卜星相、遁甲、堪舆和神仙之术等的总称。方术起源于原始社会的巫术。

麻沸散 传说华佗的儿子沸儿因为误食了曼陀罗的果实不幸身亡，华佗万分悲痛，在曼陀罗的基础上加了其他的几味中草药研制出了世界上最早的麻醉药，为了纪念他的儿子将这种药命名为"麻沸散"。

有一次，华佗来到公宜山，这是一座山势险峻、人迹罕至的大山，进得山来，但见怪石嶙峋，松柏争翠，脚下流水潺潺，山腰云雾缭绕。华佗不禁心旷神怡，陶醉其间，不知不觉来到一个古洞前面。

忽然，华佗听到洞中有人在谈论什么，他屏息细听，发现是两位老人正在谈论治病养生之事。华佗又惊又喜，心想梦寐以求的夙愿终于实现了！

但华佗又不敢贸然进洞，忽听见一位老人说："华生已经来到洞外，我们可将此术传授与他。"

另一位接道："华生虽然求道心切，但也还须开导一番，方可与他。"

华佗听到这些，再也不敢犹豫，立即走进洞中，只见两位老人，头戴草帽，相对而坐，华佗急忙躬身下拜，说道："晚生华佗，素好方术，寻访数年，未得真传，今幸遇仙者，乞为开悟，终身不负大恩。"

一老者道："医之为术，非人不传，念汝心诚，今传与汝。吾有数言，汝当牢记：为医之道，须无高下，无贫富，无贵贱，不务财贿，不惮劳苦，悯老恤幼，济世活人，以为己任，如此则不负吾心矣。"

华佗再次跪拜："圣贤之教，晚生铭刻在心，俱能从之。"

两位老者相视而笑，用手指着一个旁洞说："洞中石床上有书一函，取后速归，勿示俗流，切记吾言。"

华佗依言果得书一函，回头看时，两位老者已不知去向。华佗小心翼翼地走出洞外，忽然间云奔雨泻，石洞崩塌。

华佗携书回家，悉心研究，发现这是一部医书，理法方药一应俱全，与过去所见所闻皆不相同。依书中所论施疗，无不神效。其所擅长施用的麻沸散及剖腹开颅等方法皆出自该书中。

书中还记载了养生健身的方法，其中之一就是五禽戏。华佗素爱养生之术，一见五禽戏，便每日依法演练，数年间游历山川所见猿、鹿、鹤、熊、虎等形象便浮现在眼前，仿佛自己又置身于大自然之中。

日复一日，年复一年，华佗坚持演练五禽戏达到了出神入化的境地，收到了意想不到的效果，以至年且百岁，犹有壮容，时人以为仙，其实这都是长期演练五禽戏的结果。

华佗五禽戏包括虎戏、鹿戏、熊戏、猿戏、鸟戏5种仿生导引功夫。五禽戏动作柔和，而且与呼吸、意念相结合。

虎戏取自然站式，俯身，两手按地，用力使身躯前耸并配合吸气，当前耸至极后稍停；然后，身躯后缩并呼气；如此3次。继而两手先左后右向前挪移，同时两脚向后退移，以极力拉伸腰身。接着抬头面朝天，再低头向前平视；最后，如虎行走般以四肢前爬7步，后退7步。

鹿戏也为四肢着地势。吸气，头颈向左转，双目向左侧后视，当左转至极后稍停；呼气，头颈回转，当转至面朝地时再吸气，并继续向右转，一如前法。如此左转3次，右转两次，最后回复如起势。然后，抬左腿向后挺伸，稍停后放下左腿，抬右腿如法挺伸。如此左腿后伸3次，右腿两次。

熊戏取仰卧式，两腿屈膝拱起，两脚离床席，两手抱膝下，头颈

强身健体的中国功夫

五禽戏塑像

用力向上，使肩背离开床席；略停，先以左肩侧滚落床面，当左肩一触及床席立即复头颈用力向上，肩离床席；略停后再以右肩侧滚落，复起。如此左右交替各7次。然后起身，两脚着床席成蹲式，两手分按同侧脚旁；接着如熊行走般，抬左脚和右手掌离床席；当左脚、右手掌回落后即抬起右脚和左手掌。如此左右交替，身躯亦随之左右摆动，片刻而止。

猿戏是选择一牢固横竿，略高于自身，站立手指可触及高度，如猿攀物般以双手抓握横竿，使两肢悬空，做引体向上7次。接着先以左脚背钩住横竿，放下两手，头身随之向下倒悬；略停后换右脚如法钩竿倒悬。如此左右交替各7次。

五禽戏之熊戏

鸟戏采取自然站式。吸气时抬起左腿，两臂侧平举，扬起眉毛，鼓足气力，如鸟展翅欲飞状；呼气时，左腿回落地面，两臂回落腿侧。接着，抬右腿如法操作。如此左右交替各7次。然后坐下。屈右腿，两手抱膝下，拉腿膝近胸；稍停后两手换抱左膝下如法操作。如此左右交替各7次。最后，两臂如鸟理翅般伸缩各7次。

华佗有两个弟子，一个叫吴普，一个叫樊阿，他们两人都曾向华佗请教养生方法，于是华佗就把自己创立的方法分别传授给了他们，结果，他们两人都得以高寿。吴普90多岁时还耳聪目明，牙齿坚固，樊阿100多岁时头发胡子都还乌黑发亮，精神气力比青壮年还旺盛。可见，华佗武术养生的效果是十分显著的。

强身健体的中国功夫

阅读链接

后人将华佗的"五禽戏"视作各种象形取义的仿动物拳种的鼻祖，大概因为华佗的思路开创了一块全新的天地，直接影响了仿生术式武术的发展。

《三国志·魏书·方技传》记载："佗语普曰：'人欲得劳动，但不当使极尔。动摇则谷气得消，血脉流通，病不得生，譬犹户枢不朽是也。是以古之仙者为导引之事，熊颈鸱顾，引挽腰体，动诸关节，以求难老……普施行之，年九十余，耳目聪明，齿牙完坚。'"

武行天下

　　两晋南北朝时期，诸侯分裂割据，儒、道、佛三教合流，玄学盛行，大大丰富了我国武术文化。尤其是达摩祖师在嵩山少林寺，开创了禅武合一的武术宗旨，使少林寺成为千百年来的功夫之源，有"天下武功出少林"之说。

　　隋朝末年，由于各地义军兴起，大大推动了武术的开展。唐朝实行武举制，武则天规定了武举的项目和内容，用考试办法授予武艺出众者以相应称号，这种选拔人才的制度，也促进了武术活动的大发展。

女皇武则天设立武举制度

武则天画像

在我国历史上，唯一正统的女皇武则天是一位通晓文史、机智权谋的政治家。唐高宗死后的第七年，即684年，武则天正式登上皇帝宝座，并改国号为"周"。登基之后，武则天四处选拔武功过人的人才，并于702年正式设置了"武举"制度。

科举制度，是我国古代封建王朝为取"士"选择官吏而设置的"分科取士举人"的考试制度，始建于隋代，经唐完备，历宋、元、

■武举人匾额

明、清代1300多年，影响极大。

　　武举制是作为国家选择军事方面的人才而设立的考试制度。这种制度实际上在唐代之前已经有些端倪，汉朝取士选用"察举制"，按科荐举贤良，最后由皇帝评定高下，按能授官。察举制度的10多个科目中就包括了"兵法"内容。

　　《汉书·成帝纪》存有汉成帝元延元年，即公元前12年诏："壮边二十二郡，举勇猛知兵法者各一人。"实际上已具备了武举制的轮廓。

　　至隋代正式使用"科举"制度取士，隋炀帝于607年下诏："天下之重，非独治所安，帝王之功，岂一士之略。自古明君哲后，立政经邦，何尝不选贤与能，收采幽智……才堪将略，则拔之以御侮；膂力骁壮，则任之以爪牙。爰及一艺可取，亦宜采录，众善毕举，与时无弃……"

　　这已经是科举内容，而且选人标准也非常明确，"才堪将略""膂力骁壮"并举，成为后世武举制度的楷范，隋炀帝对武举制度的建立居功至伟。

隋炀帝（约569—618），杨广，一名英，小字阿麼，隋朝第二代皇帝。他在位期间修建大运河，开通永济渠、通济渠，加修邗沟、江南运河，营建东都并迁都洛阳城，开创科举制度，亲征吐谷浑，三征高句丽，有一定政绩，但是因为滥用民力，造成了天下大乱。

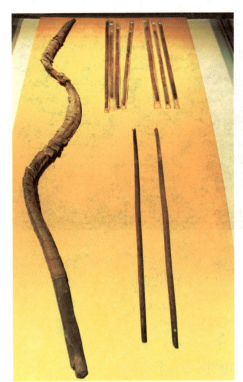

■ 弓箭是武举考试的重要科目

随着科举制逐步的兴盛，军人地位也日显颓势；"三卫"即亲卫、勋卫和诩卫，在唐代初曾经是为人所羡、升迁快捷的美差，变为"历年不迁，士大夫亦耻为之"。

勋官是唐代初制定的给立军功者的赏格，但至武则天时，求勋官的人越来越多，而征战之事又不多，所以百姓感到求取勋官有困难，很辛苦，因此百姓都"不愿征行"了。

武则天眼看着征役都有困难，社会尚武之风日衰已是趋势，针对这种形势，她决定正式设立武举制，《通典·选举三·历代制下》记载："长安二年，教人习武艺，其后每岁如明经进士之法，行乡饮酒礼，送于兵部。"

因为武举制是一条进取仕途的路径，当时的武状元官至侍郎，所有武举人的荣耀都不亚于唐初在战场用生命换来的勋官。

武举制的产生也与此社会现象有一定的关系，希望通过同样的选拔举措，选拔优秀的军事人才，同时提升军人的社会地位，强化社会的尚武风气。

据《通典》《新唐书》《文献通考》等史书记载，当时，武举考试的主要内容有：

一是长垛。"长垛"项目的考试方法是："画帛为五规，置之于垛，去之百有五步，列坐引射。"

"规"，即"院"，相当于今天的环靶，应试者用石弓和六钱三箭连射30箭，均在第三"院"内为第，以后依次为上、次上、次。

二是马射。又名"骑射"，方法是"穿土为垛，其长与垛均，缀皮为两鹿，历置其上，驰马射之"。

三是马枪。具体做法："断木为人，戴方版于顶上，凡四偶人，互列垛上，驰马入垛，运枪左右，触必版落，而人不踣。"

四是筒射。"筒射之箭，长于尺余，剖筒之半，长与常弓所用箭等，留两三寸不剖。为笤以傅弦，内箭筒中，注箭弦上，筒旁为一小窍，穿小绳系于腕，彀弓即发，豁筒向手，皆激矢射敌，中者洞贯，所谓筒射也。"

五是步射。即射草人。

六是穿。以弓射铠甲，穿透甲片以测弓力。

《文献通考》

简称《通考》，宋元时代著名学者马端临编撰。从上古至宋代宁宗时期的典章制度通史。是继《通典》《通志》之后，规模最大的一部记述历代典章制度的著作。和《通典》《通志》合称"三通"。

■ 武举人练习负重的石锁

七是翘关。用双手把很重的大门闩举起来，武则天规定应试者要把长1.7丈，粗35寸的大门闩双手连续举起10次。

八是负重。举石、扛鼎，所举之石，两边有扣手，大号重150千克，二号重125千克，石头离地一尺。

九是材貌。即外形选择，身高六尺为上。

十是语言。要求应试者"应对祥明，并有神采"。

《文献通考·选举》记载：

> 唐永隆元年，右补阙薛谦光言：今武能制敌之科，只今弯弧。夫赵云虽勇，资诸葛之指挥；周勃虽勇，乏陈平之计略。
>
> 若使樊哙居萧何之任，必失指从之机，使萧何入戏下之军，亦无免主之效。是之谋将不取于弓马，良相不资于射策。愿降明制，循名责实。文则试以效官，武则令其守御。

薛谦光所言表明他对武举考试忽视军阵谋略有看法，但正好反映了武举考试对武艺的重视。武举制的影响和意义不可低估，这种面向社会各阶层选拔勇武之才的方法，为此后历代历朝所沿袭。

阅读链接

702—1901年，武举制度是我国武术史上的一件大事。武举内容的确立，无疑对武术内容起到了规范作用，仕宦之诱，改变了人们重文轻武的观念，又极大地激发了人们练武的热情。

许宣平创三世七太极拳

在盛世唐代，有一位隐居于翠微山中的修道之人，名叫许宣平。唐睿宗景云年间，他隐居在城阳山的南坞，盖了一所小草房居住。在平常日子里，许宣平长发披肩，行走如飞，有一身超常的本领，因此，人们叫他"许仙人"。关于许宣平，在许多书中都记载，多描述为："身长七尺六寸，髯长至脐，发长至足，行如奔马。"人们没有见他吃什么，就以为他不吃饭。

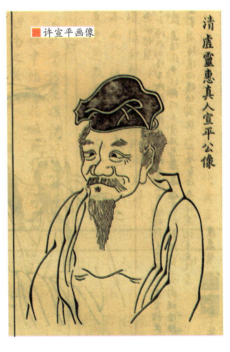

■ 许宣平画像

清虚灵惠真人宣平公像

许宣平有时候担着柴到城里来卖，柴担上常常挂着一个花葫芦和一根弯曲的竹杖，常常醉后腾腾地拄着竹杖回山，独自吟唱道："负薪朝出卖，沽酒日西归。路人莫问

少林寺功夫

强身健体的中国功夫

归何处，穿入白云行翠微。"

　　30多年来，许宣平多次把人从危难中拯救出来，有时候他还为人们治疗各种疾病。很多城里人都去拜访他，但并不能见到他，只见到他住的小草房的墙壁上题诗说：

隐居三十载，石室南山巅。

静夜玩明月，明朝饮碧泉。

樵人歌垅上，谷鸟戏岩前。

乐矣不知老，都忘甲子年。

　　当时许多人都诵读许宣平的诗，使他的诗在长安盛行一时。在官道上从洛阳到同华之间的传舍里，到处题着他的诗。

　　就连大诗人李白也听说了许宣平的诗名，于是他就途经九华山、黄山、齐云山，最后来到翠微山里寻访许宣平。

　　李白来到山脚下，只见林海茫茫、小路崎岖，一时不知所往，于是漫步走到江边，想找人问问路。正巧看到野渡之上泊有一艘小船，他连忙跑到近前朗声问道："船家，可知许宣平许仙人住在哪里？"

闻声，船篷内走出一人，斗笠遮面，长发披肩，手拄一根竹篙，歌唱道：

> 山中轻雾绕，迷蒙石径遥；
> 欲问许仙人，门前仅一篙。

李白听后答谢一声即匆匆离去，他沿着石径在山中仔细地寻找。江南的山里到处都生长着竹子，更有好多门前有竹子的人家，然而仅有一棵竹子的却始终没有见到。

看看天色将晚，李白只好无可奈何地返回江边，寻到一间酒楼休息。有了酒，这位诗仙灵感就来了。他猛然想起在江边问路的船上，在舱外不就立着一支篙吗？那位船家一定就是许宣平啦！

李白急忙又跑回江边，只见暮霭沉沉，烟波浩渺，江面上哪里还有什么船啊！李白心里感到十分懊悔和怅惘，后悔当时没有悟出船家

少年武术表演

山神 古人将山岳神化而加以崇拜。从山神的称谓上看山神崇拜极为复杂，各种鬼怪精灵皆依附于山。历代天子封禅祭天地，也要对山神进行大祭。祭山时大多用玉石和玉器埋于地下，也有将祭品鸡、羊、猪或玉石投入山谷或悬于树梢。

诗歌中的意思，与许宣平失之交臂。

李白多次求访也没找到许宣平，在他的小草房的墙壁上题诗道：

> 我吟传舍诗，来访真人居。
> 烟岭迷高迹，云林隔太虚。
> 窥庭但萧索，倚柱空踌躇。
> 应化辽天鹤，归当千岁余。

有一年冬天，野火烧毁了这所小草房，从此人们就不知道许宣平的行踪了。

但100多年以后，郡中人许明奴家有一位老妇人，曾经结伴进山打柴，独自在南山中见到一个人坐在石头上，正在吃一个大桃子。

那人问老妇人说："你是许明奴家的人吧？我是

■ 太极拳

许明奴的祖先许宣平。"

老妇人说:"我们早就听说您已经成仙了。"

许宣平说:"你回去,替我对许明奴说,我在这山里头。我给你一个桃吃,不能拿出去。这山里虎狼很多,山神很珍惜这桃子。"老妇人就把桃子吃了。味道很美,不一会儿就吃光了。

许宣平打发老妇人和打柴的人一起回家说了此事。许明奴的家族非常惊异,全郡的人都传闻此事。后来老妇人就不爱吃饭,一天天变得年轻,比平常轻捷健壮。

■ 李白画像

许宣平还传了他在深山中悟得的一套太极拳法,功名称"三世七",这套拳的招式,其灵感来自天然的各自独立的36道山泉石门,水至柔,石至坚,阴阳缠绕,刚柔相济……故不分何式为先何式为后,只要将每式学会,打起来可以相继不断,绵绵不绝。

三世七太极拳共三十七势。练此太极拳,应一势练成,再练一势,不能心急。至三十七势全部练成,无论何势先,何势后,只要将势练成,自然37势相继不断,一气贯成,所以又可以谓之长拳。

许宣平的三世七太极拳每一势中双手均是以指尖领劲,走太极S曲线。左脚与右脚所在的两个点,正是绕S曲线所依的圆心。当手运到中间,无法穿过胯下而绕成完成的S曲线时,只要以意思走出完整的S曲

三世七 也有称"三十七"的,是指本套太极拳共三十七势。三世指的是前世、今生与来世。一只手旋转着画出一道半弧,这只手正由它的过去走向它的未来。如果另一只手再沿着这半弧的轨迹旋转起来,那么前手是后手的将来,后手是前手的过去。

强身健体的中国功夫

■ 太极拳

罗盘 由位于盘中央的磁针和一系列同心圆圈组成。古人认为，人的气场受宇宙的气场控制，人与宇宙和谐就是吉，人与宇宙不和谐就是凶。于是，他们凭着经验把宇宙中各个层次的信息，全部放在罗盘上，以此寻找最适合特定人或特定事的方位或时间。

线就可以了。

再接继下来的动作也是如此，周而复始，由正反S曲线首尾相连成闭环。双手均作S曲线时，手自然会一前一后，前手起到引领的主导作用，称为"乾手"，后手起到配合的宾辅作用，称为"坤手"。

无论是从正面看，还是从侧面看，或者俯视，这个由手指领劲绕成的封闭S曲线环都呈现出半个太极图的样子。

乾手与坤手，一前一后走在这个封闭的S曲线环上的时候，当乾手正在画立圆的时候，坤手正在画平圆，接着乾坤交换，反之亦然。

当乾手由立圆到水平圆变化成扭转的S环时，坤手正在由水平圆到立圆变化成扭转的S环。乾坤两手相交错绕环，套在一起，从任意一侧看投影图，都是半个太极图。

一只手的一个完整S曲线运动轨迹共经历了十二个阶段，即《易经》中乾卦的六爻与坤卦的六爻。当乾手以乾卦第一爻起，坤手即以坤卦第一爻开始，直至运行到第六爻乾坤互易，再至第十二个阶段第二次乾坤互易复归于初。

练三世七太极拳时，一身犹如八卦罗盘，中间为八卦排列组成六十卦方阵，为地。四周为六十四卦排列成圆，象征为地的六十四卦中，坤居西南，乾居东北，守坤德，自然朋友多多，所以坤卦说西南得朋，东北丧朋。意思是主张修炼者多修坤德。

修炼三世七太极拳，感知地心与自己的交互作用，融身心与宇宙自然，渐入天人合一的道境。修炼三世七太极拳，动静皆依循易理，可以感悟每一个人生阶段自我定位的重要，辨吉凶，知进退，守坤德，通权变。

许宣平传下来的这套太极拳，正是他一生修身养性的浓缩，而这个正反S线也正是一套太极拳的浓缩。当人们静下心来，体察正反S线的乾坤交变时，就能激发出潜能和灵感，往往很多疑难都可会灵光一闪而豁然贯通。

阅读链接

与唐代许宣平同时，还有一种先天拳，也叫"长拳"。此拳功为李道子所传。李道子为唐代道人。

令人称奇的是，按明朝武术家宋远桥在其《宋氏太极功源流支派论》中叙述，他当时游历安徽泾县，因听说当地俞家世精太极拳功，便去拜访。因问源流，俞氏言，系唐时李道子所传，俞门代代相承。当年，俞门传人每年必到深山去拜望李道子，如此直至宋代，李道子仍在。而至宋代末期，李道子忽然不知所往。

李白对剑术的非凡造诣

701年，正是在盛唐时期，诗仙李白出生于西域碎叶，5岁迁居绵州隆昌青莲乡。李白自幼跟随他父亲李客学剑，15岁拜左邻击剑老人学练剑术，20岁常骑马佩剑出入于通都大邑，练得一手好剑术。

李白一生爱好舞剑，并精通剑术，生平总是"剑不离身，身不离剑"。《宣和书谱》中曾说他"卯岁知通书，及长好击剑，落落不羁束"。

■ 李白（701—762），唐代浪漫主义诗人。李白生活在盛唐时期，他性格豪迈，热爱祖国山河，游踪遍及南北各地，写出大量赞美名山大川的壮丽诗篇。他的诗，既豪迈奔放，又清新飘逸，而且想象丰富，意境奇妙，语言轻快，人们称他为"诗仙"。李白存世诗文千余篇，代表作有《蜀道难》《将进酒》等，有《李太白集》传世。

李白15岁时，在《结客少年场行》一诗中写道：

少年学剑术，凌轹白猿公。
珠袍曳锦带，匕首揷吴鸿。
由来万夫勇，挟此英雄风。

李白常常是"抽剑步霜月，夜行空庭遍"。如果遇到酒酣或有感慨时，李白则更是浪漫，"起舞拂长剑，四座皆扬眉"；而一旦吃醉了酒，李白便是"醉来脱宝剑，旅憩高堂眠"，什么也不管了。

■ 李白雕像

李白出蜀后，他南游洞庭，东览吴越，寓居安陆，在漫游各地期间，他随身佩剑，勤学苦练，在他很多诗中，都提到过他的宝剑。如"高冠佩雄剑，长揖韩荆州""腰间延陵剑，玉带明珠袍"等。

736年，李白又从湖北安陆移居东鲁汶阳。据《五月东鲁行答上翁》中说，李白35岁时"顾余不及仕，学剑来山东"。

李白移居东鲁汶阳后，听说白云庵有位白云师太剑术很高，名冠东鲁无敌手，很想与她比试比试，论个高低。可是，他几次登门寻访，均未见到白云师太的踪影，心中不免有些遗憾。

这天，"五岳寻仙不辞远，一生好入名山游"的李白，佩剑携酒，又去登游龙门山，从赤龙潭、灵光

延陵剑 春秋时期吴季札封于延陵，平生最重信义。一次途经徐国时，徐国的国君非常羡慕他佩带的宝剑，季札因自己还要遍访列国，当时未便相赠。待出使归来，再经徐国时，徐君已死，季札慨然解下佩剑，挂在徐君墓旁的松树上。

■ 李白晚年雕塑

寺到秀灵台、未来香，只见山清水秀，云蒙雾罩，如同仙境。

李白刚登上龙门山顶，只觉得眼前一亮，山顶上正有一位尼姑，手舞宝剑，疾如闪电，击刺挑格，动作敏捷。李白喜出望外，高兴万分，不由喊道："白云师太吗？您让我好找！"

白云师太见有人找，赶紧收剑站定，稽首问道："请问施主，找我何事？"

李白施礼抚剑："我乃青莲居士，特来讨教。"

白云师太有意推辞："佛道两家，师不同门，互不相扰，请道长自重。"说罢转身欲走。

李白上前拦住："李白云游八方，均以剑会友，请师太莫要推辞。"

白云师太仍然冷若冰霜："道长与我素不相识，更无怨仇，何必争斗？"

李白执意比剑："久闻师太大名，难得一见，常言道不打不成交，请师太出招。"说罢先自抽出宝剑，摆出架势。白云师太万般无奈，只得抽剑应战，但并不急于出招。

李白素来好胜，率先出手，击刺挑格、豪气纵横，削劈点撩、剑法刚硬。白云师太则剑法典雅飘忽，变化多端、虚中藏实，柔中带刚。两人交战3个时辰，未见输赢。

稽首 是古代的一种跪拜礼，为"九拜"之一。行礼时，施礼者屈膝跪地，左手按右手(掌心向内)，拱手于地，头也缓缓至于地。头至地须停留一段时间，手在膝前，头在手后。这是九拜中最隆重的拜礼，常为臣子拜见君王时所用。后来，子拜父、拜天拜神，新婚夫妇拜天地父母，拜祖拜庙，拜师、拜墓等，也都用此大礼。

后来，李白求胜心切，出剑险重，白云师太心气太平，只守不攻。李白越战越猛，白云师太身软手轻，好像是体力不支，猛然打了个趔趄，露出了破绽，李白瞅准时机，快速出手，朝白云师太刺去。

殊不知这是白云师太一计，只见白云师太不慌不忙，接住来剑，按、拧、拨、带，使了个四两拨千斤的技法，李白猛然扑空，失去重心，脚下无根，再想收剑，已经晚矣，噔噔噔噔，向前冲出五六步，"咯吱"一声，将宝剑插进了石缝，再怎么拔也拔不出来了。

这时，白云师太走来，手握剑柄，一推、一送，轻轻一抽，"噌"的一声，就把宝剑取出。这回，李白可真佩服得五体投地，豪风傲气飞得一干二净，当即拜白云师太为师，攻练剑术。

经过半年苦练，李白的剑术大有长进。也悟到了以柔克刚、水滴石穿的道理，对白云师太更加敬佩，以至萌生了爱慕之心。

李白本就是风流才子，曾几次劝说白云师太还俗，还流露了自己纳妾之意，都被白云师太严词回绝。可李白仍不死心，苦苦追求。

白云师太对李白也有爱慕之心，但更敬重他的才华。一怕误了李

剑术雕塑

裴旻 裴旻是唐朝开元年间人，唐文宗年间，曾下诏正式将"李白的诗歌、张旭的书法和裴旻的剑术"称为"三绝"，世人称他们三人分别为"诗仙""草圣""剑圣"。从李白的诗、张旭的字这两绝推想，裴旻的剑术自然也是妙绝通神。

白的前程；二怕坏了自己的名声；三怕毁了李妻许氏的幸福，落万人耻笑，难以做人。

白云师太生怕李白继续纠缠，夜长梦多，便对李白明言："本人既已出家，断不能沾染尘事，道长已有妻室儿女，怎能想三想四，咱们师徒一场，到此为止。请你下山吧！"

李白见白云师太很是生气，慌忙赔罪："请师父原谅，千错万错都是我的错，今我剑法尚未学成，请师父不要赶我下山，从今往后，我一定专心学剑，摒除杂念。"

白云师太决心了断，干脆利落，说道："你若学剑，可拜我师兄裴旻为师。他的剑术更加精湛，可迎刃断百箭，令奚人均胆寒；他善于拉弓射箭，一天射虎三十一。师兄的剑术武功，高我百倍。"

经白云师太推荐，李白对裴旻敬佩十分，便给他写信说："奴白，愿出将军门下。"

裴旻当时也隐居在东鲁汶阳，见李白如此好学，诚心诚意，又有师妹白云师太的推荐，同意收李白为徒。

李白在东鲁汶阳学剑3年，以"铁杵磨针"的精神，日夜苦练，长期不懈，剑术几乎达到了炉火纯青的程度，曾多次受到

■ 古代侠客雕塑

裴旻的称赞。

李白学剑来山东，为的是除暴安良，助人于困，曾得到各地豪侠的敬重。魏颢在《李翰林集序》中说，李白打抱不平，为民除害，曾手刃数名恶人。

李白在与侠客交往中，得江南友人赠龙泉剑。李白《留别广陵诸公》诗中，"金羁络骏马，锦带横龙泉"曾提到此剑。

唐代文人崔宗之称赞李白："担囊无俗物，访古千里外。袖有匕首剑，怀中藏陵书。"

太极拳

李白通文好武，一生致力诗作，但却身不离剑，而且刻意求精，力图强体健魄，陶冶情操，锤炼意志，献身许国，这种精神和毅力，一直为世人所敬佩传颂。

李白的梦想是做一个伟大的侠客，曾经以自己的梦想写了《侠客行》《白马行》等诗篇。

"长剑一杯酒，男儿方寸心。"李白除了酷爱剑外，对酒更是情有独钟，有"斗酒诗百篇"之誉。唐人爱剑、好诗、任侠，文武不殊途，这是普遍的社会风尚，但在李白身上表现得格外突出。

李白后裔曾传有《李氏剑法》，上书：此剑法乃家父所创，剑诀心法十八言、三十六剑式，诸式精深奥变，吾熟习剑式，难悟其式变化之精奥，故录备苦练，恐负严父之望，伯禽习录。

伯禽就是李白的儿子，小名明月奴。

《李氏剑法》的"心法"中说：

老君拂袖天门开，拨云斩妖魔星摘。

虎扑鹰搏身剑快，足踏魁罡杀敌败。

剑势神勇罡气在，身若游龙刚柔快。

眼明意到身剑致，剑法有式杀无式。

剑遂意行巧准快，身剑合意精妙在，

虎势仗剑惊陌怪，怒吼长啸取敌帅。

天王举剑除孽害，剑气如尘荡尘埃，

非是好杀生灵害，为保太平万民快。

回剑拂袖定收式，凝神舒气静泰然。

剑式从"老君拂袖""拨云望月"，直至"挥剑画虹""老君掸尘"，共三十六式。

阅读链接

能诗能剑也能酒，李白风采照千秋。剑代表诗人的精神和理想，寄托着诗人的抱负。"长剑一杯酒，男儿方寸心。"李白正是这样来理解剑的。因此，他要像鲁仲连、诸葛亮、谢安那样为国家建立奇勋的愿望，常常是通过剑来反映的，"不然拂剑起，沙漠收奇勋"。

同样，当他在人生的道路上遇到坎坷或波折时，也常以剑来表现自己的苦闷心情。例如，当李白的心情异常沉痛和苦闷的时候，吟诵的就是"停杯投箸不能食，拔剑四顾心茫然"的绝唱。

赵匡胤改进武术训练制度

赵匡胤画像

927年3月21日，都府洛阳夹马营赵家出生了一个面方耳大、眉清目秀的婴儿，取名匡胤。这个大胖小子的出生，乐得全家合不拢嘴。赵氏"累代仕官"，赵匡胤的祖父做过营州、蓟州、涿州刺史。父亲赵弘殷武弁出身，擅长射击，跟随晋王后，奋勇冲杀，战功赫赫，遂被晋升为飞捷指挥使。晋王夺取后梁帝位建立后唐，定都洛阳，赵家也随迁而至。

赵匡胤7岁时，开始接受教育，以便子承父业，走上仕途。

赵匡胤夜谈图

刺史 我国古代职官，汉武帝时始置，"刺"，检核问事之意。刺史的主要职责是巡行郡县。刺史制度在西汉中期得到发展，对维护皇权，澄清吏治，促使昭宣中兴局面的形成起到积极的作用。

不料，安定日子没过几年，又出现政局动乱。赵弘殷怕耽误儿子的学业，请来一位姓辛名文悦的同乡，给匡胤当业师，讲习五经。

辛老先生是饱学宿儒，勤于治学，对学业抓得很紧，但赵匡胤受着时代的熏陶，耳濡目染，干戈扰攘，哪里有心思苦读嚼蜡似的"之乎者也"。

当一听先生说放学，赵匡胤就像离弦的箭，拔腿而出，伙同孩子们玩起做操演打仗的游戏，很快就成了孩子王，只要他一声令下，没有一个孩子不听话的。从学塾归家，他命令孩子们排队，自己押在队后喝令，队伍好生整齐。

赵匡胤10岁时，后晋灭后唐，迁都汴梁开封，赵弘殷也举家随迁，住进汴梁龙巷。从洛阳到汴梁，赵匡胤也逐渐长大，生就一张紫红的大脸，魁梧的身躯，雄伟英俊，十分洒脱。他稳重深沉，善于思索，决心弃文习武，走武力统一天下的道路。

948年，赵匡胤21岁那年，告别结婚3年的娇妻贺氏，孤身一人闯荡江湖。也就在这一年，赵匡胤来到少林寺学习武术之后，自己独创了一个套路，即后世所称的"太祖长拳"的雏形。

赵匡胤在少林寺学艺之后，继续他的游侠之旅，一路上惩治各地恶棍。

他来到山西太原时，遇到了叔叔赵景清。当时赵景清在本地一座叫清油观的道观中出家当道士，于是赵匡胤在那里停留下来。

有一次，赵匡胤偶然看见道观中一座紧闭着的殿房里，有一个美丽的少女。一打听，原来这位少女是蒲州人，被强盗抢到这里。

侠义心肠的赵匡胤听了这位少女的悲惨遭遇，毅然决定把她送还家里。途中遭到抢夺姑娘的那伙强盗的袭击，但赵匡胤将之一一击退，最终平安地将姑娘送回家乡。这就是"千里送京娘"的佳话。

在结束游侠生涯、成为一名职业军官后，赵匡胤为了训练士卒，总结平生武学，综合士卒在战场上真拼实杀的格斗经验，编制成了三十二势拳法。

959年，赵匡胤陈桥兵变，成了宋代的开国皇帝。昔日士卒自觉身价陡增，于是在民间传授赵匡胤三十二势拳法，并名之曰"宋太祖三十二

蓬勃发展

武行天下

观 道教建筑，原是古代天文学家观察星象的"天文观察台"。据传最早住进皇家"观"中的道士是汉代的汪仲都。他因治好汉元帝顽疾而被引进皇宫内的"昆明观"。从此，道教徒感激皇恩，把道教建筑称为"观"。

■ 少林寺拳术

势长拳"。

　　赵匡胤本人练得一身好武艺，十分重视军队武术训练，在他即位的次年，就在京城教阅禁军，据《梦粱录》记载，每年春秋二季"禁中教场，呈试武艺，飞枪斫抑，走马舞刀，百艺俱全"，形成一种尚武的风气。

　　宋代的军队实行募兵制，通过选拔、考试任用武艺人才。颁布实施教法格，使军事训练规范化、系统化，教射、教刀、教枪都有严格的规定。

　　据1044年编写的军事著作《武经总要》记载："凡教刀者，先使执持便惯，乃以形制轻重折代猛劣而为之等。""教弓者，先使张弓驾矢，威仪客止，乃以弓之硬弱，箭之迅速，远近弓之亲疏，穿甲重数而为之等。"

　　不仅有统一的训练操典，在考核面前也有明确而

《梦粱录》 宋代吴自牧著。共20卷，是一本介绍南宋都城临安城市风貌的著作。书名出自《枕中记》。

■《清明上河图》
局部

细致的规定，《在辛校试诸军技艺格》将考核标准分为上、中、下三等："步射三中为一等，二中为二等，一中为三等。"为了达到统一标准，军队"日夜练习武艺"，大大推动了军队的训练。

在教法格的实施过程中，需要专职人员传授学习，"教头"便应运而生了。

教头既教阵法，也传武艺，扮演着重要角色。当时著名的豹子头林冲，就是禁军教头，功夫十分过硬。王安石在《将兵法》中将由朝廷委派武艺高强者到地方各路军中充任教头，当作一种制度固定了下来，"使兵知其将，将练其士"。

为了满足需要，还采取短期培训和轮流集训的办法为基层培养教头。

1079年宋神宗颁布的《府界集教大保长法》规定，每两县设一教场，集中保长培训，"每十人一色

《清明上河图》
我国十大传世名画之一，是北宋时期画家张择端仅见的存世精品，生动记录了我国12世纪城市生活的面貌。在画卷里，共绘了各色人物，牛、骡、驴等牲畜，车、轿，大小船。房屋、桥梁、城楼等各有特色，体现了宋代建筑的特征。

事艺，置教头一"，受训时由朝廷供给费用，三年期满后回乡"立团教"，大保长为教头，以五日为一期训练保丁，形成了一个自上而下的训练体系。

宋代的教头只有训练的责任，无统领调遣军队的权力，他们的主要工作和精力就是研习武艺，提高兵械技艺。

宋代商业繁荣，城市发达，汴梁、临安都是工商业荟萃的大都市，著名的《清明上河图》就生动地描绘了当时开封汴河两岸店铺林立、市民簇拥的热闹场面，《梦粱录》也记载了南宋京城临安的繁荣。"买卖昼夜不绝，夜交三、四鼓游人始稀。"

在这样的城市文化氛围里，"诸色艺人"靠献艺、献技争得了一席之地，其中也有角抵高手、武艺名家。

瓦舍、勾栏为大批职业艺人提供了相对固定的表演场所，使拳、使棒、舞剑、舞刀枪者比比皆是。据《梦粱录》记载："瓦市相扑者，乃路歧人，聚集一等伴侣，以图标手三资，先以'女颭'打套子，令人观睹，然后以膂力者争交。""女颭"就是表演武艺的女艺人，"打套子"实际上是表演单练、对练、集体表演等武术套路。

阅读链接　如果教头传习教法是统治者加强军队建设需要的话，那么瓦舍、勾栏中的"女颭"之流，则满足了观众娱乐的要求，前者更多地从实战技击要求，后者表演除了技击特点外还需考虑其观赏性。教头和女颭们以不同的方式，在宋代促成了武术的专门化、职业化、商业化，极大地推动了武术运动的发展。

清初诸帝重视武术传承

满族人在关外时，主要以畜牧、游猎为生。因此，扬鞭策马，弯弓射箭，几乎是每个成年男子必备的本领。加之努尔哈赤为狩猎和军事行动的需要，创建了兵民合一的八旗制度，骑射更成为每个旗民的必修之课。

这种生产方式和社会制度为清王朝造就了成千上万能骑善射的将士。这些将士在努尔哈赤和皇太极创建清王朝的过程中贡献重大。

于是，骑射尚武，被

清代八旗甲胄

■ 康熙（1654—1722），清代第四位皇帝、定都北京后第二位皇帝，爱新觉罗·玄烨的年号。康熙帝8岁登基，14岁亲政。是我国历史上在位时间最长的皇帝。他是我国统一的多民族国家的捍卫者，奠下了清朝兴盛的根基，开创出康乾盛世的局面。

清朝的各位皇帝奉为"满洲根本""先正遗风"。

清代初期，顺治、康熙、雍正、乾隆诸帝，先后采取了多种措施，以保持骑射传统不致丢弃。首先是加强皇子宗室、八旗贵胄勿忘骑射传统的教育。

顺治帝曾规定，10岁以上的亲王及闲散宗室，每隔10天到校场进行一次骑射演习。对20岁以上的宗室要求更严，指定他们每年春秋要戴盔披甲，参加宗人府举行的弓马考试；并授权宗人府对态度怠惰，成绩低劣者进行惩处。

顺治帝对自己的儿子也毫不宽纵，特为幼小的玄烨，即后来的康熙帝选择了技艺高超的侍卫默尔根做老师，训练玄烨骑射，像读书写字一样"日有课程"。玄烨稍有不合要求，默尔根即直接指出。

在这样严格的训练下，玄烨练就一身好武功，能用长箭，挽强弓，策马射靶十有九中。

1683年，康熙曾在浅草丛中一箭射死猛虎，又传在马上连发3箭，箭箭射过峰顶，其山便称为"三箭山"。

晚年时，康熙帝曾对众群臣、侍卫说："朕自幼至老，凡用鸟枪弓矢获虎一百三十五，熊二十，狼九十六，野猪一百三十二，射获之鹿凡数百，其余射获诸兽，不胜计矣。又于一日内射兔三百一十八。"

康熙帝深感掌握骑射武功，是保持民族优势的一个重要条件。因此，不惜花费大量的时间和精力，亲自为诸皇子督课，命他们黎明上殿背诵经书，继而练习骑射，天天如此，从不间断。康熙帝本人也常常率领众皇子和侍卫大臣，到西苑紫光阁前练习骑射。

对于普通八旗子弟，康熙帝也采取了相应的措施，清入关以后，很多人见应举赴考升迁较快，纷纷放弃武功，争趋文事，骑射传统已渐有丧失殆尽的危险。康熙帝便在鼓励八旗子弟报考文场的同时，特命兵部先行考试满语和骑射。只有骑射合格者方准入闱，以示不忘尚武之本。

此外，康熙帝又大大提高武试人员的地位。自1690年后，每当在紫光阁前考试武进士骑射、刀、石时，康熙帝都亲自拔擢其中骑射娴熟、武艺高超者充任御前侍卫，附入上三旗。康熙帝曾留有紫光阁阅射诗一首，中有"队引花间入，镳分柳外催"之句。

确立大阅、行围制度，是清代王朝崇尚武功，倡导骑射之风的又一重要措施。大阅典礼，每3年举行一次。

皇帝要全面检阅王朝的军事装备和士兵的武功技艺。八旗军队则各按旗分，依次在皇帝面前表演火炮、鸟枪、骑射、布阵、云梯等各种技艺。

清代皇帝除以大阅这种形式来训练八旗军队外，也把大阅视为向各族

■ 清代皇帝画像

强身健体的中国功夫

■ 清代骑兵画像

台吉 清代对蒙古贵族封爵名。位次辅国公。台吉，源于汉语皇太子、皇太弟，是蒙古部落首领的一种称呼，一般有黄金家族血统的首领才能称台吉，黄金家族女婿身份的首领称"塔布囊"。

首领炫耀武力的机会。

1685年，蒙古喀尔喀诸部台吉进京朝贡，康熙帝特命举行大阅，演习一批新型火炮，并全副武装来到举行大阅的王家岭。参加检阅的10多万官兵，早已陈兵列队于山坡谷底。

康熙帝升座之后，军中响起了螺号声，接着红旗飞扬，排炮并发。几百门大炮相继轰鸣，场内的靶标随声而倒，场面十分壮观。随同康熙帝参加大阅的蒙古各部落王公贵族，从未见过如此阵势，不免呈现惊惧之色。

康熙帝十分得意，但却假作安慰："阅兵乃本朝旧制，岁以为常，无足惊惧也。"

自1682年起，康熙帝每年都用田猎组织几次大规模的军事演习，以训练军队的实战本领。或猎于边区，或田于塞外，四五十年来，从未中断。

对皇帝这样不辞劳苦，每年往复奔波于长城内外，不少朝臣困惑不解。有人甚至以"劳苦军士"为由，上疏反对。

这种与尚武之风背道而驰的奏疏，自然遭到康熙帝的拒绝。他不但一如既往进行大规模军事训练，而且为平息蒙、藏地区的动乱，还数次领兵亲征宁夏、内蒙古。

有一次，康熙帝率军行至呼和浩特，遇到风雪交加的恶劣天气，行营处早已准备好御营，但康熙帝为鼓舞士气，却身披雨衣，伫立旷野，直至几十万大军全部安营扎寨，才入营用膳。

事实证明，由于康熙帝不忘武备，勤于训练，军队才能在平定三藩、收复台湾等战役中，获得辉煌的战绩。康熙帝晚年曾以满意的心情回忆这段往事：

　　若听信从前条奏之言，惮于劳苦，不加训练，又何能远征万里之外而灭贼立功乎。

为了进一步提高军队的习武技能，清代初期诸帝还设立了善扑营、虎枪营、火器营等特殊兵种。专门演习摔跤、射箭、刺虎以及操演枪炮等。

康熙初年，辅政大臣鳌拜专权跋扈，康熙帝就是借助一批年少有力、善扑击之戏的卫士，除掉了权臣鳌拜。此后，正式设立善扑营。

■清代火枪

每当皇帝在西苑紫光阁赐宴蒙古藩王或亲试武进士弓、马、刀、石时，均由善扑营表演相扑、勇射，并为武进士预备弓、石。

雍正年间明文规定：汉武进士一甲第一名，即武状元，授一等侍卫，第二、三名授二等侍卫。对习武的人来说，担任御前侍卫，是难得的荣耀。

尽管清初诸帝十分重视对子孙后代的骑射传统教育，但承平安定的环境，却使宗室王公的成绩每况愈下。至乾隆年间，有不少王公贵族已不会讲满语，骑射技术也很平常。

乾隆帝对此十分恼怒，下令宗人府每月要考察宗室王公子弟一次，"若犹有不能讲满语，其在宗学者，着将宗人府王公等及教习一并治罪，其在家读书者，将伊父兄一并治罪"。

对宗室王公，乾隆帝则亲自指派皇子或御前大臣主持，每季进行一次满语和骑射的考试。

乾隆帝时，特命在紫禁城中兴建练习骑射的箭亭一座，并在箭亭、紫光阁及侍卫教场等练武场所刻石立碑，教育子孙后代永远铭记娴熟骑射、精通满语的尚武传统。他还为自己取号"十全武功"。

阅读链接

火器营是随着八旗军队中，鸟枪火炮的数量不断增多而设置的。早在关外时，八旗军队就开始使用枪炮。康熙帝在平定三藩叛乱时，才发现库存火炮的数量和质量，都已无法应付大规模的战争。

当时清王朝中并无兵器专家，康熙帝只好任命在钦天监供职的比利时传教士南怀仁试制新炮。

随着战争的深入，枪炮的需求量越来越大，使用火器的士兵也越来越多，于是康熙帝将这批人组织起来，设立了火器营。使用鸟枪火炮等较进步武器，无疑有促进在八旗军队中倡导尚武之风的作用，并使传统武术与现代兵器结合起来。

少数民族武术传承不衰

至清代，我国统一多民族国家的格局最终形成。而在此之前，历史上曾经发生过多次民族融合，这也促成了武术的交流与传播，光彩夺目的少数民族武术，成为中华武术不可分割的组成部分。

也可以这样说：中华武术是以汉民族武术为主体，融汇多种民族武术形式而形成的。

早在先秦的时期，生活在我国北方地区的匈奴、鲜卑、突厥、契丹等民族就精于骑射，《文献通考》记载：

契丹武士壁画

儿能骑羊，引弓射鸟鼠。稍长，则射狐兔，食肉。士力能弯弓，尽为甲骑。其俗：宽则随畜田猎禽兽为生，急则人习攻战以侵伐，其天性也。其长兵则弓矢，短兵则刀铤。

在武术界颇有影响的"射柳"，就是匈奴民族古老的习武活动。《汉书·匈奴传》记载："秋，马肥，大会林。"颜师古注："林，绕林木而祭也。自古相传，秋天之祭，无林木尚树柳枝，众骑驰三周乃止。"绕林木驰马骑射，这种活动即"射柳"。在辽、宋、金、元各代比较盛行，史书中多有记载。

少数民族的尚武精神和骑射本领对内地影响颇大，赵武灵王就倡导"胡服骑射"，《史记》记载赵武灵王的话说："中山在我腹心，北有燕，东有胡，西有林胡、楼烦、秦韩之边，而无强兵之救，是之社稷，奈何？"

■ 古代剑士

他不顾众人的嘲弄，决心改变中原民族宽袍长裙的服装，换上便于习武的短裙窄袖，从而使国力大增。赵武灵王的做法吸取了北方民族尚武强悍、勇于战斗的精神，是民族武术相互交流的一个典型例证。

以后历朝历代都很注意学习少数民族高超的武艺。一些地处偏远的民族，在生存竞争中，锻炼出了武勇蛮健的体魄和高强的武艺，如《乐府歌》中曾记述了一位女中英雄秦可休：

"秦家有妇女，自名曰女休。休年十四五，为宗行报仇，左执白阳刀，右据宛景矛。"

《晋书》记载秦世宗苻健，其母梦大黑熊而受孕，"及长勇果使弓马"。苻健的儿子苻生，生下缺一目，儿时，苻健嘲笑他，"生怒，引佩剑自刺出血"，可见其勇猛。"及长，力举千斤，手格猛兽，走及奔马，击刺骑射，冠绝一时。恒温之来伐也，生单马入阵，搴旗斩将者前后十数。"

一些少数民族尚武的传统长盛不衰，其中回族武术、苗族武术、土家族武术、傣族武术等少数民族武术形式深受练家喜爱，魅力无穷。

回族以强健、勇武、团结和不畏强暴著称于世，回族武术十分发达，其主要的武术项目有散手、长兵、短兵、拳术、鞭杆、龙爪钩、五虎群羊棍、查刀、查枪等器械和套路，在汉族武术中很少见，具有鲜明的民族特色。

回族鞭杆是由牧马鞭索发展起来的，由一根齐眉棍上缚一绳索，索端系一重约750克的钢镖。回族武术在历史上名声显赫，传说朱元璋起事时队伍中有很多回族将领，正是依靠这些穆斯林战将，朱元璋才得以建立明朝，所以民间有"十大回回保国"的说法。

■《晋书》书影

乐府 本是掌管音乐的机关名称，最早设立于汉武帝时，南北朝时期也有乐府机关。其具体任务是制作乐谱，收集歌词和训练音乐人才。后来，人们将乐府机关采集的诗篇称为"乐府"，或称"乐府诗""乐府歌词"，于是乐府便由官府名称变成了诗体名称。

著名的查拳，据传是由西域穆斯林查密尔创建的。当时他应诏东征倭寇，途经山东冠县张尹庄时身染重病，住在一户回民家中，受到精心医护。

痊愈后，查密尔传拳术一套，以示谢意，当地回民于是将这套拳称为"查拳"，以纪念这位传授拳术之人。从此查拳便流传开来，冠县也被称为"查拳的故乡"。

清代时，穆斯林为了保卫自己的民族和信仰，各地穆斯林在清真寺中设置习武场，每日礼拜后在一起习拳弄棒、切磋武艺，使回民武术得到了长足发展，涌现出众多的武学大师。

河北沧州回族武术家吴钟，雍正时被誉为"北方八门拳术之初祖"，擅长刚劲的八极拳，大枪也闻名于世。1735年，他曾三破少林寺，寺僧钦佩他的武功，赠锦旗一面，上书"吴钟大枪世无双"，他还两次与康熙第十四子允禵比武，接连两次在允禵眉尖上点白，而允禵竟无察觉，由此，"神枪吴钟"的美名流传天下。

苗族武术在苗语中称为"舞吉保"，源远流长，究其源，可追溯

清真寺 伊斯兰教建筑群体的形制之一。是穆斯林举行礼拜、举行宗教功课、举办宗教教育和宣教等活动的中心场所。唐宋时期称为"堂""礼堂""祀堂""礼拜堂"，元代以后称"寺""回回堂""礼拜寺"，明代把伊斯兰教称为"清真教"，遂将"礼堂"等改称"清真寺"。

■ 清真寺建筑

至上古时代的"角抵"，在湘西苗族聚居地流传着"蚩尤拳"，演练者头戴牛角，身披棕甲，腕套虎爪，保持着古老的民族风格。

在历朝历代，虽然苗族武术经常受到压制，但是生命力特别旺盛的苗民，为了生存，仍然暗中习武，并与生产工具结合，创造性地发明了许多罕见的兵器。苗民的"牛皮铠"，用牛皮滚包扎实，缝口上涂猪血、生漆，里面灌气，富有弹性。

■ 苗族藤甲

据说牛皮铠的发明者石老岩与一教头比武，教头用棍"独劈华山"，石老岩用牛皮铠架格，只听"嘭"的一声，棍不翼而飞；第二回合，石老岩将气放掉，似一根软皮带，一个"顺水推舟"缠住来棍，轻轻一带便收了过去，令该教头赞叹不已。

苗家拳法结构紧凑、手法众多，讲究后发制人，特别重礼义、讲武德。苗家拳出手有"四用四不用"之说，即生死关头用，一般不用；路见不平用，忍得过去不用；首犯我者用，不犯我者不用；辱我族者用，一般欺我不用。

苗家收徒也有"三教、三不教"之规：温柔者教，好事者不教；知礼重义者教，亡命之徒不教；诚

武德 早在春秋时期左丘明所著的《左传》中就有"武德有七"的论述。以后随着时代的发展，武德的含义也在不断地变化发展。大多以"尊师重道，孝悌正义，扶危济贫，除暴安良""虚心请教，屈己待人，助人为乐""戒骄奢淫逸"等作为武德信条。

苗族铁刀

实本分者教，好色贪杯者不教。

苗家还有一种有名的"苗家双环刀"，仅尺余长，贴袖掩藏，用时瞬间亮出，锋利无比。

据史书记载，苗寨中有人得子，其亲家便送上顽铁一块，由匠人制成刀的粗坯，埋入泥沟。

以后每年取出锻冶一次，至小孩长到16岁时开刀，赶一头水牛快步走来，一挥刀牛头便悄然落地，而牛居然不觉疼痛，前走10多步才轰然倒下，足见刀之锋利。

阅读链接

我国幅员辽阔，一些地方的少数民族武术饶有趣味，如彝族宴尔新婚之时的武打，令人耳目一新。

古时候，彝族盛行抢婚，其中就掺杂有武打，《东川府志》记载："将嫁女，三日前，持斧入山，伐带叶松树，于门外结屋，坐女其中。旁列米渐数十缸，集亲族，执瓢杓列械环卫。婿及亲族新衣，黑面乘马持械至，两家械而斗，婿直入屋中，挟妇乘马疾驱走。女母持械杓半渐追逐浇婿，大呼余族同逐女，不及，怒而归。"

达于极盛的武侠精神

我国武术源远流长，其中历朝历代都流传着侠义天下的武侠精神，至清代，这种精神达到了极盛。

武侠不仅武艺高强而且有勇气，更重要是有"侠"的品质，《史记》的作者司马迁概括得比较准确。他在《史记·游侠列传》中说他们"其言必信，其行必果，已诺必诚，不爱其躯，赴士之厄困"。这就是自春秋战国以来我国所流传的侠的精神。

早在春秋战国时期，由于各国争雄天下，无不注意网罗有特

战国人物

■ 荆轲刺秦画像砖

殊技艺的人才，出现了养士之风。战国四公子都曾养士数千人，而武侠人士更是他们刻意搜寻的人才。

古代武侠并没有很高的社会地位，他们在做出惊世之举以前，多是混迹于市井中的无名小民。

如战国时的朱亥是魏国都城大梁"市井鼓刀屠者"，聂政以屠狗为生，荆轲是一介游民。他们的抱负不同于世俗，平时的言行举止也不同于常人，虽然社会地位低下，然而自尊自强，卓然傲立，平交王侯，不为权贵所屈。如贵为王弟的信陵君多次邀请区区屠户朱亥，朱亥却置之不理。

由于武侠可以承担重大使命，而且这些使命常关系到君王的身家性命、社稷国祚，于是当时贵族看重他们重气节轻性命的品质，降尊折节，对这些人礼遇有加，结为心腹。

如吴公子光善待要离、专诸，以便让他们为自己登上王位行刺；韩国严仲子交结聂政以刺丞相侠累；燕太子丹为行刺秦王，尊荆轲为上卿，以山珍海味、

战国四公子 战国时代末期秦国越来越强大，各诸侯国贵族为了对付秦国的入侵，竭力网罗人才。当时，以养"士"著称的有魏国的信陵君魏无忌、齐国的孟尝君田文、赵国的平原君赵胜、楚国的春申君黄歇。因其四人都是王公贵族，后人称之为"战国四公子"。

车骑美女相待，而且每天亲自登门拜访。

一旦武侠感到自己得到尊重和信任，便为知己者去赴汤蹈火，必要时不惜一死，以报知遇之恩。我国历史上有许多这样的武侠以生命为代价，为报"知己"在历史上写下了惊心动魄的篇章。

春秋战国时的武侠，给后人以深刻的影响，他们的人格品质为后世不断颂扬，为人们所景仰，他们的言行举止，成为许多后人模仿的榜样，"风萧萧兮易水寒，壮士一去兮不复还"成为千古绝唱。

文武双全是我国古人的人格理想，文人以武学为好，武人以儒侠为尊。古代一般有钱人家的孩子除了要读"四书五经"、诗词歌赋以外，还有专门的武术老师教授传统武术。

风气所及，我国历史上出色的武术家往往也是出

四书五经 是"四书"和"五经"的合称，是我国儒家经典的书籍。"四书"指的是《论语》《孟子》《大学》和《中庸》；而"五经"指的是《诗经》《尚书》《礼记》《周易》《春秋》，简称为"诗、书、礼、易、春秋"，"四书五经"是南宋以后儒学教学的基本书目，儒生学子的必读之书。

103

蓬勃发展

武行天下

■女子舞剑画

■ 辛弃疾

色的诗人和文学家，而以文学著名的士人往往也是武术"练家子"，或者对武术有浓厚的兴趣。这种文武交融的现象在历史上屡见不鲜。

唐代诗人李白，其诗歌成就几乎前无古人后无来者，有"诗仙"之称。不过，李白早年爱好的是学剑求道，他曾经在青城山和道士学剑，又在山东齐州领过道教的道箓，正式成为道教的弟子。

南宋时期著名的词人辛弃疾，在我国文学史上与苏东坡齐名，历史上称为"苏辛"，词风豪放，语境瑰奇。辛弃疾是齐州历城人。他21岁参加耿京领导的抗金武装，为掌书记。1169年，奉耿京令南下归宋，宋高宗授以承务郎、天平节度掌书记。

辛弃疾返回山东时，耿京已被叛徒张安国杀害。他一怒之下，率领几十人连夜直奔金营，在数万人中活捉张安国南归。由此可见，辛弃疾武艺十分高强。

而且，辛弃疾创作的词许多都是描写战争和武功的，如《破阵子·为陈同甫赋壮词以寄之》：

醉里挑灯看剑，梦回吹角连营。八百里分麾下炙，五十弦翻塞外声。沙场秋点兵。马作的卢飞快，弓如霹雳弦惊。了却君

青城山 我国道教主要发源地之一，古名"天仓山"，又名"丈人山"。在四川名山中与剑门之险、峨眉之秀、夔门之雄齐名，有"青城天下幽"之美誉。青城之幽素来为历代文人墨客们所推崇。

王天下事，赢得生前身后名。可怜白发生！

　　词中用许多具体的形象写出了战场的壮阔，并透露了词人对战场情思的留恋和回味。这种壮阔的战场场景以及豪迈而悲壮的情思，如果没有实际生活经历是不可能写得出来的。

　　前期的武侠主要是以一诺千金、慷慨赴死的精神名垂青史，而至明清时期的武侠，给人们留下深刻的印象则更多的是他们杰出的武技。

　　清代康熙、雍正年间，著名的"江南大侠"江宁人甘凤池以其深厚的武功闻名天下。他客居京城时，山东济南的力士张大义慕名来访，一定要与甘凤池较量较量。

　　张大义身高八尺，腿力过人，并且在脚趾上裹有铁片，气势汹汹地扑将过来。甘凤池倚柱而立，以

掌书记　全名为"节度掌书记"，是唐代初期为行军大总管府临时军事差遣，后来发展为文职僚佐，其名称也由记室、典书记、管记等固定为掌书记。随着藩镇权力的扩大，掌书记的地位也日益显得重要，掌表奏、书、徽等文书工作，是沟通藩镇与朝廷的高级文职僚佐。

蓬勃发展

武行天下

■ 古代侠士雕塑

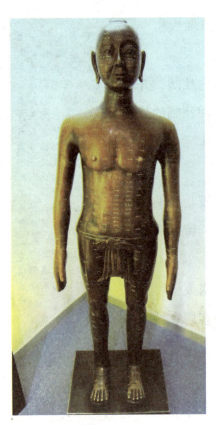

■ 经络铜人

逸待劳。两人刚一交手，就听见张大义大叫一声，跌倒在地，血流了一靴子，解下靴子一看，铁片已经深深地嵌入脚趾中。

甘凤池不仅精于拳脚和剑法，武技高超，而且善导引服气之术，有布气的能力。甘凤池家乡一个姓谭的得了痨病，医治无效，甘凤池就在一个静室里，每天夜里与此人背靠背坐，49天后这人的病就治好了。

他还有很强的硬功，"手握锡器，能使熔为汁，从指缝中流出"。

还有更神的故事，说甘凤池在客居太仓县张家时，一天在酒宴上闹着玩，于百步之外以棉团做成小球遥击梅花树花朵，上下左右，棉球到处，梅花随之坠地，满座皆惊。

我国武术发展至明清时期，由于内家拳的兴起，武侠们一般都达到了超常能力，特别是我国武术中的点穴术更是神奇无比。

《墨余记》记载了一个故事：明末清初时，上海武侠褚复生的家乡有一个外号叫"独骨"的地痞流氓，会武术，膀阔腰圆，力举千斤，仗着这些本事，在市场上横行霸道。商人不堪其扰，于是大家请褚复生为民除此一害。

在一次酒宴上，两人见面。酒过两巡，"独骨"就跳起来，手舞足蹈，将拳作势，夸耀自己的勇力。

褚复生缓缓用筷子在他胸前轻点一下，轻声说道："你不能坐下来说吗？"

"独骨"重新坐下，直至终席，一言不发。

散席后，商人们问褚复生，为什么不与"独骨"交手，他们哪里知道，褚复生用筷子轻点"独骨"时，用了内功。第二天，"独骨"浑身变色，青如蓝靛，不治而亡。

《清史稿》还记载了另一个故事：明末清初的武术家王来咸，以静制动，以点穴击人的内家功法非常高明。他与人搏击总是按照铜人经络图中标示的经络穴位，精确地点击对手的死穴、晕穴、哑穴等部位。

有一次他与著名学者黄宗羲同游天童山，遇到一个不讲道理的和尚少焰。少焰膂力过人，对付四五个人不在话下，以为王来咸可欺。

不料刚要接近王来咸，还未来得及施展他一身的蛮力，就被点中穴位，疼痛难忍，使不出半点力气。

王来咸以自己高超的武技，行侠仗义，曾替人报仇，而且他为侠有很强的正义感，绝不充当无原则的职业杀手。有人以重金请他杀自己的弟弟，王来咸认为这样做无异于禽兽，坚决拒绝这种不义之举。

我国文学史上，以武侠为题材的作品占有相当的分量。唐代的传奇

经络 "经"的原意是"纵丝"，是经络系统中的主要路径，存在于机体内部，贯穿上下，沟通内外；"络"是主路分出的辅路，存在于机体的表面，纵横交错，遍布全身。经络学说是祖国医学基础理论的核心之一。

■ 黄宗羲画像

■ 《三侠五义》故事雕刻

就有描写武侠的作品,如《红线女》《虬髯客》《聂隐娘》等,明清时期以来,武侠小说更是大量涌现,出现了许多优秀作品。这些作品除了情节引人入胜以外,同时也描写了形形色色的武侠人物群像。

如清代光绪年间刊出的石玉昆《三侠五义》,以民间流传的北宋时期名臣包拯的破案故事为主线,描写了一群江湖侠客的故事。

小说的前半部写的是包公在展昭、白玉堂等侠客的帮助下,受理民冤,神断疑案,同奸臣庞太师父子斗争的故事;后半部主要写侠客们替朝廷剪除叛藩襄阳王党羽的经过。其中"锦毛鼠"白玉堂的形象十分鲜活,他有着强烈的叛逆性格,身怀绝技却心高气傲、目空一切。

在武侠名著《儿女英雄传》中,文康成功地描写了一个侠女形象，这就是侠女十三妹。

十三妹本名何玉凤，出身于官宦家庭，因其父受害于权臣纪献唐，乃携寡母避居于青云峰，后从一道姑处学得绝世武功，于是驰骋江湖，千里独行，矢志报仇。在荒山能仁寺出手救了淮安知县的公子安骥及落难女子张玉凤，并由此演出一幕悲欢离合、最终大团圆的姻缘。

十三妹既有千里独行侠的气质，同时也是知书达理、忠孝节义的化身，把她描写成既有"儿女之情"，又有"英雄至性"的"人中龙凤"。实际上，何玉凤体现了儒家文化和墨家文化的人格理想，对后世的读书人影响很大。

清代晚期的笔记小说中还有一个与十三妹类似的女侠吕四娘。如雁北老人的《清代十三朝宫闱秘闻》、柴萼的《梵天庐巡录》、蔡东藩的《清史演义》、许指严的《十叶野闻》和孙剑秋的《吕四娘演义》等笔记小说中有详细的交代。

有关史料中关于吕四娘的记载极少，后人只知道她是清代大儒吕留良的孙女。吕四娘与甘凤池等人合称"江南八杰"。小说中描写的吕四娘是一个

■ 武侠故事雕塑

飞檐走壁 是两种不同的功夫，人们常常把这两种功夫看作一种功夫。飞檐，就是站在屋檐下，两脚用力，身体飞快地跃起，两手按住房檐迅速上房。走壁，是站在离墙壁四五米远的地方，飞快地跑到墙根，用脚踏住墙壁，借此冲力迅速跑上墙顶。后人用以指练武的人身体轻捷，能在房檐和墙壁上行走如飞。

艳若桃李、冷如冰霜、庄重坚强、知书达理、有恩必酬、有仇必报的豪侠之人，并且身怀绝技。

比如，《吕四娘演义》中的吕四娘打得一手少林拳，无人能匹，她还会飞檐走壁、空中飞剑等。与何玉凤相比较，吕四娘的形象具有更多的神秘色彩，作品更突出了她的武功。

与此类似的，还有《雍正剑侠图》，叙述的是清康熙晚年的故事，直隶省霸州农家子童林，向武当派剑客学艺后下山，奉师命在武林"五宗十三派八十二门"之外另兴一家武术。

在北京他投身于四皇子胤禛府第。在与众多反对派比武对抗过程中，与众多武林上层人物结为挚友或金兰之好。

童林的仇家夜入皇宫盗宝陷害于他，童林得到胤禛替他上下周旋，限期捉拿盗宝人将功折罪为引线。经过杭州擂台比武、北京亮镖会格斗、大破铁善寺等一系列大事件，最后，在童林等众侠客协助下钦差年羹尧带兵征讨蓬莱岛。

阅读链接

其实，《雍正剑侠图》中主人公童林的原型，就是八卦掌的创始人董海川。董海川身材魁梧，臂长手大，膂力过人，擅长技击。少时家贫，自幼嗜武，年轻时因误伤人命，奔走他乡。相传在安徽九华山得遇"云盘老祖"传授其技，创立了八卦掌。

董海川在王府当差时，因为一个偶然的机会才为人所知，一天，太极拳名师杨露蝉奉召在肃王府与府中拳师比武，连战连胜，最后竟将一拳师掷于园网之上。是时董海川手托菜盘由此经过，立即飞身上网救起拳师。董海川遂与杨露蝉相斗，双雄对峙，胜负难分。从此太极拳与八卦掌各立门户，桃李盈门，流传后世。

强身健体的
中国功夫

少林传奇

少林功夫历史与文化

在南北朝时期，西域高僧跋陀初创少林，他十分热衷于中国武术，而且吸收了有武功绝技的人为门徒，其中慧光、僧稠最为杰出。

禅宗祖师菩提达摩在少林面壁九年，创立了禅武合一的少林神奇功夫。后来，经过二世慧可等历代僧徒长期演练、综合、充实、提高，逐步形成一套拳术，达百余势，武术上总称"少林拳"。

隋唐时期，少林寺僧人组织起武装力量积极护寺护教，并为唐王朝的建立做出了贡献，少林寺自此以武勇闻名于世。

源起嵩山

禅武合一

跋陀在少林祖庭初传功夫

清代跋陀罗尊者画像

在南北朝时期，西域沙门跋陀万里跋涉东行，先到达长安，而后又到过庐山。

跋陀，又名佛陀、僧伽佛陀，原本是天竺人。他6岁死了父亲，从小就跟着母亲以纺织为生。

有一年，母亲出外贩卖布匹，认识了一位和尚，便让儿子皈依佛门做了弟子。

据说跋陀出家后，"学务静摄，志在观方"，即一面学习禅观之法，一面漫游各地。跋陀从师念佛，心底十分虔诚，一天竟能熟背300多颂，很受师父器重。

然而，20多年后，与跋陀共同修炼的5位道友先后都已修成正果，只有他无所收获，尽管他勤苦励节，还是无济于事。为此，他苦思不得其解，甚至想自杀了却此生。

跋陀得道的朋友劝导他说："修道除了要苦修苦练之外，要借机缘，时来便起。你与震旦有特别的缘分，为什么不往彼修炼却要白白去死呢？"

■ 跋陀罗尊者与诺炬罗尊者画像

跋陀听了这番话之后，大彻大悟。于是，他开始游历诸国，又沿着丝绸之路东行，在长安和庐山稍住后，直奔佛法兴隆的北魏国都平城（今山西省大同市）。他到达平城的时间大约是490年，当时是孝文帝元宏亲政。

跋陀在这里受到优厚的待遇，孝文帝对他"敬隆诚至"，为他"别设禅林，凿石为龛"，"国家资供，倍加余部"。甚至还封他为昭玄都统师，统领全国佛门，并在武周山为他开凿了云冈石窟，让他在那里大施教化。

495年，北魏孝文帝迁都洛阳，跋陀随之而来。

西域 古代称谓，狭义上是指玉门关、阳关以西，葱岭即帕米尔高原以东，巴尔喀什湖东、南及新疆广大地区。而广义的西域则是指凡是通过狭义西域所能到达的地区，包括亚洲中西部、印度半岛等地区。

孝文帝在洛阳为跋陀设立了"静院"，以供其研究佛法，后又在嵩山少室为跋陀修建少林寺。

跋陀开创少林寺，成为少林开山祖师、首代方丈。他在寺庙中传授佛经，又十分热衷于我国武术，而且吸收了有武功的人为门徒，其中慧光、僧稠最为杰出。

跋陀收慧光为徒，传说是一个巧合。跋陀在旅行到洛阳附近时，注意到一个男孩儿正在踢毽子。大多数孩子通常在身体前方踢，而这个孩子却在自己的身后踢，这是较难的技巧。

■ 佛陀修行图

跋陀注意到这个男孩儿踢毽子500次而没有落地，更给他留下深刻印象的是，这个男孩儿正在做一个令人难以置信的动作：站在高高的石院墙上向下俯瞰，如果失去平衡，男孩儿就会掉下去。

跋陀被这个男孩儿的专注和胆量所感动，他设法接近男孩儿。男孩儿也完全被他吸引，后来经父母同意，他跟随跋陀来到寺庙，此后跋陀给男孩儿取法名为"慧光"。

慧光成为僧人之前就身怀特技，后来成为引进少

嵩山 位于河南省西部，五岳的中岳。嵩山地处中原，东西横卧，曾有30多位皇帝、150多位著名文人亲临嵩山。道教主流全真派圣地，相传还是神仙相聚对话的洞天福地。

林寺武术非常有影响的人物。他与跋陀一起修炼，并翻译和编写了许多佛经中有关释迦牟尼原话的注释，被认为是佛经学派的创始人。

僧稠是受跋陀赏识的另一位弟子。僧稠是安阳人，他28岁时，发誓要成为一名佛教僧侣。跋陀收他为弟子不久，他的聪明才智和惊人的记忆力就为世人所知。哪怕最枯燥的经文他只要读一遍，就能理解和背诵。

僧稠体魄强壮，他精通武术，喜欢摔跤，常在节日期间为参观寺庙的人表演，据说没一人能打败他。为了娱乐，他爬上离地面很高的主梁上，然后从这条梁跳到很远的另一条梁上。他也喜欢以神奇的速度敏捷地在高墙上行走。

传说僧稠有一次旅行途中，跃过王屋山，一段时间后，独自一人在山中修炼，忽然听见附近的山林里一声雷鸣般的吼声。僧稠忙出来查看，原来两只老虎正在生死搏斗。

僧稠雕塑

因为出家人发誓不伤害任何生灵，所以不等这两只凶猛野兽分出胜负，僧稠忙冲上前去，抢起沉重的大铁杖将两只野兽分开，大吼着，恐吓这两只野兽，两只野兽最终被驱散了。

跋陀对僧稠十分宠爱，夸他是"葱岭以东，习禅之最"。

后来，僧稠就成了大名鼎鼎的僧稠禅师。

在武功方面，唐人张鸷的《朝野佥载》、北宋初年李昉的

《太平广记》对僧稠禅师都有相同的神话般故事记载，其中《太平广记》中写道：

《太平广记》
宋代李昉、扈蒙、李穆、徐铉、赵邻几、王克贞、宋白、吕文仲等12人奉宋太宗之命编纂的一部大书。全书500卷、目录10卷，取材于汉代至宋初的野史小说及释藏、道经等和以小说为主的杂著，属于类书。因成书于宋太平兴国年间，和《太平御览》同时编纂，所以叫作《太平广记》。

■ 僧稠禅师画像

北齐稠禅师，邺人也，幼落发为沙弥，时辈甚众。每休暇，常角力、腾趠为戏，而禅师以劣弱见凌，给侮殴击者相继。禅师羞之，乃入殿中闭户，抱金刚足而誓曰："我以羸弱为等类轻负，为辱已甚，不如死也，汝以力闻，当佑我，我捧汝足七日，不与我力，必死于此；无还志。"……

金刚形见，手持大钵，满中盛筋，谓稠曰："小欲欲力乎？"

曰："欲。"

"能食筋乎？"

曰："不能。"……乃怖以金刚杵，稠惧遂食。

食毕，请同列又戏殴，禅师曰："吾有力，恐不堪于汝？"

同列试引其臂，筋骨强劲，殆非人也，方惊异……

因入殿中，横塌壁行，自西至东，凡数百步，又跃首至于梁数

四，乃引重千钧。其拳
捷骁武，动骇物听。先
轻侮者，俯伏流汗，莫
敢仰视。

另外，据道宣《续高僧
传》和洪亮吉《登封县志》
记载："僧稠抱肩筑腰，气
嘘顶上。"所有这些，也能
为僧稠禅师精通武功的立论
进一步提供佐证。

跋陀在住持少林寺的30
多年时间里，虽然超度了不
少弟子，但功成者只有慧
光、僧稠两人，两人在他圆寂之后离开了少林，其余的弟子纷纷上了
五乳峰拜达摩为师。

119

源起嵩山

禅武合

阅读链接

按照时间的先后来说，慧光和僧稠比达摩要早二三十年，
所以，大家普遍认为，少林功夫的源头，应该是慧光和僧稠。
如果真是这样的话，跋陀自然就是少林功夫真正的先行者了。

因为慧光和僧稠是跋陀所收弟子中最有代表性的人物，也
一直为外界所颂扬，由此可以看出，当时，跋陀确实喜欢练武
的弟子，这为少林功夫的诞生和发展奠定了基础。

跋陀禅师为创建少林寺，翻译佛经，传授佛法做出了巨大
贡献，少林拳谱中还有跋陀传授方便铲和一路大刀的记载。

达摩祖师创立禅武合一

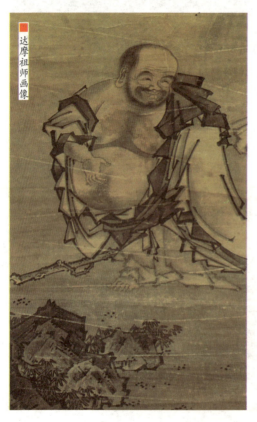

达摩祖师画像

公元520年前后，正是我国南北朝时期，印度高僧菩提达摩遵照师父的嘱咐，准备好行李，驾起一叶扁舟，乘风破浪，漂洋过海，用了3年时间，历尽艰难曲折，来到了我国广州。

广州刺史得知此事，急忙禀报金陵，梁武帝萧衍笃信佛教，他立即派使臣把达摩接到南朝都城建业，即南京，为其接风洗尘，宾客相待。

达摩是禅宗大乘派，主张面壁静坐，普度众生。由于他和梁武帝的主张不同，每谈论起佛事，二人总是不投机。这时达摩感到建业不是久留的地方，于是决定离开。

他来到洛阳时，看到永宁寺内十分精美的宝塔，自道："年一百五十岁，历游诸国，从未见到过。极佛境界，亦未有此！"因而他"口唱南无，合掌连日"。

527年，达摩到达了嵩山少林寺。他看到这里群山环抱，森林茂密，山色秀丽，环境清幽，佛业兴旺。心想，这真是一块难得的佛门净土，于是，他就把少林寺作为他落迹传教的道场。

五乳峰中峰的上部，离峰顶不远的地方，有一个天然石洞，这个石洞高宽不过3米，长度约有7米。方方的洞门，正好向阳敞开，冬暖夏凉。

洞前有一堆紧凑的小草坪，周围不见天空。真是："此地无盛夏，空山听鸟鸣。"

达摩来到少林寺后，就把这个天然石洞作为他修性坐禅的地方。

相传达摩在这个石洞里，整日面对石壁，盘膝静坐。不说法，不持律，默然终日面朝壁，双眼闭目，五心朝天，在"明心见性"上下功夫，在思想深处"苦心练魔"。

■ 达摩画像

大乘派 即大乘佛教，因能运载无量众生到达菩提涅槃之彼岸，成就佛果，故名。在佛教的声闻、缘觉和菩萨乘的三乘教法中，菩萨乘为大乘教法，历史上的北传佛教均以大乘为主。

■ 达摩面壁图

入定 即入于禅定，为三学、五分法身之一，能令心专注于一境，可分为有心定、无心定等。有为佛道修行而入定者，亦有为等待多年后将出现于世的圣者而入定者。

洞内静若无人，万籁俱寂，入定后，连飞鸟都不知道这里有人，甚至在达摩的肩膀上筑起巢穴来了。

"开定"后，达摩就站起来了，活动一下四肢，锻炼一下身体，待倦怠恢复后仍继续坐禅。

达摩终日静坐，不免筋骨疲倦，又加上在深山老林，要防野兽和严寒酷暑的侵袭，在传经时，他发现好些弟子坐禅时间久了，昏昏欲睡，精神不振。

为了驱倦、防兽、健身、护寺，达摩等人仿效古代劳动人民锻炼身体的各种动作，编成健身活动的"活身法"传授僧人，此即为"少林拳"的雏形。

此外，达摩在空暇时间还练几手使用铲、棍、剑、杖等防盗护身的动作，后人称之为达摩铲、达摩杖、达摩剑。以后，他又吸取鸟、兽、虫、鱼飞翔、腾跃的姿势，发展丰富了"活身法"，创造了一套动静结合的罗汉十八手，由此成为少林功夫的基础。

少林功夫不仅仅是由一串拳脚棍棒组成的，它还包含着一种精神，这种精神是由少林功夫形成的历史赋予的。

"功夫"一词是佛教专用名词，禅宗的修行

成果就叫"功夫"。比如，坐禅、参话头就叫"做功夫"。

做功夫的目的是为了开悟成佛，超凡入圣，彻底改变人的品质。

少林功夫是禅和武的结合，达摩教少林僧人习武是一种修行，所以又叫"禅武""禅武合一"，故有"禅武同源，禅拳归一"之说。

禅为武之主，武为禅之用。即武是禅的表现，是禅生命的有形化；禅是武的精神实质，以禅入武，便可达到武术最高境界；武学大道也就是禅道。

除武法外，后世少林医法、建筑、书画、雕刻等文化艺术，都是禅的应化。

这样，达摩入定，开定，日复一日，年复一年。从527年至536年，整整面壁九年。当离开石洞的时候，他坐禅面对的那块石头上，竟留下了一个达摩面壁姿态的形象，衣裳褶纹，隐约可见，宛如一幅淡色的水墨画像。人们把这块石头称为"达摩面壁影石"。

达摩所创立的少林禅宗虽然是宗教的，其实更是哲学的，是人类追求情感满足的一

水墨 即"水墨画"，国画的一种表现形式。基本的水墨画，仅有水与墨，黑与白色，墨为主要原料加以清水的多少引为浓墨、淡墨、干墨、湿墨等，画出不同浓淡层次，别有一番韵味。

■ 达摩讲禅图

个重要方面。佛教从汉代传入我国多年之后，禅宗成为佛教和佛学的同义语，因此少林功夫产生于少林寺，与禅宗结下了不解之缘。

后来，达摩祖师留下了武学瑰宝《易筋经》，这是一种改变筋骨的方法，经常练习《易筋经》可以收到防治疾病、延年益寿的效果。

《易筋经》包括内经和外经两种锻炼方法，各有12势。易筋经内经采用站式，以一定的姿势，借呼吸诱导，逐步加强筋脉和脏腑的功能。大多数采取静止性用力。呼吸以舒适自然为宜，不可屏气。

《易筋经》包括韦驮献杵三势、摘星换斗、三盘落地、出爪亮翅、倒拽九牛尾、九鬼拔马刀、青龙探爪、卧虎扑食、打躬势、工尾势等。

这段时间，道育、慧可两位僧人礼见达摩最多，并亲近和供养了他四五年。达摩感觉他们真诚，传授他们禅宗衣钵。

传说达摩将衣钵法器传给慧可以后，便离开少林去禹门，禅栖在千圣寺，于东魏孝静帝时端坐圆寂。

达摩圆寂，他的遗体被按照佛教的礼仪装殓入棺，隆重地移葬在熊耳山，人们在河南定林寺内为他建造了一座墓塔，以作纪念。

达摩圆寂泥雕

韦驮 又名韦驮天，本是婆罗门的天神，后来被佛教吸收为护法诸天之一，在中国寺院通常将他安置在天王大殿弥勒菩萨之后，面对着释迦牟尼佛像，有保护佛教伽蓝之神职。韦驮像通常身穿甲胄，手持金刚杵，以杵拄地；或双手合掌，将杵搁于时间，形体犹如雄壮、威武勇猛的将军，但面容温和安详。

东魏使臣宋云因事出使西域久而未归，对于达摩辞世的事一无所知。达摩圆寂后两年，宋云从西域返回洛京。在途经葱岭的时候，遇见达摩一手拄着锡杖，一手拎着一只鞋子，身穿僧衣，赤着双脚，由东往西而来。

二人相遇后，宋云急忙停步问道："师父你往哪里去？"

达摩回答说："我往西天去。"接着又说："你回京以后，不要说见到了我，否则将有灾祸。"

二人道罢，各奔东西。

宋云以为达摩给他说的是戏言，丝毫没有介意。回到京城以后，向皇帝复命交旨时，顺便提到了他途经葱岭遇见达摩老祖回西天的事情。

谁知话音未落，孝静帝就发了火，怒斥宋云："人所共知，达摩死于禹门，葬于熊耳山，造塔定林寺，你怎么说在葱岭遇见了达摩，死人怎么复活？这分明是欺君骗朕，岂有此理？"说罢，便令殿角侍卫把宋云扭出殿外，投入南监。

事隔数日之久，一

■ 达摩佛塔

塔 原为古印度埋葬佛祖释迦牟尼火化后留下的舍利，是一种佛教建筑，汉代时随着佛教在东方的传播，与我国的本土建筑重楼相结合，并广泛扩散，发展出了塔这种极具东方特色的传统建筑。

125

源起嵩山

禅武合一

天，孝静帝坐朝审理宋云欺君一案。将宋云传上殿以后，孝静帝问道："你在葱岭遇见达摩的事情，究竟是怎么回事，你要如实说来。"

宋云先叩头，请皇上容禀后说出一首诗：

葱岭见达摩，祖师光着脚，

一手拄锡杖，一手提只履。

僧衣随风飘，翩翩向西行。

他说回西天，不让我吭声，

假若说出去，灾祸必报应。

臣觉是戏言，顺便奏主君。

如今从实说，句句都是真。

不敢欺皇上，万望是非分。

孝静帝听了以后，半信半疑，真假难辨，无所适从。臣子们也是议论纷纷，最后有人建议说："达摩西归宋云见，监禁岂敢再欺天。既然真假是非难辨，可以开棺验尸。"

孝静帝采纳了后一条建议，遂把达摩穴挖开，撬开棺盖一看，果然没有尸骨，只剩下一只鞋子了。宋云蒙受的不白之冤遂平反昭雪。

阅读链接

传说禅宗初祖达摩大师圆寂后，曾留下一个铁箱子，弟子们打开箱子，发现达摩老祖用天竺梵文所写的两部武功秘籍《洗髓经》和《易筋经》。《洗髓经》被二祖慧可带走，已经失传；《易筋经》则留在少林寺。

由于少林寺僧人并不精通梵文，每人都只能看懂《易筋经》的一部分，于是大家各自根据不同的理解练习，竟然从此将少林功夫分化出诸多门派，光大了少林功夫。

二祖慧可断臂立雪得真传

　　达摩高僧定居嵩山少林寺，面壁九年修法成禅。他和他的弟子们还模仿山中的百兽、树上的百鸟，融进佛经禅的精神创造了少林功夫。

　　慧可是我国禅宗第二代祖师，他豪迈豁达，满腹经纶，精研玄学；弘佛宣教，以"坚""忍"著称于世。

■ 纪念慧可立雪亭

少林二祖庵

慧可487年出生，俗姓颐，洛阳虎牢人，在慧可出生之前，其父每每担心无子，心想："我家崇善，岂令无子？"

于是便天天祈求诸佛菩萨保佑，希望能生个儿子，继承祖业。就这样虔诚地祈祷了一段时间，终于有一天黄昏，感应到佛光满室，不久慧可的母亲便怀孕了。为了感念佛恩，慧可出生后，父母便给他起名为"光"。

颐光从小就志气超群，聪明异常，少为儒生时，博览群书，通达老庄易学。出家以后，法名神光，精研三藏内典。

520年，达摩到达建业时，神光正在南京雨花台讲经说法，当地群众讲，"神光讲经，委婉动听，地生金莲，顽石点头"。

围观听讲的人是里三层，外三层，水泄不通，达摩离开梁武帝北上，路过雨花台，见到神光在那里讲经说法，他就顺便挤在人群中，侧耳倾听。

达摩听讲，听到有些地方点点头，听到有些地方摇摇头。神光在讲解中，发现达摩摇头，认为这是对自己的大不尊，便问达摩："你为什么摇头？"

达摩并不答话，飘然而去。

达摩去后，听讲的群众有人对神光说："刚才那个人你知道他是谁？他就是印度高僧菩提达摩，精通佛法，学识渊博。"

神光听了以后，感到惭愧至极，师父到了跟前，刚才自己太没礼貌了。于是他就赶快追赶达摩，去赔礼道歉。达摩在前边走，神光在后面紧追，一直追到长江岸。

神光看到达摩一苇渡江后，也立即跑到赠苇老人面前，抱起老人身边一捆芦苇，"扑通"一声，扔到水中，双脚踏上苇捆子，匆忙过江。谁知说也奇怪，这捆芦苇不但不向前行进，反而很快沉入水中。

神光见势不妙，急忙涉水而出，险些溺水。神光带着浑身泥水，冲向老人，轻声责问："你给他一根芦苇就渡过江，我拿你一捆芦苇为什么还过不去呢？"

老人不慌不忙从容不迫地答道："他是化我的芦苇，助人有份；你是抢我的芦苇，物各有缘，无缘无故，岂能相助？"老人说罢，转瞬间倏然不见，浩荡的江面上空无一人。

雨花台 位于江苏省南京市，相传梁武帝时期，有位高僧神光法师在此岗设坛讲经说法，僧侣500余人趺坐聆听，讲得精彩，听得入神，数日而不散，感动佛祖，天降雨花，落地为石，遂称雨花石，雨花台也由此得名。

■ 达摩苇叶渡江图

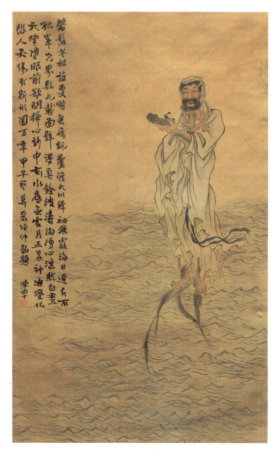

129

源起嵩山

禅武合一

《达摩面壁·神光参问》图

强身健体的中国功夫

禅法 指心智的培育和发展，佛教中对于修习是非常重视的。修习的目的在于剔除种种扰乱心智的负面心理状态和恶劣品性，同时培育各种有助于心智成长的正面心理状态，最终达成如实地知见一切事物本性的最高智慧而证悟涅槃。

这时神光自知有失，惭叹不已，但他并不甘心，历尽千辛万苦，终于渡过长江，追赶达摩。

527年，菩提达摩禅师进住少林寺，弘扬禅法，神光到少林寺以后，一心一意拜达摩为师，向达摩求教。达摩在南京雨花台和神光会见时，神光傲气十足，极不谦虚。现在神光提出向达摩求教，达摩不知他有无诚心，便婉言拒绝。

神光并不灰心丧气，仍步步紧跟达摩。达摩在洞里面壁坐禅，神光合十，侍立其后，精心照料，形影不离。神光跟随达摩9年，对禅师的一举一动，真是心悦诚服。

达摩开定后，离开面壁洞，走下五乳峰，回到少林寺，料理日常的佛事活动，神光也跟随师父从山洞回到寺院。

时值严冬，达摩在后院亭中坐禅，神光依旧立在亭外，合十以待。谁知夜晚入定以后，鹅毛大雪铺天盖地压了下来，不一会儿，积雪逾尺。

这时，大雪淹没了神光的双膝，浑身上下好似披了一层厚厚的毛茸雪毯，但是神光仍然双手合十，兀立不动，虔诚地站在雪里。

第二天，达摩开定了，他走到门口一看，神光在雪地里站着。

达摩问道："你站在这里干什么？"

神光答道："向佛祖求法。"

达摩沉思片刻说："众佛之所以成佛的无上妙法，就是因为经历劫难，仍精于求进，难做的最终能做到，不忍的却要忍下去。难道用小的德行小的智能，漫不经心，就希望获得真乘？这叫徒劳勤若苦！要我给你传法，除非天降红雪。"

神光解意，他意识到这是圣僧指点他禅悟的诀奥，他自言自语道："古人为了求法，有的敲骨取髓，有的刺血济贫，有的蓬头垢面，有的投崖饲虎。古人尚能如此，我算什么人？"

想到这里，神光毫不犹豫地抽出随身携带的戒刀，向左臂砍去，只听"咔嚓"一声，一只冻僵了的胳膊落在地上，鲜血飞溅，染红了地下的积雪和神光的衣衫。

这虔诚的刀声穿云透雾，飞报西天，惊动佛祖如来，随手脱下袈裟，抛向东土。霎时，整个少林，红光笼罩、彩霞四射，鹅毛似的大雪片被鲜血映得通红，纷扬而来。神光放下手里的戒刀，弯腰拿起左臂，围绕达摩亭转了一圈，仍侍立于红雪之中，亭周围的积雪也被染成红色。

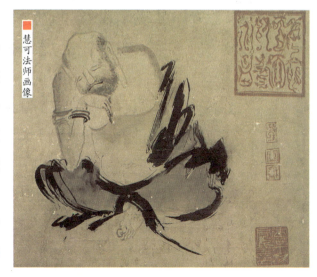

慧可法师画像

此情此景，达摩看得一清二楚。他感到神

■ 慧可弘法

强身健体的中国功夫

光为了向他求教，长期侍立身后，今又立雪断臂，原来的骄傲自满情绪已经克服，信仰禅宗态度虔诚。

达摩遂传衣钵、法器与神光，并为他取法名"慧可"。

慧可断臂以后，表现出高度的刚毅，他忍受着剧烈的伤痛，双膝跪在雪中，用右手，恭敬地接了"法"，顶礼拜谢而退。此后，达摩依照慧可的精神，依戒刀法器指点慧可创立了少林"独臂刀法"。

时间荏苒，过了9年。一天，达摩禅师打算返回天竺，对他的弟子说："我回国的时间到了，你们跟我学这么多年了，何不谈谈自己的所学所得？"

当时，弟子道副说："如我所见，不拘泥经典，也不离经典，为佛所用。"

达摩说："你得到的是我教的表皮。"

弟子僧总持说："我今天能够理解的，如喜庆见阿佛国，一见更不能再见了。"

达摩说："你得到的是我教的肌肉。"

弟子道育说："四大本空，五阴非有，而我所见到的，是无一法可得。"

达摩说："你得到的是我教的骨骼。"

最后慧可走向前来，恭恭敬敬地向达摩施了个礼，又回到自己的位置上，合手站着。

达摩说："你得到我教的髓了。"

于是达摩看着慧可继而告诉他说："昔日佛陀在灵山会上，拈花示众。这时众弟子都默不作声，只有迦叶大士破颜微笑。

"佛陀说：'我有正法眼藏，涅槃妙心，实相无相，微妙法门，不立文字，教外别传，付嘱迦叶。'

"后来，辗转相传，而最后以二十八代传到我这里。我今天再嘱咐你，你当护持，并授给袈裟，以此作为佛法的信物。"

说完之后，留下慧可，带着众僧徒离开少林寺前往龙门千圣寺去了。慧可从此接替达摩，成为少林寺第二代禅宗，世称"二祖"。

据说慧可在达摩蒲团之旁见到一卷经文，那便是《易筋经》。这卷经文义理深奥，慧可苦读钻研，不可得解，心想达摩老祖面壁9年，在石壁畔遗留此经，虽然经文寥寥，必定非同小可，于是遍历名山，访寻高僧，求解妙谛。

593年，慧可已107岁的高龄，来成安讲经传法，为此特在匡教寺前修筑了两丈多高的说法台。因慧可所讲的禅理非常好，四面八方的老幼听者甚众，匡教寺的和尚也听得入了迷。

传说，有一天，慧可自投漳河，然后从水里漂出，盘腿打坐，双目微闭，安详如生圆寂，逆流而上18里到芦村以北，被葬在那里。

阅读链接

菩提达摩创立的少林禅武神功，要想在我国生根、开花、结果，必须有坚韧不拔的传播者，慧可担负了这伟大的历史使命。为了纪念"二祖"立雪断臂，少林寺的僧侣们将"达摩亭"改为"立雪亭"。

清乾隆皇帝瞻游中岳时，对"立雪断臂"的故事颇有感触，遂挥毫写下"雪印心珠"匾一块，悬挂于立雪亭佛龛上方，以诫后生：佛业来之不易。

隋代少林众僧习武护寺

隋文帝画像

南北朝时期，一些隐士在来少林寺前大都有很高的武功，皈依佛门后，不仅把自己的武功传授给门徒或知己，而且还得机学到了寺内和尚的武艺。如此互相交流，互相学习，世代延续，使众僧大都学会了武功。

北魏时代的孙溪，出家前跟祖父孙才学武4年，擅长拳术和气功。《高僧传》和《朝野金载》记载他：能跃首至梁，引重千钧，拳捷骁勇，动骇物听……

■ 少林武僧习武图

后来，北周静帝禅让于大丞相杨坚，杨坚称隋文帝，国号隋。由于杨坚是在尼姑庙里出生并由尼姑抚养成人的，对佛教更是大力扶植，他把陟岵寺恢复旧名，仍称少林寺，并赐柏谷屯田100顷，以供寺僧食用资费，于是，少林寺又渐渐兴盛起来。

但是，从少林寺初建至隋朝末年的100多年间，少林功夫的交流仅仅局限在寺院内部，它们不过是僧人参禅期间的健身方式，从未引起世人的注意。

少林功夫的要旨是禅武合一。少林寺是佛教禅宗的祖庭，禅宗以明心见性、顿悟成佛为要旨。在佛门眼中，参禅是正道，拳勇一类只是末技，僧众们不过是借练功习武达到收心敛性、屏虑入定的目的。同时也可收到健身自卫、护寺护法的效果。

由于时局逐渐变得动荡，少林寺方丈为了保护庙宇的安全，已经从寺僧中选出身强力壮、勇敢灵巧或

《高僧传》记载自东汉永平至梁代天监间著名僧人的传记，南朝梁代僧人慧皎撰。对研究汉魏六朝文学有多方面的作用。它记载了佛教传入我国及佛经翻译文学的情况，还有许多文人和佛教僧侣的交往以及他们受佛教影响的情况。

少林武僧石刻

善于搏击者组织成一支专门队伍。最初，他们的任务是护寺，被称为"武僧"，使少林寺具有了一定规模的武装力量。

随着社会的进步和形势的需要，少林武功向精湛的技击方面发展，少林寺开始实行了有组织的、严格的僧兵训练。每天很早的时候，师僧们同起而习之，冬练三九，夏练三伏，四季不断，苦练武艺。

隋代马善通，江西泰和人，自幼习武，功夫超群。因好打抱不平伤人，为躲避官员的追捕，逃至少林寺，拜志刚为师，赐法名"子升"，成为武僧中的代表人物。

隋朝末年，天下大乱，各地武装势力兴起，当时的少林寺，财产丰富，便成为攻击对象。寺内有僧徒数百，也有许多练武的僧人，在这种情况下僧人们更下决心勤苦习武，以更好地保寺护教。

而赫赫有名的少林棍的起源，据传与此时在少林寺烧火做饭的火头僧有关。由于僧人众多，在少林寺烧火做饭并不是件轻松的工作。少林寺有一位火头僧在日日烧火中，悟出了一手烧火棍的好功夫。

隋炀帝大业年间，少林寺得到消息，不久会有1万多山贼入侵少林寺，在众僧都惊慌失措的情况下，这位火头僧挺身而出，在短时间内训练了100多名年轻僧人学会少林棍，保护了少林寺。

禅宗以"担水砍柴，无非妙道"，少林功夫也应该"参正禅机，冀臻上乘"，于是始有"内外交修之旨，身心两修之功"。

正因为禅宗没有把武技看得太重，而是以禅定功夫为根基，泯灭争强好胜之心，摒弃尘俗纷扰之念，才使得武僧们习惯于在心静如水、无患无虑的状态下练功，又兼以寺院武功的传统优势，所以少林武僧往往得以步入武学的较高境界，这不能不在相当程度上归功于禅法的作用。

武术禅就是提供一个人可以亲身去做，最终"见性成佛"的参禅路径。少林功夫的极致表现在内就是练就不动心，"内心不乱为定"，表现在外，就是"外不着相为禅"。外不着相，才能变幻莫测，博大精深。

由于多年的积累和努力，少林功夫中的武与禅已经有机地结合在了一起，少林功夫中的武，已经融化在了参禅之中。这是少林功夫与其他派系武术的不同之处。

由于少林僧徒采用的是动静结合的"禅拳归一"练功之法，所以自隋代开始，少林寺僧在长期的习武实践中，形成了一种独特的练功习惯，也就是凡习武，多在静谧之处。少林僧徒认为，只有在幽静的环境下通过禅与

少林武僧刀剑表演

武的结合才能练成真功。

因此，少林僧徒的习武多在凌晨、深夜以及冰天雪地、人迹皆无的数九寒天。在少室山阴的密林深处，有几个鲜为人知的少林武僧练功场地，置身此地，才会真正领悟少林禅拳归一的真谛。

禅和拳本是两个截然相反的形态，禅以静为特征，拳以动为特点。正是因为少林功夫已成为一种佛教修持法门，高境界的少林功夫才显得变幻莫测、神秘高妙。

所以，少林功夫与普通武术有很多相同的地方，但亦有质的区别。这种区别是因为佛教生活与世俗生活不同，佛教生活追求的目标与世俗生活追求的目标不一样造成的。

少林寺僧人的日常生活严格遵守佛教戒律，非常朴素。这种朴素的生活方式和志趣，也融进了少林功夫里面。少林功夫的作用在于防身、护寺、健身、入禅，所以它的招式结构完全建立在实用的基础上。每招每式甚至小手花，乃至意念，都不掺杂任何华丽、哗众取宠、拖泥带水的内容，形成了朴实无华的特点。

阅读链接

少林寺创立之后，以僧稠为首的僧人习武之举，完全是一种时代需要和普遍的佛门需求。习武目的，都是旨在防止内忧外患，确保寺院财产安全。

所以，北魏时期，甚至推延至隋朝末年，少林僧人的习武举动与当时的其他诸寺并没有什么特别之处，所以不能作为少林寺有别于其他寺院的门派特色。

少林寺十三棍僧救唐王

617年，隋朝的唐国公李渊、秦王李世民父子在太原起兵，趁关中空虚，占领了隋都长安。次年，李渊在长安称帝，改国号为唐。

唐代刚建立的时候，天下仍处于群雄割据之中，最使李氏父子担心的是郑、夏势力的发展和存在。原隋朝大将王世充盘踞洛阳，号称郑国皇帝，势力十分雄厚。另有河北窦建德也在极力招兵买马，扩大地盘，号称夏国皇帝，二者成了唐政权统一天下的最大障碍。

620年，李世民以太尉、尚书令、秦王等身份率兵出关，征战王

李世民画像

世充，大军屯于北邙山，而后寻机向王世充外围据点进攻。

征战之初，唐军进展并不顺利，为调动当地各种反郑力量，李世民特意给置于王世充辖区的少林寺住持僧写了一封书信，信中劝说少林和尚认清大局，顺乎正义潮流，帮唐军征战王世充。

此时的少林寺众僧，饱尝了隋末动乱的打击之苦，寺院重建尚未完善，众僧聚集在少林寺的柏谷庄，守护着那里寺院的百顷良田。

唐郑两军对垒，王世充出于战争需要，对要地柏谷庄进行了强制性占领，并命侄子王仁则驻军把守。他们依靠险要地形，建立军事工事，进而企图吞并少林寺赖以生存的唯一庄田。

少林寺僧对此虽早有不满，但又无可奈何。这时恰遇唐郑两家交锋，又早闻李世民的英明，少林寺僧众也就暗中做了唐军的帮手。

9月，李世民大兵向洛阳逼近，围困洛阳城不放。同时还继续对洛阳外围王世充势力进行打击。李世民派大将王君廓攻克了郑军要点。

李世民初来乍到，进兵不利，在一次观察作战地形时，被郑兵俘虏，囚禁在洛阳城的大牢里，他的弟弟李元吉带兵来救，又被王世充打败，情势十分危急。

少林寺十三棍僧救唐王壁画

这个消息很快被少林僧人听说了，全寺上下不甘心再受王世充之欺，决心冒险救下李世民。

一天夜里，少林寺的"十三棍僧"凭着对洛京地形的熟悉，摸到了洛阳城下，这13个和尚分别是上座僧善护，都维那僧惠场，寺主僧志操，以及昙宗、普惠、明嵩、灵宪、普胜、智守、道广、智兴、满、丰。他们在城墙根底下去掉了平时绑在身上练功用的"重身"沙袋，一个个身轻如燕，很快爬上了城头。

志操和尚以往常出入洛阳，大街小巷都十分熟悉，大伙就跟着他左拐右转，不一会儿就找到了大牢。

这里戒备森严，往来巡逻的兵丁很多，和尚们却神不知鬼不觉地抓了几个喽啰提到僻静处盘问，弄明白了李世民被关押的位置和掌管钥匙的情况。

大家在大牢外搭起人梯，昙宗领着智守、普胜等人进去救人。

当时正是深夜，昙宗舔破窗纸发现管大牢钥匙的百总正趴在桌子上打哈欠，就以迅雷之速推门进入，把那家伙捆了个结结实实，搜出钥匙。守牢的狱卒也是不堪一击，几位和尚略施身手就将他们制伏。

李世民戴着一具大枷，正疲惫地靠着墙根坐在地上，突然看见几

强身健体的中国功夫

王世充 （？—621），字行满，本来姓支，是西域的胡人。我国隋朝末年起兵群雄之一。公元619年自立称帝，国号郑，年号开明。公元621年，被李世民击败，郑亡。同年七月，王世充被仇人所杀。

个年轻和尚到了跟前，正待发问，昙宗连忙摆手，止住了问话，随手拿出钥匙开了大枷，蹲下身去背着李世民出了大牢。

他们当即拿定主意：一不做，二不休，干脆兵分两路，一路护送李世民出城，到洛阳桥头等候；一路去捉拿王仁则。

在善护带领下，昙宗、明嵩等5人，穿过伊洛街口，见有三四个郑兵在一座高楼前游荡，便抓住其中一个，让他领到王仁则院前，又想办法打开了房门。

当时，屋内的王仁则正在喝酒取乐，忽见有人进屋，劈头就是一剑，昙宗来个"镏金沙飞掌"，拨过来剑，闪进屋中，两人就在屋内相斗起来。几个回合，昙宗伸手抓起一泡菜缸上的石磨照着王仁则砸去，只听"啊呀"一声，王仁则倒在地上。昙宗一脚踏在王仁则身上，明嵩进到屋里，用绳子将王仁则一绑，昙宗像扛粮食袋子似的，往肩头一放，顺手抓起

■ 少林寺十三僧

少林寺十三僧

了桌上一方玉印，5个僧人一同赶往洛阳桥。

再说志操他们，在官马棚牵了14匹战马，接应营救李世民的一路人后，将李世民扶上马，破门来到洛阳桥头等候。

不多时，昙宗扛着王仁则来到桥头，翻身上马，用胳膊夹着王仁则，14匹战马直向西而去。

这时天就快亮了，守城的士兵正值松懈之际，大伙齐声呐喊着扑上前去，杀散了兵士，打开城门，往嵩山方向疾走。

不久，一名郑将骑马领兵追了出来，志操和尚回身一招"只燕穿云"，将他打落马下。就这样且战且退，后来，唐将秦琼赶来救援，将李世民顺利接回了唐军大营。

13个少林和尚把俘虏到的郑将王仁则和那块玉印，一并交给了李世民，便得胜回柏谷庄去了。

少林寺的"十三棍僧"冒险救出了李世民后，又在随后唐郑两军再次对垒的时候，从寺里带了500个僧兵，悄悄地穿过镮辕关，直抄郑军后路。唐军大受鼓舞，锐不可当，迫使王世充不得不归降了李世民。

为感谢少林众僧的战功，李世民登基以后，"嘉其义烈，频降玺书宣慰，赐田40顷，水碾一具，即柏谷庄是也"。

皇唐嵩岳少林寺碑

621年，唐王朝对13位战功突出的少林和尚不但均有赏赐，而且封昙宗为大将军。这是一个莫大的光荣。少林寺竖一通《皇唐嵩岳少林寺碑》立传，向后人炫耀这一丰功伟绩。

碑的正面左上方"世民"两字为李世民亲笔草书嵌入。碑的阴面附有13位立功和尚的名字，此碑虽经千年风雨，字字行文，历历在目，为后人研究少林功夫提供了珍贵的资料。

在少林寺，还有一通名为"少林寺新造厨库记"的唐碑，其中对少林僧参加唐郑之战的原因也给予说明：

赐田于开皇，若乃顺天应人，擒盗助信，摧魔军于充斥，保净土于昏霾。

撰文者顾少连把郑军称为魔军，那么，少林僧兵和唐军也就相应成了顺天应人的正义之师了。

盛唐以来，禅宗教法盛行，成为我国汉地佛教主流。自此，少林功夫立足实用、注重技击的特点逐渐显现出来。

此时，少林寺规模空前扩大，寺产颇丰。保护寺产安全及重要社会活动，对武僧们的技击水平提出了更高的要求，习武成为寺僧们重要的生活内容。

如唐代的圆静和尚，自幼习武，善练刀、枪、鞭术，尤善气功，众称"铁汉子"。30岁后皈依少林寺，号称"铁和尚"。

根据少林寺武僧谱记载，少林刀术即起源于圆静和尚，如"圆静善马挥刀……敌首级遍地血成河"，就反映了圆静和尚的高超刀技。这说明少林刀术也是寺僧们为了健身自卫，在防盗护院和实际作战中逐渐发展起来的。

少林拳术套路大部分在36个动作以内。套路短，组合招式严密紧凑。整个套路练习所用时间短，目的是为了练习者在练功中能集中全身之能量，一气呵成，利于每个招式功夫的增长。

少林拳法讲究"拳打一条线"。直线的运动，有利于进退速度。练功时，少林功夫套路的起、落、进、退、闪、展、腾、挪等，都在一条线上运动。

少林功夫的招法运用上，有老嫩之分。老者指招式太过，嫩者指招数不及。因此，少林拳法为避免老嫩之弊，采用非曲非直之法。发一拳一掌，其力量最大之瞬间在非曲非直之间。

若将拳掌发"老"，即伸直，成了强弩之末，只剩余力罢了；若将拳掌发"嫩"，即仍屈臂，乃发力之初，意、气、力刚生之时，其力大部分仍被困在丹田内。

阅读链接

在历代皇室支持下，少林僧人"昼习经典，夜练武略，修文不废武备"，习武同实战紧密结合起来。一部分少林和尚实际变成了皇家所供养的特殊军队，习武性质也较前大不相同。

"谈玄更演武，礼佛爱论兵"的风气成了少林寺世代相传的特殊宗风。明代诗人徐学谟在其《少林寺杂诗》中说得好："怪得僧徒偏好武，昙宗封为大将军。"

的确，自唐太宗击退王世充，赐昙宗官，僧人练习武艺更加勤勉，少林僧兵自此走上了直接为皇家服务的道路，在以后的朝代里，少林僧或接旨去镇压"反叛势力"，或消灭民族败类，或出征抵御外来侵略，习武宗风，代代相传。

道广开创南少林武功

嵩山少林寺十三武僧帮助唐太宗统一全国后，唐太宗对少林武僧大加封赏，并准许少林寺在全国各地建立10座分寺。福建莆田荔城九莲山的林泉院，就是少林寺10座分寺中较早创建的分寺之一。

林泉院坐落在层峦叠嶂中的九莲山麓，始建于557年。因为规模宏

福建南少林

■ 南少林寺演武场

大，占地约3万平方米，武风鼎盛，因此人们称之为南少林寺。

唐代初年李世民登基后，江淮叛军的部将路得才聚众在东南沿海暴乱，闹得民不聊生。

由于他们行踪不定，聚散无常，如果派大军围剿，无异用拳头打跳蚤，劳民伤财，且难奏效。

唐太宗把已封为大将军的少林寺方丈昙宗找来惩治海盗。昙宗派当年"十三棍僧"之一的道广等带领500僧兵入闽平暴。

暴乱平息后，沿海人民苦苦挽留这些救苦救难的活菩萨。太宗李世民也念少林寺"十三棍僧"当初的救驾之功，恩准在福建修建少林分寺。

相传在建寺前，道广回到嵩山少林寺禀告昙宗方丈，昙宗送一首偈语让其在福建找一处同嵩山九顶莲花山相似的地方建南少林寺：一则示不忘祖庭；二则在沿海传播大乘禅宗。偈语道：

傍海平盗日月久，九莲山下有宿头。
南北千里同一寺，大乘禅在心中留。

李世民（598—649），唐朝第二位皇帝，名字取意"济世安民"，庙号太宗。李世民早年随父李渊征战天下，为大唐开国立下汗马功劳。"玄武门政变"夺权称帝后，他虚心纳谏，厉行俭约，轻徭薄赋，使百姓休养生息，各民族融洽相处，是杰出的政治家与一代明君，开创了我国历史著名的"贞观之治"，为后来全盛时期的开元盛世奠定了重要基础。

一指禅 为少林七十二艺之一，也为武林最高功夫练法之一，因其修成后用于技击威力奇大，一指之力可透重壁，凌空点穴伤人于无形，是以精此技者向来秘不示人。本功经历代传人的不断提炼和完善，形成了一套系统、完整的功法，其练法内外双修，阴阳互练，功禅合一。

道广根据北少林方丈的偈语，找到了当时就有名气，且地形酷似嵩山的林泉院扩寺定居，林泉院也就成为江南的少林分寺。

该寺所在的林山村周围有9座山围成一圈，形如九瓣莲花，寺院坐落在花心的位置上，故名九莲山少林寺，俗称南少林。

据说，南少林寺规模宏大，僧人众多，它与祖庭嵩山少林寺一样，是禅武同修。南少林的僧人将北少林的功夫糅合进南方拳术的特点，创建了蜚声海内外的南少林拳。

此后，南北少林开始并驾齐驱，驰骋在我国的佛教界和武术界，世称"南拳北腿"。

九莲山下存有一块大石，上刻有"僧继言造"，据说这4个字是一个叫继言的和尚用手指刻写的。

相传当年有一武林高手扮成游僧来林泉院偷走少林剑谱，继言识破后，在溪边拦截，却不动武，只说要架石替他做桥，说罢背起一块大石架在溪上，用手指写下此4字，然后客气地让路，那假僧一看，自知功力不如，就把包袱放下飞快地逃走了。

■ 银杏树上的练功痕迹

■ 南少林武术表演

继言和尚以一指禅功扬名，传说他可用一指帮人治病。南少林附近有一块"一指禅石"，像手一样，食指指向西方，形似南拳标准手势，成为当年照此石启示，练功坐禅的天造之物。

莆田是武术之乡，自唐代武则天首开武考以来，莆田共中全国级武状元12人，武进士307名，有22人任过兵部尚书。

南少林寺是南拳的发祥地，也是东南沿海武术活动中心，南少林的"佛家拳""安海拳""一指禅"等名扬大江南北。

泉州是南少林武术的发祥地之一，武术活动历史悠久，拳派远播，影响广泛。以南少林武术为代表的泉州武术文化是泉州优秀文化积淀的重要组成部分。

盛唐时期，南少林拳自北传南，与南拳相结合，形成了别具特色的南少林拳。南少林拳法是受法时流

武则天（624—705），武曌。67岁时自立为皇帝，定洛阳为都，改称神都，建立武周王朝，705年武则天病笃，唐中宗复辟，恢复唐朝，上尊号"则天大圣皇帝"，后遵武氏遗命改称"则天大圣皇后"，以皇后身份入葬乾陵，716年改谥号为则天皇后，749年加谥则天顺圣皇后。我国历史上唯一正统的女皇帝。

南少林武术浮雕

散各地拳种的影响而发展起来的，然而南少林武术扎根于民间，技艺在民间，高手也在民间，有旺盛的生命力。

南少林武功的形成有着深远的文化背景，它综合吸收了历代搏击格斗实战中演变而来的各家拳法，经过世代南少林武师的不断完善和发展，形成了闻名于世的南少林武术。

885年，王审知和大哥王潮、二哥王审邦，率5000人渡江南下八闽，建立闽国，原有的南少林文化与外来文化逐渐交融，并有所创新，武术方面也有了新的面貌，产生了众多独具特色的拳种及练法。

南少林武术由五祖拳、太祖拳、白鹤拳等拳种构成了独特而博大精深的拳术系统；是泉州历史文化的重要内涵，也是中华传统武术中的宝贵遗产。

阅读链接

南少林寺遗址位于福建省莆田市荔城区西天尾镇九莲山林山村，距市区约17千米。

少林功夫闻名遐迩，福建莆田南少林寺是历史上的武林圣地，曾因"南拳北腿"与河南嵩山少林寺遥相呼应，是我国佛教禅宗文化遗产和少林南拳的发祥地。

高僧福居完善少林功夫

　　五代十国时期（907—960），高僧福居特邀28家著名武术家，到嵩山少林寺演练两年，传授拳法。取各家之长，融会贯通，历经多年，使少林功夫成为一个庞大的技术体系，而不是一般意义上的门派或拳种。

少林武僧雕塑

强身健体的中国功夫

■ 少林武术

七十二绝技 少林寺的常住院后世分成了东、西、南、北4个院，并且各院宗师自掌门户，特别在武功方面，各自收徒，秘传单传，彼此保密，造成了即使同是少林寺和尚，师父不同，所学到的功夫也有差别的局面，这种现象一直流传下来，"少林七十二绝技"就是在这种背景下出现的。

我国武术结构复杂，门派众多，但自福居倡导完善少林功夫谱系之后，少林功夫以其悠久历史、完备的体系和高超的技术境界独步天下。

根据自福居禅师以来少林寺历代流传下来的拳谱记载，少林功夫套路共有700余套，其中拳术和器械500余套，另外还有七十二绝技、擒拿、格斗、卸骨、点穴、气功等各类功法100余套。

少林功夫具体表现为，以攻防格斗的人体动作为核心，以套路为基本单位的表现形式。少林功夫的套路是由一组动作组合起来的。它的动作设计和组合成套路，都是建立在我国古代的人体医学知识上，合乎人体的运动规律。

少林功夫的动作和套路讲究动静结合、阴阳平衡、刚柔相济、神形兼备，其中最著名的是"六合"原则，即手与足合，肘与膝合，肩与胯合，心与意合，意与气合，气与力合。

我国古代的"天人合一"思想认为，最合乎人体自然结构的动作，才是最合理的。少林功夫充分融入了中国这种古代哲学思想，其套路与套路之间，不是孤立存在的，而是相互之间有所照应。

少林功夫从表面上看，是按照难易次第排列，是学习的阶梯或模式。实际上，少林功夫是我国古代思维方式的表现，是我国传统文化的特殊模式。

少林功夫内容丰富、套路繁多。按性质大致可分为内功、外功、硬功、轻功、气功等。内功以练精气为主；外功、硬功多指锻炼身体某一局部的猛力；轻功专练纵跳和超距；气功包括练气和养气。

少林功夫按技法又分拳术、棍术、枪术、刀术、剑术、技击散打、器械和器械对练等100多种。

少林派拳术有罗汉拳、小洪拳、大洪拳、老洪拳、少林五拳、五战拳、昭阳拳、连环拳、功力拳、潭腿、柔拳、六合拳、圆功拳、内功拳、炮拳、地躺

气功 是一种以呼吸的调整、身体活动的调整和意识的调整为手段，以强身健体、防病治病、健身延年、开发潜能为目的的一种身心锻炼方法。气功的种类繁多，主要可分为动功和静功。练针灸的中医也常透过练习气功来增进疗效。

■ 少林拳术

拳、梅花拳、通背拳、观潮拳、金刚拳、七星拳、练步拳、醉八仙、猴拳、心意拳、长锤拳、五虎拳、伏虎拳、黑虎拳、大通臂、长关东拳、青龙出海拳、翻子拳、鹰爪拳、护身流拳等。

少林派的对练拳术有三合拳、咬手六合拳、开手六合拳、耳把六合拳、踢打六合拳、走马六合拳、十五合里外横炮、二十四炮、少林对拳、一百零八对拳、华拳对练、接潭腿等。

少林派拳术刚健有力、刚中有柔、朴实无华、利于实战，招招式式非打即防，没有花架子。

在练习少林拳时，不受场地限制，有"拳打卧牛之地"之说，其风格主要体现一个"硬"字，攻防兼备，以攻击为主。

少林派拳术的势不强调外形的美观，只求技击的实用。步法进退灵活，敏捷，有冲拳一条线之说。在身段与出拳上，要求手法曲而不曲，直而不直，进退出入，一切自如。

步法要求稳固而灵活，眼法讲究以目视目，运气要气沉丹田。其

少林武术

动作迅如闪电，转似轮旋，站如钉立，跳似轻飞。

少林拳分南北两派，南派重拳，北派重腿，每派还分许多小派。

少林派棍术有猿猴棍、风火棍、齐眉棍、大杆子、旗门棍、小夜叉棍、大夜叉棍、小梅花棍、云阳棍、劈山棍、阴手棍、阳手棍、五虎擒羊棍等。

少林派的对练棍术有排棍、穿梭棍、六合杆、破棍12路等。

少林派棍术讲究棍打一大片，一扫一劈全身着力。棍练起来呼呼生风，节奏生动，棍法密集，快速勇猛。它既能强身健体，又能克敌制胜，在历代抗敌中，少林棍发挥过重要作用。

少林派枪术有五虎枪、夜战枪、提炉枪、拦门枪、金花双舌枪、担拦枪、十三枪、十八名枪、二十一名枪、二十四名枪、二十七名枪、三十一名暴花枪、三十六枪、四十八名枪、八十四枪、六门枪势、六路花枪、密授枪谱三十六点、豹花枪等。

夜叉 佛教天龙八部神众之一。与罗刹同为毗沙门天王的眷属。他们住于地上或空中，性格凶悍、迅猛，相貌令人生畏；母贫父富，所以生下来就具有双重性格，既吃人也护法，是佛教的护法神。

　　少林派的对练枪术有枪对枪、对手枪、战枪、双刀对枪、六合枪、三十六枪破法对练、二十一名枪对刺等。

　　少林枪术有一条歌诀是：

身法秀如猫，扎枪如斗虎；

枪扎一条线，枪出如射箭；

收枪如捺虎，跳步如登山；

压枪如按虎，挑枪如挑龙；

两眼要高看，身法要自然；

拦、拿、亢、点、崩、挑、拨；

各种用法奥妙全。

　　刀是历代重要兵器之一，其中大刀被誉为"百兵之王"。"刀如猛虎，枪似蛟龙"，刀术的演练一招一式都要有威武、凛冽的气概。

少林的刀有春秋大刀、梅花刀、少林单刀、少林双刀、奋勇刀、纵扑刀、雪片刀、提炉大刀、抱月刀、劈山刀、少林一路大刀、二路大刀、六合单刀、座山刀、六路双刀、八路双刀、太祖卧龙刀、马门单刀、燕尾单刀、梅花双发刀、地堂双刀、滚堂刀、单刀长行刀、五虎少林追风刀等。

少林派的对练刀术有刀对刀、二合双刀、对劈单刀、对劈大刀、单刀进双刀等。

少林刀的使用特点是缠头裹脑、翻转劈扫、撩挂云刺、托架抹挑等，并有"单刀看手、双刀看走、大刀看顶手，劈、撩、斩、刺似猛虎"之说。

少林派剑术有达摩剑、乾坤剑、连环剑、太乙剑、二堂剑、五堂剑、龙形剑、飞龙剑、白猿剑、绨袍剑、刘玄德双剑、青锋剑、行龙剑、武林双剑等。

少林派的对练剑术有二堂剑、五堂剑对刺、少林剑对刺等。

少林派剑术的剑诀是：

剑是青龙剑，走剑要平善，
气要随剑行，两眼顾剑尖，
气沉两足稳，身法须自然，
剑行如飞燕，剑落如停风，
剑收如花絮，剑刺如钢钉。

少林武术器械有长的、短的、硬的、

157

■ 少林长枪

方天画戟

软的、带尖、带刺、带钩、带刃的，多种多样，古有十八般兵器之说，近计数不胜数。

除上述刀、枪、剑、棍以外，还有三股叉、方便铲、套三环、峨眉刺、月牙铲、和戟镰、秀圈、方天画戟、双锤、大斧、双斧、三节棍、梢子棍、七节鞭、九节鞭、双鞭、刀里加鞭、绳标、虎头双钩、草镰、五合草镰、六合战链、戟头钩、梅花单拐、六合双拐、马牙刺、乌龟圈、双铜、日月狼牙乾坤圈、禅杖、风魔杖以及盾牌、弩等。

少林派技击散打有闪战移身把、心意把、虎扑把、游龙飞步、丹凤朝阳、十字乱把、老君抱葫芦、仙人摘茄、叶底偷桃、脑后砍瓜、黑虎掏心、老猴搬枝、金丝缠法、应门铁扇子、拨步炮、小鬼攥枪等。

气功是少林功夫的一大类，少林寺流传的气功有易筋经、站桩功、益寿阴阳法、混元一气功等。

少林的软硬功夫练法有多种，有卸骨法、擒拿法、点穴秘法、各种用药法、救治法等。

阅读链接

少林功夫的其他器械对练及器械拳术对练套路还有：空手夺刀、空手夺枪、单刀对枪、空手夺匕首、棍穿枪、草镰合枪、梢子棍合枪、刀对枪、双刀进枪、齐眉棍合枪、单拐进枪、双拐破枪、拐子合齐眉棍、虎头钩进枪、马牙刺合枪、乌龟圈合枪、套三环合枪、方便铲合枪、月牙铲破双枪、九节鞭对棍、钢鞭对九节鞭、月牙合枪、月牙合铜、三节棍进枪、方天画戟进枪、三英战吕布、空手夺刀枪、和戟链进枪、三股叉进枪、大刀封枪、三节棍破双枪、峨眉刺进枪等。

宋代是少林武术发展的兴旺时期。马籍之短打、孙垣之猴拳、刘兴之勾搂探手、谭方之滚臂贯耳、燕青之粘拿跌法、林冲之鸳鸯脚、孟苏之七势边拳、崔连之窝里炮捶、杨滚之捆捋、高怀德之摔掠、赵匡胤之三十六势长拳等，都在此时传入少林寺。

同时十八般武艺也频传少林寺，如杨家枪、罗家枪、梅花枪、燕青刀等。

元初，福裕和尚受元世祖之命，前往少林寺任方丈，他在和林、长安、燕蓟、太原、洛阳建立了5座少林寺，为嵩山少林寺的支寺，并派任高僧和武僧驻使，对少林武术的传播和发展起了很大的作用。

发扬光大

再展雄风

赵匡胤创少林太祖长拳

在传承、弘扬传统武术的过程中，几家传统武术民间社团组织在谈到他们门派武功套路的源流时，认为他们的武功套路拳法最初是由宋太祖所创，或者说与其有着某种关联，其中就包括著名的"少林太祖长拳"。

赵匡胤画像

太祖长拳广泛流传于我国北方，整套拳路演练起来充分表现出北方的豪迈特性。太祖长拳架势大而开朗，特别注重手眼身法步的密切配合与展现，演练起来豪迈奔放，优美中又不失其威猛的澎湃气势，为中国武术界"六大名拳之一"。

太祖长拳的源流《太祖拳谱》载，"打遍天下第一家，太祖功夫最可夸。大宋皇帝赵匡胤，少林寺里传秘法"，"十八绝技第一先，古刹练到金銮殿。若问此拳名和姓，少林定宋太祖拳"。

民间有这样一个传说，宋太祖赵匡胤在未成大业之前，曾经出家到少林寺做俗家弟子，学习正宗少林拳棒，经年苦练独有心得，遂以少林为根自开一门，即宋太祖拳。

■ 少林武术

发扬光大

再展雄风

还有一个民间传说，赵匡胤称帝后，当时江湖上的英雄好汉对宋太祖的拳法很感兴趣。有一天，门官来报，说有两位高僧想与皇帝谈论佛法，宋太祖欣然同意，吩咐设宴接待。席间，两位和尚却就地练起拳来，并吹嘘他们的拳法如何厉害。宋太祖听后微微一笑，离席站稳，把自己的拳法打了一遍，而后不动声色地回归座席。原来，这两个和尚是少林寺的著名武僧，是当时武林界的顶尖高手，是奉命前来学取宋太祖那套拳法的。宋太祖只练了一遍，两人便把拳谱牢记心中。后来，两位高僧回到少林寺，凭记忆将宋太祖所演练的拳法进行整理，并定名为少林太祖拳。于是，太祖拳便在民间流传开来。足见赵匡胤与少林寺的关系非同一般。

文学作品中出现的赵匡胤形象，多是手持棍棒、叱咤风云的一代豪杰，常常与一帮出身高贵却又属于市井无赖的人结义为兄弟。一般人会认为这或许只是赵匡胤的艺术形象，但有历史学家研究认为，赵匡胤的真实形象可能和这些文艺作品所描绘的相距不远。因为在当了

■ 宋太祖赵匡胤陈桥兵变图

强身健体的中国功夫

皇帝以后，赵匡胤仍然保留了很多游侠特有的豪爽习性。

在结束游侠生涯、成为一名职业军官后，赵匡胤为了训练士卒，总结平生武学，综合士卒在战场上真拼实杀的格斗经验，编制成了三十二势拳法。

后来赵匡胤陈桥兵变，成了宋代的开国皇帝。昔日士卒自觉身价陡增，于是在民间传授赵匡胤三十二势拳法，并称之为"宋太祖三十二势长拳"。

同时，少林寺也将当年赵匡胤在寺内所创的拳法加以改进，最终形成了少林太祖长拳。

少林太祖长拳架式大而开朗，特别注重手眼身法步的密切配合与展现，演练起来豪迈奔放，优美中又不失其威猛的澎湃气势。

少林太祖长拳讲究实战，攻防格斗，称为"起如风，击如电，前手领，后手追，两手互换一气摧"。套路严谨，动作舒展，招式鲜明，步法灵活，刚柔相济，虚实并兼，行拳过步，长打短靠，爆发力强。

少林太祖长拳的劲力发挥于撑、拦、斩、卡、撩、崩、塞中，"因身似猫，抖身如虎，行似游龙，动如闪电"。其主要手法为挑、砍、拦、封、闭、缠、扫、踹、弹、撩、钩、撞、绊、缠。交手时，讲求一胆、二力、三功、四气、五巧、六变、七奸、

长拳 特点是姿势舒展大方，动作灵活快速，出手长，跳得高，蹦得远，刚柔相济，快慢相间，动迅静定，节奏分明。长拳吸取了查拳、花拳、炮拳、红拳等之长，把长拳类型的手法、手型、步型、步法、腿法、平衡、跳跃等动作规格化，按照长拳运动方法编成各种拳械套路。

八狼。

少林太祖长拳在实战中，进身前"审视观察细留神，逢弱直冲入中门，遇强避锋绕步锤"，手步相连，上下相随，遇隙即攻，见空则扑。招式有非攻即防，虚中寓实，实里含虚，一式多变，借敌之力以制其身。

太祖长拳基本功主要有"三型""五功"。"三型"为头、手、步，"五功"为臂、腿、腰、桩、气。

太祖拳术后来发展成一个套路，包括有一路太祖拳、二路太祖拳、十八趟罗汉拳、遛腿架、遛脚式、八打二十式、太祖长拳、行步拳、十二趟弹腿等。

器械有太祖棍、三节棍、少林棍、十二连枪、梅花枪、四门大刀、方便铲、双手带、梅花刀、梅花双钩、万胜刀、应战刀、青龙剑、二郎剑、双铖等。

对练套路有对打太祖棍、三节棍进枪、单刀进枪、大刀进枪、子母锤对打等。

阅读链接

太祖长拳，为宋代开国皇帝赵匡胤，在少林寺学习武术之后，自己独创的一个套路。

此套路演练起来拳打一条线，可以拳打卧牛之地，在近距离的交战中发挥较大的威力，适用于近战肉搏，由于它的招式怪异，威力强大，往往使对手看不清它的招式，难于应对。

周侗获真传高徒辈出

1040年，周侗出生于陕西华州潼关，少年习武，相传周侗的老师名叫金台，是个武状元，为三国名将姜维传人。民间有一种说法："王不过霸，将不过李，拳不过金。"意思是说：称王者以霸王项羽为最，为将者上阵厮杀以五代十国的十三太保李存孝为最，练拳的以金台为最。

周侗画像

周侗早年就学得一身武艺，人称"陕西大侠铁臂膀周侗"。

后来，周侗又拜少林武师谭正芳为师，更得少林武术真传，且文武全才。

周侗成年后，得到当时地位显赫的包拯的赏识，进入军中为军官，后担任京师御拳馆教师。

御拳馆有天地人三席，周侗为"天"字教师，地位最尊，和朝中名将宗泽交好，后来梁山好汉病尉迟孙立就是得周侗引荐给宗泽，担任了登州兵马都监。他还有一个师弟，就是祝家庄的武术教师栾廷玉。

周侗专心武学，确立了少林派正规武术的若干套路，如五步十三枪戳脚，发展自少林的翻子拳，以及周侗棍等。

据说周侗悉心传授武功，在御拳馆期间正式收徒二人，一个是玉麒麟卢俊义，一个是豹子头林冲，卢俊义广有田产，不做官；林冲则继承了周侗的地位，继续担任宋军中的八十万禁军教头。

其间周侗还有一个不记名徒弟，就是武松。武松打虎后，县令孙国卿为了巴结权贵，派武松送虎骨膏到京师给高官，武松滞留京师，结识了周侗。

周侗认为武松力大，但拳术上缺少修为，因此加以指点，可惜二人交往时间太短，仅两个月武松就拜别周侗回乡，此后再未得以相见。

武松在拳术武术上的不足，在此后多次暴露，比如，斗杀西门庆，拳打蒋门神，都曾经吃过亏。但是他跟随周侗入御拳馆游历，大长见识，因此西门庆在狮子楼摆出金猫捕鼠的凶

林冲

豹子头林冲

发扬光大

再展雄风

■岳飞抗金兵图

岳飞（1103—1142），字鹏举，我国历史上著名的军事家、战略家和爱国英雄。岳飞遭朝廷奸臣诬陷，被捕入狱，被朝廷杀害。后岳飞冤狱被平反，改葬于西湖畔栖霞岭。又追谥武穆、忠武，追封鄂王。岳飞是南宋最杰出的统帅，他的不朽词作《满江红》，是千古传诵的爱国名篇，另有《岳忠武王文集》传世。

险步子，武松虽然不知破法，却识得厉害。

同时，周侗传授武松的鸳鸯腿，也是武松的撒手锏。这一手奇特的武功被武松传授给了好友金眼彪施恩，也成了施恩的看家功夫。

周侗年老后辞官，在刘光世幕府做过一段幕宾，刘光世军驻河南，因此得以在汤阴县收岳飞为徒。周侗见岳飞家境贫困，仍在岳母的教导下，在沙面上学写字，颇为感动。故将岳飞收为义子，将自己的毕生所学传授于岳鹏举，包括排兵布阵之法。

岳飞自从和同村的小伙伴汤怀、王贵、张显拜周侗为师后，每天就在三教寺里习练武功。周侗非常喜欢这些孩子，将刀枪、剑、戟等十八般兵器一一尽数相传。

在各式兵器中，岳飞最喜欢用弓，有段时期曾专门向周侗学习射箭，进步很快。

这一日，周侗、岳飞师徒来到三教寺外的汤河大堤上，周侗当众演习，连发三箭，箭箭皆中。

该岳飞了，但见岳飞上前一步，定气凝神，引弓搭箭，只听"嗖"的一声，再一看，居然射破了老师周侗的箭尾。接着，岳飞又连发两箭，箭箭皆中。

周侗大吃一惊，欣喜过望，从此对岳飞尤为器重，将自己的全部射箭秘诀倾囊而授，各种武艺无不悉心指导。

岳飞经过几年的勤学苦练，箭法精准，膂力过人。18岁时便可挽300石硬弓，还掌握了左右开弓、百发百中的绝技，以至后来岳家军中不少将士在他的教授下也都成了神射手。

1123年，周侗卧病数月后已到弥留之际。这一天，他把岳飞叫到跟前，拿出自己珍藏多年的硬弓两张、素白袍一件、红鸾带一条相赠，留下遗言嘱将其葬于三教寺后边。

岳飞悲痛万分，准备好衣衾棺椁，遵遗言将恩师装棺入殓，安葬于三教寺西北角，并亲书碑石。为报答恩师多年的苦心教诲，每逢初一、十五，岳飞必要带上酒食、烧纸等祭品上坟祭奠。

有时手头无钱，他就当了自己身上的衣服来买祭品。每次上坟，岳飞还要带上恩师周侗所赠硬弓，朝天引弓射上三箭，以表永怀先师传艺赠弓之恩。

阅读链接

传说岳飞得周侗"少林翻子拳"以及"关中红拳"真传，并加以发展，开创鹰爪翻子门。后来，周侗又将岳飞介绍于神枪手陈广门下，习练枪法。

陈广见岳飞勤奋好学，举止不凡，便潜心传授陈家独门七十二路枪法。经过一段时间训练，岳飞便成了全县无敌的神枪手。

岳飞发扬少林六合枪法

岳飞画像

在北宋南宋之交的1103年，岳飞出生于相州汤阴县永和乡孝悌里的一个贫苦农家。

岳飞自幼酷爱武术。他有两位恩师，一位是周侗，一位是陈广。而周侗和陈广的武功都是从嵩山少林寺学得的。

周侗一生中有3位得意弟子，分别是：勇冠三军的八十万禁军枪棒教头豹子头林冲，河北大名府绅士、水泊梁山坐第二把交椅的玉麒麟卢俊义，最后一位就是名扬天下的武穆王岳飞岳鹏举。

岳飞跟随周侗和陈广学习少

林功夫，几年下来就精通了少林拳法和十八般兵器，尤精骑射，能左右开弓300石，对少林六合大枪更是运用得神出鬼没，有诗赞道：

神枪起法冷飕飕，穿心得蟒凤点头。
六合神枪多变化，独战军中万将愁！

关于六合枪的起源，有多种说法：

第一种说法，就是六家的枪法合到一块儿。头一家，是楚霸王项羽的项家枪。项羽使大枪占一绝，其中最绝的招是霸王一字捽枪式。因为项羽有举鼎拔山之力，所以他在枪上的功夫谁也比不了。他的盖顶三枪，打遍天下没对手，是项家枪的一绝。

第二家，是三国年间刘备手下的大将，常山赵云赵子龙的赵家枪。赵云号称常胜将军，赵家枪占着个"柔"字，以使用巧妙而驰名天下。

第三家，要算罗家枪，最出名的就是罗成，他的卧马回身枪堪称天下一绝。

第四家，是北宋杨家将六郎杨景杨延昭的枪，老杨家七郎八虎，能耐最大的就数老六杨景。他曾经写过一本枪谱，论述大枪的使用方法，别出一派，故此也占着个"绝"字。

第五家，是高家枪。白马银枪高思继，使大枪占一绝，并且枪法与众不同。

项羽持大枪塑像

■ 岳飞枪挑小梁王壁画

　　第六家，就是小霸王项鸿家。他们家把以上五家招数中的精华抽出来，与他家的精华合六而一，故此才叫六合枪。

　　另一种说法：六合枪指内、外三合。内三合：心、气、胆；外三合：手、脚、眼，眼与心合、气与力合、步与招合。

　　岳飞从军后，从一名小兵而官升至节度使，百战百胜，无一败绩，岳飞曾单枪匹马勇闯金兵大营，杀敌千人，刺敌酋长"黑风大王"。

　　岳飞在日常战斗中，总结很多实战经验，并创立了少林六合门派，有少林六合拳、六合刀、六合大枪，广泛传播于河南开封、汤阴、新乡、安阳等地区，后来流传于安徽、江苏、江西、山东、山西，与本地武技有效结合，逐步形成了少林岳家连拳门、少林通背门、少林意拳门、心意门、形意门等门派。

　　岳飞所创的少林六合门讲究的是三体式桩法，六合也分为内三合和外三合。内三合讲的是心、气、意三合，外三合讲的是肩、肘、膝三合，内柔外刚，以力为基，以快为上，攻防鲜明，且十分讲究三元六合，炼成混元一气。

　　同时，岳飞的师父周侗得到《易筋经》后，将它传与了岳飞。岳飞创立岳家军后，为提高部队战斗力，就印制100多本《易筋经》，分发给各支部队，练习《易筋经》功夫。

《易筋经》《洗髓经》据传是禅宗初祖菩提达摩祖师西归印度前，留在少林寺的镇寺之宝。《易筋经》可以强身壮力，《洗髓经》可以收心养性。此二经道出一源，互为表里，合练方能彼此增益。

岳家军中，骁勇善战的牛皋将军曾为少林《易筋经》《洗髓经》作序，道出了岳王的武术源流和命运，他的序文大意说：

我是一介武夫，目不识丁，喜好舞枪弄棒、盘马弯弓。在中原沦丧，徽、钦二帝北囚，高宗泥马渡江，江南受金人洗劫之际，我在岳元帅招募军士之时，应征入伍，初做裨将。由于屡立战功，于是封为了大将。

记得当年岳少保奉皇命出征，凯旋后回往鄂州，途中遇到一名游僧，其体型和容貌奇特，与罗汉相貌

■《易筋经》书影

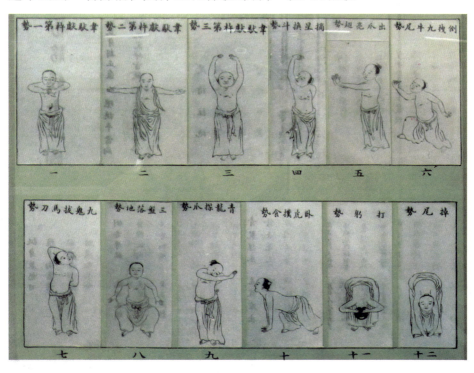

一　二　三　四　五　六

七　八　九　十　十一　十二

极为相似，手持一封信函进入军营，嘱咐我交到少保手中。

我问其缘故。僧人道："将军知少保有神力乎？"

我说："不知也。但吾见少保能挽百石之弓耳。"

僧道："少保的神力是天赋予的吗？"

我说："是的。"

僧道："非也。我教他的，少保曾从师于我，他练就神力后，我嘱咐他出家随我入道，他不信，一心要到世间建立功勋，虽然成就了大事业并青史留名，但壮志难酬，乃天意，命、运使然也。现在祸将至矣。烦劳将军将此信函转交少保，或许他反省后能免于遭难。"

我听了这番言论后非常害怕和感到奇异。询问僧人姓名。不答。我又询问他的去处。答道："去西方拜访达摩祖师。"

我惧其神威，不敢挽留，其飘然而去。

少保得到此信函，还没有读完，泣道："吾师，神僧也。不出多时，吾命休矣。"

于是从衣襟袋中，取出一册书交与我，嘱咐我好生习练掌握此书功法，择人而授。不要使传授之人修道参禅半途而废，有负神僧。

岳飞抗金兵畅维臻图

岳王及众将士凯旋蜡像

不出数月，少保果然为奸相秦桧所害。我为少保不得申冤而悲愤，从此视功勋为粪土，因此再也没有对于人间功名利禄的奢念。

因念少保所嘱托，不忍心辜负使其遗憾。但是我乃武夫之人，并无识人之技，不知世上谁有修佛之志，可以堪当传承之重任。既然择人难，乱传无益。现将此册传于嵩山石壁，听有道缘者自得之，以推演出进道之法门，差不多可以免去妄传之咎，可酬对少保于天上矣。

阅读链接

据史料记载，1750年，佚名氏在其所著少林六合拳序中说："岳武穆精通少林六合枪法，以枪为拳，以教将佐，名曰意拳，神巧莫测。"多年来，少林六合门在不断地发展、创新、融合、演化，流传于黄河两岸，培育出了千百万英雄儿女。

岳飞与嵩山少林寺的关系，可以说，岳飞的武功本是北少林派，其所创六合门可以称作少林六合门。这样，岳家六合枪、六合拳、六合刀都可以归结为少林嫡传。而一句"天下功夫出少林"，是最好的解释。

福裕觉远发扬少林功夫

　　1260年，也就是忽必烈登基的第一年，在皇宫里，少林寺住持福裕和道士李志常等人进行了一场佛、道的大辩论，结果福裕的辩论深受忽必烈的赞叹。于是，他任命福裕为国师，掌管天下寺院和僧人，河南一带寺院统归于少林寺。

忽必烈蜡像

　　福裕，字好问，号雪庭，生于1203年，幼年便因聪明好学，被乡间称作"圣小儿"。因为家里贫穷，少年时出家为僧。而后"应少林之敦请"，住持少林寺。

　　福裕和尚受元世祖之命，前往少林寺任方丈，对少林武功的传播和发展起了很大作用。福裕禅师由于住持燕蓟盘山少林寺，因此将少林武术带来盘山，就多了"北少林"一派。

北少林功夫和嵩山祖庭一样，也是与佛法相通的，是修禅的法门之一，被称为"武术禅"。北少林武功讲究"冬练三九、夏练三伏""拳打百遍、其义自见"，等等，都是要求练习者在一种苦的状态里去专注，从而达到一种忘我的境界。

少林拳每个招式都有其技击的意义，都会有为什么会出这个招式，这个招式的结果是怎样；而这个结果又会成为哪种情况的原因……这种无限循环的因果关系，使得少林拳包罗万象、大气磅礴。

"灭"是涅槃，但不是说死，而是达到了一个绝对宁静的状态，是解脱"苦"的境界。这也对应着少林武术的最高境界，也就是"不动心"。

在套路的反复练习中，所有的招式都已内化到自己的血液里，招式随心而出、随势而发，就算万不得已需要技击临敌时，也不会刻意地去考虑该出什么招式就能轻松应战。这正是一种崇高的宁静状态，除了招式的表象而领会到技击的真谛。

"道"就是实现"灭"的途径，简单说就是戒、定、慧。这三者在少林武术中表现得更加明显。

少林武术是佛门武术，自然要受佛门戒律的约束；少林武术又是一种参禅的途径，要求练习者的定力要够。

精通骑射的蒙古军人

因此，少林武术在"见性成佛"的同时也锻炼了身体，是一种很好的修行方式。

精通骑射的蒙古人建立的元代政权，比任何一个朝代都重视习武练兵，这一时期曾以勇武出名的少林寺，在武术方面得到了空前的繁荣。

福裕以忽必烈国师的身份给予了少林寺特殊的权力，少林寺甚至成为当时可接受民间人士公开习武的唯一场所，人们在这里交流武艺，甚至剃度为僧，将各种拳法留在了少林寺。

这一时期，少林寺中弥漫着高涨的习武热情，并在全国各地的分寺中传播交流。

蓟县公乐亭村有一个姓商的家族，自此开始便世代练习少林武术。商氏武术的创始人是商芝仕，年幼就在北少林寺习武。后来，通过商芝仕及其后人世代的努力，盘山北少林武术在蓟县民间广泛流传。

金元时期，少林寺有一位觉远上人，他本来是严州一个世家子弟，性情豪迈，精通技击和剑术，后来出家嵩山少林寺，拜恒温禅师门下，赐法名"觉远"。

在寺中他学会了罗汉十八手，朝夕演练，逐渐增益，将罗汉十八手推演为七十二手，被尊为少林拳法"中兴之祖"。

觉远和尚从小就喜欢练习拳脚棍棒、擒拿格斗，在性格上是一个豪放之人，喜欢结交朋友。而且还是一个有恒心的孩子，自从觉远拜

强身健体的中国功夫

了当时非常有名气的恒温为师后，练起武来格外认真，每天都早早起床，晚上很晚才睡觉，有时在梦里还在琢磨着武术的招式。

觉远在少林寺出家时，少林寺的方丈是福居大师。福居大师当时有一个雄心，就是要完成荟萃天下武功的大业，于是他就准备派武功高强的少林僧人遍访天下武林名家，觉远和尚就是福居大师派出的武林高僧之一。

罗汉 阿罗汉的简称，是佛陀得道弟子修证最高的果位。罗汉者皆身心六根清净，无名烦恼已断。已了脱生死，证入涅槃。堪受诸人天尊敬供养。于寿命未尽前，仍住世间梵行少欲，戒德清净，随缘教化度众。

一天，觉远和尚正在街头行走，集市上走来一位年近六旬、精神矍铄、鹤发童颜的老人，手提一酱油瓶在人群中匆匆赶路。谁料人流拥挤，酱油瓶不慎从老人手中跌落，酱油飞溅，弄脏了一位壮汉的衣服。

壮汉一见大怒，不由分说，伸出巴掌，左右开弓，就朝老人脸上扇去。

老人一边后退一边躲闪，并躬身施礼道："壮士，请恕老朽有眼无珠。"但大汉对老人的赔礼道歉视而不见，反飞起一脚当胸踢来。

正当觉远路见不平，欲拔刀相助时，壮汉朝老人的裆下又是一脚，只见老人躲闪灵巧，大汉这一脚踢在了墙上，震得泥土纷纷落地，大汉捂着脚趾连连喊叫疼。

■ 少林罗汉拳

少林擒拿

缓过劲来的壮汉更是恼怒，纵身跳起，又朝老人脸上踢来，老人也不躲避，只是微笑着顺势抬起左手，将他的脚跟轻轻向上一抬，那大汉便仰面朝天，摔出了两丈多远。老人头也不回，朝城北走去。

觉远心想，今天肯定是遇到武林高人了，于是便尾随老人出了城门。一直追到日落西山，才见老人走进一间茅屋。

觉远忙上前叩拜，老人告诉觉远，他姓李，名奇，人称"李叟"，家乡在中原一带。李叟少年时，以擒拿著称，后商贩于兰，不肯以武功示人，平生练习大小洪拳，故身法甚灵敏，以掌法骈指为专门绝技，并精棍击。

觉远听完介绍说："弟子是少林僧人，奉方丈的命令遍访武林名家，拜师学艺。"接着又把福居方丈的打算说了一遍。

老人想了想说："我根本算不上什么武林名家，我为你推荐一个人，老友白玉峰乃当世技击家之魁，大江南北无人能及，他现居洛阳，你可以去拜访他。如果他能帮助你，要胜过我百倍。"

于是他们一同前往洛阳，几经周折，终于在洛阳福禅寺找到了白玉峰。白玉峰是山西太原人，当时已50多岁，看上去身材并不高大，但非常健壮。

李叟引见后，白玉峰笑着说："原来是福居方丈相请，如果推辞就是对方丈的不恭敬。明日我们就同回少林寺。"

强身健体的中国功夫

他们在少林寺朝夕演练，取旧时宗法，融会贯通，白玉峰还将罗汉十八手增至一百七十三手，并创编了龙拳练神、虎拳练骨、豹拳练力、蛇拳练气、鹤拳练精的五拳要领，据说这就是后世的"五形拳"。

李叟也将擒拿、棍法绝技悉心传授。后少林有棍击一术，即为李叟所传。其棍只有七法，一点、二拨、三扫、四撬、五压、六坐、七退跃，其法甚精。

李氏之棍系单头式，练习时，棍倾斜，竖两手擒棍之末端，相距尺余，以棍左右向上划绕，棍尖作圆圈式，以手之虎口用力。此式熟，再开马，随棍之转侧，而身法随出，尚能于拳式中熟练，则易于致力，否则颇难入门。

后来白玉峰也剃度为僧，在少林寺做了和尚，法号"秋月禅师"。

李叟在少林寺传授武艺十余年后离开，他的儿子留在少林寺，皈依了佛门，法号"澄慧"。

觉远上人在白玉峰、李叟的传授下，遂"推阐变化以臻厥大成"，并立"十戒约规"。

白玉峰又将达摩《易筋经》十二势，及于元末明初传入少林寺的由晋代许真君创的八段锦，化为少林十八法。立式八段锦原名为"许真君引道诀"，即"仰托一度理三焦，左肝右肺如射雕。东肝单托西通肾，五劳回顾七伤调。游头摆尾通心脏，手攀双足理于

■ 许真君 晋代道士许逊。博通经史，明天文、地理、历律、五行谶纬之书，尤其喜好神仙修炼。他师事著名道士吴猛，号称大洞真君。传说他曾镇蛟斩蛇，为民除害，道法高妙，闻名遐迩，时求为弟子者甚多，被尊为净明教教祖。

腰。次鸣天鼓三十六，两手掩耳后头敲"；坐式八段锦名为"钟离祖师八段锦导引法"。

觉远不仅武功高强，而且身怀十分高超的医术，据说他有一手祖传的接骨绝技。无论病人伤到什么程度，只要你还有一口气，到了大师手中，保管你人到伤除。

少林寺附近有一个财主，有一次把腰给扭伤了。他不信觉远大师的医术，就叫家人把他拉到城里去，冤枉钱花了不少，病不但没有见好，反而加重了。

财主在走投无路的情况下，抱着死马当活马医的想法，叫家人把他抬到少林寺去。觉远大师仔细查看了一下便说："还好，还有救，再迟两天送来，恐怕华佗祖师爷来了，也只能干瞪眼了。"

财主一听，眼泪一下子流了出来，"大师，您可得救救我啊！都怪我肉眼凡胎，不识菩萨真身。"

大师说："大家在医道上各有所长，人家懂的我不一定就懂。"

说话之间，大师已经麻利地在财主的身上绑了几块夹板，又拿出了一大包黑白药膏，说："一天换三次，白色的内服。"财主将信将疑地回去了。

半个月后，财主能坐起来了，一个月后，财主能站起来了，两个月后，财主再上寺院在大师面前长跪不起，连称再生父母。

其实，更让人敬佩的是大师的医德。民间相传，有一次觉远大师在云游时，遇到一伙抢劫的强盗。其中有个强盗见大师身无分文，连称晦气，踢了大师几脚。刚上马走了没几步，一不小心被马颠了下来。正好跌在一块凸起的石头上，当时就翻白眼了，别的强盗把他扶起来，他自己却立不住了，原来腿折了。

这强盗当时痛得眼泪直淌，觉远大师见了疾步上前，二话不说，给他进行医治，三下两下，强盗的腿不痛了。强盗给了大师300两银子，大师坚决推辞。那强盗上马后，一步三回头，连称："高人啊！"

还有一次，觉远刚刚云游回来，还没有休息，就被一阵急促的敲门声打扰。他一看，门外有一个人跪

■ 八段锦功法

八段锦功法

在那里。仔细一看，原来是当年的仇人。

仇人说："我已经走了很多地方，只有你才能救我儿子的命。我这一辈子只有这么一个儿子啊，你无论如何也要救救他，只要把他救好，我的命你随时都可以拿去。"

仇人布满皱纹的脸上老泪横流。觉远大师慢慢把他扶起来，说"把你的儿子抬进来吧！"

有人问："大师，你为什么要救你的仇人和强盗呢？"

大师笑道："在出家人眼里，他们都是普度的对象，在医者的眼里，他们都是我的病人。哪里还能看到别的呢？"

阅读链接

觉远是把民间武术引入少林寺的第一人，而真正"推阐变化以臻厥大成者"，应该是白玉峰，他剃度后称"秋月禅师"，属"外系僧"，即非元代福裕禅师所立的排辈中的少林寺僧。

龙拳是嵩山少林寺传世之"龙、虎、豹、蛇、鹤"五拳之一。相传为秋月禅师所创。少林龙拳是少林拳中的象形拳，象形拳多见于鸡、燕、马、牛、虎、兔、蛇、龙。

龙在人们的印象中灵活多变，远近皆易，隐而忽现，在无形中变化；无定法即为法，此拳体现了禅宗的法无定法，禅入武式，突出了中华武术的特色。

明代时期，民间习武风气盛行，这是少林功夫水平大发展时期。明代近300年间，少林寺僧人至少有6次受朝廷征调，参与官方战争行动，屡立功勋，多次受到朝廷嘉奖。少林功夫在实战中经受了检验，确立了少林功夫在武术界的权威地位。

16世纪明代的重要国策，是抗击倭寇侵扰。于是以武功闻名天下的少林武僧应征出战，他们手持铁棍，作为明军前锋。明代抗倭名将俞大猷也曾到少林寺传授棍术，所以少林寺实际上成了一个有名的会武场所，群英荟萃，各显神通。

独步天下

华夏神功

朱元璋少林寺拜师学艺

明太祖朱元璋画像

1368年，朱元璋在应天府即皇帝位，国号大明，年号洪武。

相传，在朱元璋率师北伐的时候，听说少林寺悟胜和尚具有不平凡的功夫，他曾经用一根锡杖将两只斗得正狠的猛虎分开。朱元璋听了大为敬佩，于是经过少室山时，就专程到少林寺去会见悟胜和尚。

谁知一直等了两个多时辰，仍然不见悟胜和尚前来接驾，不由得心里有些生气。但他没有立即发作，自己依然向山上走去。

走到离山门10余里的时候，

即发现悟胜和尚正立在那里一块岩石处等候，一见朱元璋，就合掌说道："小僧不知万岁驾到，有失远迎，如果万岁怪罪，就请杀了小僧吧！"

朱元璋问："你为什么走出寺门这么远请斩呢？"

悟胜和尚头也没抬，回答说："我恐怕自己的血污染了清净的佛门寺院。"

朱元璋深感刚才生气太不对了，急忙向悟胜和尚道歉，恳求悟胜和尚收他为弟子。

悟胜和尚思索了一下，抬起头，仍然闭着眼说："我怎么能成为您的师父呢？"

朱元璋真诚地说："我的为人处世不如您直，我的骨骼不如您硬，而且我的武功比少林普通武僧也还差很大火候，真心愿意拜您为师，希望您能收我为徒。"

悟胜和尚这时才觉得朱元璋并不是来问罪的，而是真心来拜师学艺的，于是就默认了，并将朱元璋带入少林寺，介绍给了方丈，方丈满脸笑容地接待了朱元璋。

就这样，朱元璋悄悄在少林寺中住了下来，外边的人并不知道明朝皇帝就住在少林寺中。

有一天，少林寺中喜欢画竹的宜山和尚坐在寺门外画竹，他先在竹园旁边的一通青石碑坯上铺开一张雪白的宣纸，然后握着大笔，饱蘸浓墨，闭起眼睛，深思着怎样描摹绿竹的神态。

朱元璋正好练完早功走到这里，他就站在远处观看。他早就听说宜山和尚每天除了做佛事就是种竹、看竹和画竹，尤其是画竹，简直比他吃饭穿衣服还重要。

朱元璋还听说，在宜山和尚26岁那年，他曾经去浙江普陀山受戒，当他回来时，却带回了让全寺僧人都十分意外的东西。

那天，全寺僧众都来看宜山带回了什么珍贵物品。宜山高兴异常地从挎笼里拿出来一大包东西，放在桌子上，先解开外包单，然后剥内包纸，剥了一层又一层，整整剥了8层纸，这才亮出了宝贝的庐山真面目：原来是一些带根的竹笋！

师兄弟们看了，不由哄堂大笑，然后边笑边散去了，宜山和尚却把竹笋栽在窗外的空地上，并且还用砖砌了一个小竹园。

朱元璋屏息静气，想看看这位传奇的和尚是怎样画竹的。突然，从山谷中有两个黑影向朱元璋和宜山和尚这里移动，朱元璋定睛一看，原来是两只大灰狼。

朱元璋一边准备拔出腰间的宝剑，一边看宜山和尚如何应对。饿狼看到宜山和尚想饱餐一顿，可偷偷走到宜山和尚背后，却瞪起大眼不敢轻举妄动了。

■普陀山寺庙

少林武功博大精深

只见宜山和尚坐在石头上，挺着腰杆，左手按纸，右手握笔，胳膊高悬。那狼害怕了，可宜山和尚因打腹稿思想集中，两只狼的行动他却一点也不知道。

"好！"腹稿完毕，"唰"的一笔下去，雪白的宣纸上，突然跃出一棵鸡蛋粗的大竹，恰似一支长矛一般。两只大灰狼一见，"嗷"的一声，夹着尾巴逃走了。

狼的叫声把宜山和尚从画境中惊醒过来，但他看着两只狼远去，却什么也没说。朱元璋这才松了一口气，他不但敬佩宜山和尚画的竹子太逼真了，竟然能吓跑恶狼，而且更敬佩宜山和尚的修养之功，似乎达到了达摩祖师当年面壁时"心无外骛"的境界。

于是，宜山和尚给朱元璋讲了自己的一件往事：

一年夏天，宜山和尚坐在沙溪河中的一个晾经石台上，静思冥想，想画出夏日晴竹的姿态，他不由连吃午饭都忘记了。

中午刚过，忽然间浓云密布，只听得一声响雷，大雨倾盆而下，宜山和尚却觉得这是画雨竹的好机会，他可不想错过，于是就打着伞在雨中画了起来。

谁料想雨越下越大，竟然引发了山洪暴发，河水飞涨，而宜山和尚在大石上画得入了迷，竟然没有发觉自己身处险境。

朱元璋画像

强身健体的中国功夫

寺里的徒弟不见师父回寺吃午饭，就冒着大雨出来寻找，当发现师父坐在看经石上画竹，而水已经漫到了身边，便一边大喊大叫，一边派人回寺取绳子，把绳子扔给师父，拴在他的腰上，这才把宜山和尚拉上了河岸。

宜山和尚讲完了，静静地看着朱元璋。

朱元璋缓缓点头，似乎悟到了什么。

宜山和尚接着告诉朱元璋："在我之前，还有一位别山法师，以画梅花而闻名。"

朱元璋恭敬地问道："愿闻其详。"

宜山和尚侃侃而谈：别山法师从小就喜爱梅花。有几年一入冬，他先买几株老梅桩用山土种植盆中，放在屋内，待到春节期间，含苞怒放的梅花，暗香浮动，别山就画啊画啊，找那梅开之雅趣。

在他23岁那年，家乡遭遇了水灾，就投奔少林而来，师父便给他取法名为"别山"。

别山法师是个有志气的人，他学禅画梅，四季不辍。师父看他心坚，就派他云游全国的名刹，通师画梅高手。别山法师在雁荡山跟着凝然法师画了七七四十九天，回归少林。

这年农历腊月二十八，北风卷着鹅毛大雪，天寒地冻，别山法师朝着立雪亭达摩像拜了再拜，就在雪中画起梅花来，从早到晚，整整画了一天。

待师弟叫他时，只见别山法师变成了雪人，盘坐在地上已站不起来，他的脚和腿冻僵了，衣服和土地冻结在了一起。再看他画的梅花，梅根像龙头探地，梅梢如龙尾冲天。正在这时，只听一声吼响，这条龙飞天了。

有一年岁寒，登封新任知县来少林寺拈香拜佛，迎面看到一株梅花傲雪盛开，那知县竟兴致勃勃上前攀折，待到花前定睛一看，方知是别山法师作的一幅梅花图。

朱元璋听得心驰神往，深为少林僧人的用志专一而动容。

正在这时，方丈和悟胜和尚也走了出来，悟胜和尚对朱元璋说："岳飞当年曾在少林寺学过武，您知晓吗？"

朱元璋摇了摇头。

朱元璋画像

■ 登封嵩山中岳庙

中岳庙 即指嵩山中岳庙，世界道教主流全真道的圣地。位于河南嵩山南麓的太室山脚下，中岳庙是道教在嵩山地区的最早基地，原是为了祀奉中岳神而设建。道家尊中岳庙为"第六小洞天"，他们认为这里是周朝的神仙王子晋的升仙之处。

悟胜微微一笑，然后就讲起来：

那是宋高宗绍兴十年（1140），岳飞大破金兵于蔡州，直入登封。来到登封之后，岳飞就先到了少林寺学艺，后又到中岳庙中游览，并且在中岳庙的墙壁上题了一首词。

朱元璋听到这里，非常感兴趣，他插嘴问道："那岳武穆题了什么词呢？"

方丈将眼睛闭上，缓缓诵道：

自中原板荡，夷狄交侵。余发愤河朔，起自相台，总发从军，历二百余战，虽未能远入夷荒，洗荡巢穴，亦且快国仇之万一，今又提一旅孤军振起宜兴，建康之城一鼓败虏，恨未能使匹马不回耳！

故且养兵休卒，蓄锐待敌，嗣当激励士卒，功期再战。北逾沙漠喋血虏廷，尽磨夷种，迎二圣，归京阙，取故地，上版图，朝廷无虞，主上莫枕，余之愿也！

朱元璋听了，不由感到热血沸腾。从此练功更加勤奋了。

有一天，方丈去问朱元璋："在这一段时间里，感觉习武到何种境界了？"

朱元璋回答说："别的还好，只内功不足！"

悟胜和尚却在旁边说道："其实你已经得到了少林真传。"

悟胜和尚话音刚落，罗汉堂14名武僧"哗啦"一下奔了过来，将朱元璋围在中心。悟胜和尚说道："您试一下便知。"

方丈也点头同意了。朱元璋知道，这是少林寺的规矩，一旦自己获胜，不仅说明武艺有成，而且也就此获得了下山的资格。

朱元璋抖擞精神，小心应战，过了大约一个时辰，他竟然一一胜过了14名武僧，打过最后一关，走出了山门。

朱元璋也隐隐感觉到这是少林武僧有意相让，但自己国事繁忙，也的确不宜在少林寺久待下去，于是就向方丈和悟胜和尚告辞。

临行时，朱元璋对悟胜赞道：

胜公字豪肇，法医武又超。

育兵六百名，功德凯云霄。

阅读链接

据传，朱元璋在攻打北京时，兵力不足，曾亲赴少林寺请方丈派僧兵助战，同时，与悟胜和尚结拜为僧帝兄弟。

后来，悟胜和尚随同朱元璋到了南京。朱元璋封悟胜和尚和众僧为将军之职，但悟胜和尚坚辞不就，他代表众僧表示："乱时愿助战，平时永为僧。"

明代少林设立僧兵制度

少林寺碑刻

当历史进入明代，史书中对少林寺的记载和以前相比有了一个明显的变化，那就是关于少林功夫的记载越来越多。

少林寺碑碣、登封的地方志以及大量诗文、游记都记载了少林僧人练武的情况。这些资料表明，在明代，习武已经成为少林寺僧人每天生活的重要组成部分，并引起了世人极大的兴趣。

这一方面是因为早在元代时的少林寺住持福裕大和尚拥有国师的特殊身份，在民间禁武的环境下保护了少林寺的习武环境，他将少林

■ 少林寺塔林

寺规模空前扩大，在全国各地设立分寺，使少林功夫迅速向外传播。

另一方面则是得益于明代实行的"乡兵制"。

乡兵制是明代的基本兵役制度，明王朝的武装力量是由两部分构成的，即正规军队和乡兵，乡兵有组织隶属，定期进行训练，并随时准备赶赴战场。

而少林寺的僧人，也被纳入了"乡兵"的序列，被称为"僧兵"，明代的"僧兵"主要有三个来源，即少林寺、伏牛山中各寺和山西省五台山中各寺。少林僧兵自立营盘，成为一个独立的战斗团体。

僧兵团成立后，少林僧人练武就成为合法且有组织的行为，加之战斗搏击的需要，少林功夫在明代也就有了极大的发展。

少林功夫引起了皇帝的注意，僧兵就像是一支特

碑碣 古人把长方形的刻石叫"碑"；把圆首或在方圆之间，上下大的刻石叫"碣"。秦始皇刻石纪功，大开竖立碑碣的风气。东汉以来，碑碣渐多，有碑颂、碑记，又有墓碑，用以纪事颂德，碑的形制也有了一定的格式。

■ 少林寺塔林

永乐皇帝（1360—1424），明成祖朱棣，明代第三位皇帝，登基后巩固了南北边防，维护了我国版图的统一与完整。多次派郑和下西洋，加强了中外友好往来。编修《永乐大典》，疏浚大运河。将由靖难之后的疮痍局面发展至经济繁荣、国力强盛的盛世，史称"永乐盛世"。

种部队不断接受朝廷的征调，周友、月空、小山等著名的少林僧兵就是在这种情况下走向了战场。

嵩山少林寺西面的五乳峰山坡上，坐落着我国最大的塔林。

"塔"在古代印度语中叫"塔婆"，这是音译的简称，意思就是坟墓。塔林，就是少林寺历代和尚的墓塔群。

塔林中，明代所建墓塔共148座，是少林寺建塔最多的一个朝代，而且和前朝僧人不同的是，明代的墓塔铭文，多是记载了这些和尚的武功。

这其中就有大名鼎鼎的和尚周友，明代永乐皇帝以后，军功分为奇功、首功、次功三等，周友曾经三次立下奇功，由此得名"三奇周友"。

周友的墓塔上题有"天下对手，教会武僧"8个字。显示着少林武僧的自信和向天下英雄学习的胸怀。周友的赫赫战功，使少林功夫天下闻名。

少林寺塔林中的"三奇友公和尚塔"，外形是方形、单层、三檐。塔额为：

敕赐大少林禅寺，……正德年间蒙钦取宣调，镇守山陕等布政边，京御封都提调总兵，统任云南烈兵扣官，赏友公三奇和尚之寿塔。

立塔者为河南府仪卫司千长李臣及其弟子洪仲、洪良等人。

塔铭中说周友"僧俗徒众千余名，山东并南北隶直、本省睢、陈、归德、钧、许等州，监扶西遂、堰、郏、襄、宝、汝宁、两蔡、裕、邓、鲁、雀，无不有教"。

他在少林寺的弟子，有洪仲、洪良，法侄洪转、洪祜，法孙普清，重孙广记、广顺等。

周友的法侄洪转，也是一位著名的武僧，他在万历初年已80余岁，著有《梦绿堂枪法》一卷，总结了周友的枪法。

继周友等人之后，少林武僧还参加了征讨师尚诏和抗击倭寇的战役。

如少林寺《登封县帖》石刻一件，时间是1581年，内称："先年，上司调遣寺僧随征刘贼、王堂、师尚诏、倭寇等，阵亡数僧，屡有征调死功，情实可哀……"

少林武僧征讨师尚诏一

周友和尚画像

少林寺墓塔

事，见于《少林寺竺方参公塔铭并序》。该塔铭为：

> 师讳周，其名曰参，号竺方……于嘉靖三十二年，上司明文调用截杀，领僧兵五十名，征师尚诏。赶贼兵，运大智于沙场，战雄兵于顷刻不过，尽忠于国，丛林见得忠义……

竺方周参生于1517年，塔铭说他"族周氏，本郡人也""自幼习武，精究六韬"。15岁入少林寺，礼悟空和尚为师。"其性惟勇，巍堂磊落……习学演武，名播四海，武亚诸方。"他在少林寺，"纲直推举执事，三十而应役首僧。五十一而管理监寺，三载常住，岁季积蓄杂粮四百，并无徇私"。他卒于1574年，俗寿58，僧腊四十有三。

阅读链接

少林寺塔林中，还有两位武僧系同时阵亡，他们是本乐宗武和万庵同顺。二塔皆立于1619年，其一塔额为："敕赐少林禅寺、授教师武公本乐和尚享寿四十一之塔。"其二为："敕赐少林禅寺都提举、征战有功顺公万安和尚享寿七十四之塔。"

1625年所立武僧大才普遍之塔，塔额为："敕赐祖庭大少林禅寺恩祖、征战有功大才便公寿八十三本大和尚之灵塔。"

另一位武僧守余宗卿，大约也是与大才普遍同时阵亡，是普遍的法孙。

196
强身健体的中国功夫

月空小山率武僧痛击倭寇

1553年，正处于明代嘉靖中叶，31名少林寺武僧在月空和尚的带领下，肩负重任，奔赴淞江抗倭前线。

明代时，我国东南沿海一带屡屡遭受日本倭寇的骚扰，这些倭寇以沿海岛屿为据点，时常上岸烧杀抢掠，为此，十分头疼的明政府自然而然地想到了"寺以武显"的少林僧兵。

自从唐太宗敕封少林寺可以"招僧兵，参政事"之后，少林寺僧兵就成了公开的地方武装。每逢朝廷有什么解决不了的难题，少林寺僧兵就常常成为他们的护朝法宝。

在明代嘉靖年间（1522—1566），

少林寺武僧像

日本倭寇多由武士组成，他们在我国沿海掠夺财物，残杀百姓，成为朝廷心腹之患。倭寇使用的是倭刀，他们的刀法奇诡诡异，明军正规部队经常吃败仗，于是以武功闻名天下的少林武僧应征出战。

1553年的春天，南京中军都督府万表派人给嵩山少林寺下了一道表檄，让少林寺选派武僧前去抗倭。当时少林寺的方丈是坦然法师，他听说了倭寇的暴行，十分震惊，决定派武功高强的大弟子月空和尚为首领，带领月忠、自然、慧正、智囊等人在内的31名武僧前去抗倭。

这31位武僧都是由月空和尚一个一个仔细挑选出来的，为了确保他们确实能够"技压群僧"，月空沿用了少林寺"打出山门才出寺"的老规矩，即每名武僧都要闯过少林各项考核关。31人选定之后，寺里给他们每人配备了一匹马和一根7尺长，15千克重的铁棍，有的还配有刀、枪、剑等武器。

淞江一带有个白沙湾，少林僧兵抵达前线的第一战就在这里进行。这年农历七月，倭寇再次进据川沙，撤民居为营。参将卢镗率外地调来的兵士前往攻打，结果中倭寇埋伏，几乎全军覆没。

倭寇得势后，决定再一次侵扰南汇境地，此时

中军都督府 古代官署名。明代五军都督府之一。初分领在京留守中卫、神策卫、广洋卫、牧马千户所。永乐后改广洋卫隶南京中军都督府，增蓄牧千户所。

月空和尚 是泉州少林寺第一代方丈，后来泉州少林寺便成了民间抗倭的中心。后来月空和尚在抗击倭寇的一次战斗中战死疆场。

适值少林寺僧兵前来增援，战倭寇于白沙湾。少林僧兵人数不多，却个个勇猛善战，竟奋不顾身地直捣敌营，毁倭寇停泊在岸边的舰船3艘，斩敌百余人，敌营大乱。

这场战斗被称为"白沙湾之战"，这一仗打出了少林僧兵的威风，他们个个骁勇善战，勇往直前，令倭寇闻风丧胆。

关于当时的战斗细节，明代异侠小说《云间杂志》记载说："一贼舞双刀而来，月空坐不动，将至，身忽跃起，从贼顶过，以铁棍击碎贼首。"月空动作干净利索，禅武味道相当浓烈。

在这一时期，少林功夫至少存在10支武术系统或门派。其间产生的以言传身教形态存在的武术套路和理论，已无法统计。

从月空1553年最著名的抗倭战役开始，少林功夫著作开始大量出现，少林寺僧人的神奇武功引起了世人极大的兴趣。

少林寺宗法门头制度相对封闭，严格遵守宗法传承；而佛教的游方制度在根本上是开放的，进出自由。少林寺这种特殊的开放和封闭两重性，对于少林功夫的

参将 明代镇守边区的统兵官，无定员，位次于总兵、副总兵，分守各路。明清漕运官设置参将，协同督催粮运。清代河道官的江南河标、河营都设置参将，掌管调遣河工、守汛防险等事务。清代京师巡捕五营，各设参将防守巡逻。

■ 少林寺武僧塑像

发展和传承，对于少林功夫体系和门派的形成，都有着非常重要的作用。

少林功夫信仰形态在明代也发生了变化，唐代以来的以观音菩萨愿力为核心的那罗延金刚神信仰，演变为紧那罗王神授少林寺棍法的武圣信仰，并以此激励少林寺僧人修习少林功夫。

月空和尚等人受到了中军都督府的表彰，随后领兵前往泉州，与当地军民一起同心协力进攻七星岛，一举粉碎了倭寇的老巢，打死了头目黑田，自此，沿海一带相当长的一段时间内平安无事。

朝廷为了嘉奖，在泉州又修建了一座南少林寺，月空任方丈。20年后，戚继光再次出兵抗倭，也得到了南少林和尚的大力协助。南少林寺从此成为少林和尚平倭寇的历史见证。

1573年，少林寺月空和尚抗倭20年后，东南沿海的日本倭寇再次猖獗起来，世宗皇帝无奈，再次降诏少林寺，命小山禅师亲自主持率引武僧出兵平寇。

小山和尚13岁时，最先在开元寺出家，后来，他跟着师父应白禅师在少林寺学禅11年，熟诵佛经，精通佛学，并且练就一手高超的剑术。嘉靖皇帝听说他德高望重，禅武皆精，就御封小山和尚为少林寺第

紧那罗 在我国佛教里，紧那罗被少林寺尊为护法伽蓝，又称其为"监斋菩萨"。监斋菩萨像有三尊，分别为持法法身、护法法身、妙法法身。头顶塑有发表上升的青烟，烟雾上有赤脚而立的观音像，法身形象则袒胸赤脚，手握烧火棍，完完全全一副武林人物模样。

二十四代方丈大和尚。

当东南沿海再次遭到倭寇骚扰时，浙江总督胡宗宪和抗倭名将戚继光迅速带领几万兵马，前往杭州一带平乱。

据说，胡宗宪本来就打算学南京中军都督万表，征派少林武僧出战，但他在武当山偶遇一位高人，倾谈数句之后，高人告诉他少林武僧乃是出家之人，不可随意指派，不如让他们自去抗敌。

胡宗宪觉得有理，奏明皇帝之后，就把招兵选将平倭的皇榜贴在了嵩山脚下。

小山和尚看到了这张皇榜，毫不犹豫就把它揭了下来，把少林寺僧众都集合起来说："国难当头，匹夫有责，我寺武僧当挺身赴边杀敌！"

众僧群情激愤，都愿意为国效力。

闻讯前来的征兵使臣问小山和尚："不知禅师打算出兵几许？"

小山随意答道："50名僧兵足矣。"

那使臣大感惊讶，摇摇头说："官军万众，兵强马壮，兵器精良，征战数年，尚未能平息倭寇，你这50名棍僧，能顶何事？"

小山禅师胸有成竹地说："兵不在多，而在于

戚继光（1528—1588），明代著名抗倭将领、军事家。官至左都督、太子太保加少保。率军于浙、闽、粤沿海诸地抗击来犯倭寇，历10余年，大小80余战，终于扫平倭寇之患，世人称其带领的军队为"戚家军"。

■ 少林武僧雕塑

■ 少林寺僧兵雕塑

精，我虽50名僧众，个个都是英雄虎胆，敢上九天揽月，敢入深山擒虎，武艺高强，胜敌千军万马。"

经过校场习武较量，小山方丈精选出机智勇敢、武功卓绝的僧兵50名，赶到京城，向嘉靖皇帝请命。嘉靖皇帝当即下圣旨，封小山为领兵元帅，带上封印，率领官军与僧兵前去平倭。

于是，小山禅师亲自率领50名武僧和官军奔赴东南沿海抗倭前线，他们人不歇脚马不歇蹄，昼夜奔程，犹如神兵天降出现在敌阵前，出其不意地向日寇突然发起猛攻。

一刹间，刀光剑影，棍棒飞鸣，杀声震天，敌营大乱，打得贼兵措手不及，仓促应战，只见到处是腾云驾雾、神功出众、威风凛凛的和尚，顿时惊魂丧胆，拔腿想溜。

小山禅师大喝一声："强盗，哪里逃？"

话音未落，英勇的僧兵，个个如飞鹰穿云腾空翻滚，奋铁棍挥刀剑横扫敌寇，一个武僧猛扑上去，像抓小鸡一般，一把抓住一个贼兵的头，轻轻一扭，脑袋就搬了家。

一个亡命之徒，挥起战刀叽里呱啦号叫着向小山禅师扑来，小山禅师沉着应战，镇定自如，"嘿嘿"

圣旨 皇帝下的命令或发表的言论，是古代帝王权力的展示和象征，其轴柄质地按官员品级不同严格区别。圣旨的材料十分考究，均为上好蚕丝制成的绫锦织品，图案多为祥云瑞鹤，富丽堂皇。圣旨两端则有翻飞的银色巨龙作为防伪标志。圣旨颜色越丰富，说明接受封赠的官员官衔越高。

冷笑一声说："倭寇，想鸡蛋碰石头？"他边说边随意飞起一脚，把那个家伙踢出两丈多远，来不及叫出声就丧了命。

小山禅师在战场上十分英勇，并且十分聪明，据说一次一个倭寇见他目视远方坐而不动，就挥舞双刀扑过来，谁知在刀就要落在小山禅师身上时，他猝然跃起，从倭寇头顶越过，用铁棍击碎了倭寇的脑袋。

少林僧兵与官军见了小山禅师的神技，备受鼓舞，将倭寇杀得大败。拼杀不到一个时辰，敌寇尸横遍野，剩下的残敌，狼狈逃窜。

之后，少林僧兵与当时的抗倭名将俞大猷和戚继光共同抗击倭寇，屡建奇功。

班师回朝的时候，皇帝十分想让小山禅师留在京城，小山禅师却说："国难杀敌，平时为僧。"带领僧人回到了少林寺。

两年后，倭寇再次进犯，屯兵于上海附近的下沙镇。小山禅师又受朝廷敕封，立即率领36名少林弟子奔赴东南沿海，会同蔡可泉等120多名官军飞速赶到，严阵以待。这批倭寇听说小山禅师又来了，不战自退。小山禅师等少林僧等了数日也不见倭寇，只好返回。

倭寇等了十几天，探明小山禅师已经回了少林寺，就又出来作乱。

小山禅师十分气愤，并下定决心，一定要把这股狡猾的

戚继光画像

■ 戚继光操练水军图

倭寇消灭掉。他领着武僧和官兵们认真地察看沿海地形，最后以四面包围之计全歼了这批倭寇。

戚继光经过与倭寇几次战斗，深感明军缺乏训练，临阵畏缩。他决心整饬军备，训练士兵，在金华、义乌等地招募了3000多名新兵，在观海卫等地设武场操练新兵。

此后，战事吃紧，戚继光又从福建调来一批老兵，增加抗倭力量，成为令倭寇闻风丧胆的"戚家军"。而由少林僧兵传授戚家军左手棍、金锁拳、梆子拳，这些棍艺拳技一度成为当时戚家军抗倭的必杀技。

阅读链接

相传，少林寺有部《征战立功簿》，专门记录少林僧人为国立功的事迹，书中除了月空和尚御倭寇的事迹，还载有明代小山和尚三次挂帅平倭的故事。

现在少林寺山门两边有夹杆石，还有一对石狮子，据说这都是嘉靖皇帝为嘉奖小山和尚，而赐给少林寺的。

俞大猷回传少林实战棍术

自从唐代嵩山少林寺十三棍僧之一智空来泉州传授少林功夫，逐渐形成南派少林功夫。

明代时，东南沿海受到倭寇的侵害，民间练武的风气很盛行，泉州各乡里常常有两个馆，一个南曲馆，一个拳术馆。

学功夫，除了拳术，还就地取材，刀枪剑戟而外，生产生活用具，像锄头、扁担、长条椅，都会做武器，随手抄起来就

俞大猷塑像

强身健体的中国功夫

■ 明代福建沿岸军
民共同抗倭

李良钦（1490—
1580），名三，
讳天赐，公机宜
超越，身材魁
梧，生性秉忠，
操行端严，文韬
武略，武艺超
群，勇猛过人，
少以任侠结客，
得圣僧齐眉棍
法，后乃加为丈
二，当时的闽浙
沿海倭寇猖獗，
李良钦率地方百
姓族中弟子，组
织武会，设教四
方传习棍法，成
为丈二棍法一代
宗师。

使，弄起来有步有数，这是南少林的独特武术。

倭寇的骚扰侵犯，军民奋起抵抗，涌现很多抗倭好汉、民族英雄。最有名的是"俞龙戚虎"。俞是俞大猷，戚是戚继光。

俞大猷是泉州河市人，传说他的母亲是清源山水流坑人。俞大猷年轻时常常在清源山习武，在一块大石头上跳起跳落练胆量。

到俞大猷建功立业成名了后，这块大石头就被称作"练胆石"，俞大猷又亲笔题4字"君恩山重"在上面，成为后来清源山的一处人文景观。

有一个叫李良钦的人，早年浪迹江湖，晚年回到泉州，住在凤凰山少林寺，凤凰山当时叫东岳山。他看见俞大猷体格好，手脚灵活，胆子大，读书识字，人很聪明有志气，就对俞大猷说："老夫曾得异人传授，通晓少林棍法，你可愿意学，将来报效国家？"

俞大猷很欢喜，马上拜李良钦为师学功夫。一个愿意真心教，一个愿意尽心学，经过勤学苦练，俞大猷终于将少林棍法学到手，有了真本事。

有一次，李良钦和俞大猷对练少林棍，李良钦叫俞大猷大胆出手，真刀真枪进招，要试他的功夫深浅。俞大猷起初不敢真实落力，李良钦一面步步紧逼，一下赛过一下猛，一面叫俞大猷放手还击。俞大猷激起勇气，施展出全部所学的少林棍法。毕竟师父年老，徒弟少年，李良钦居然不是俞大猷的对手。

李良钦十分宽慰，说："果然是青出于蓝而胜于蓝，后生可畏！徒儿的少林棍法已在为师之上，将来必定会成大器！"

后来，俞大猷又吸收刘邦协、林琰的棍法，再取山东、河南杨家枪之妙招，使自己的少林棍术无敌于天下。同时，俞大猷熟读兵法，成为文武双全的将才。

1561年，俞大猷路过河南嵩山，想起恩师所传的

杨家枪 全名为"杨家梨花枪"，《宋史》卷四七七《李全传》载"二十年梨花枪，天下无敌手"。在明代，杨家枪的名声很大，被誉为最上乘的枪法，古代兵书《武编》《纪效新书》《阵记》等书中均有记载，是为当时山东等地专习。

207

独步天下

华夏神功

■ 俞大猷征战图

强身健体的中国功夫

■ 少林棍法

蛟龙 蛟和龙是两种不同的生物，蛟龙是蛟和龙相交而成。龙是我国传说中的一种善变化、能兴云雨、利万物的神异生物，为众鳞虫之长，四灵之首。其名殊多，有鳞者谓蛟龙，有翼者称应龙；而小者则名蛟，大者称龙。蛟龙若遇雷电暴雨，必将扶摇直上腾跃九霄，成为凌驾于真龙之上的神龙。

少林棍术出自嵩山少林寺，饮水思源，便到少林寺拜候。在寺内，俞大猷看少林寺武僧练武，特别注意少林棍僧的棍术，发现和师父李良钦所教的少林棍似是而非，相差很大。再认真比较一下，觉得比自己掌握的少林棍法差很多，不像是少林寺的真传。

俞大猷心里疑惑，便去拜会少林寺住持小山上人，向他请教。小山上人敬重俞大猷是朝廷命官，又是战功赫赫的武将，就集合全寺所有精通棍术的千余武僧，各人尽展功夫，演练给俞大猷看。

小山上人本来以为俞大猷看了一定会口服心服，大大奉承鼓励一番。哪知俞大猷看了，摇摇头说："下官也粗通少林棍术，只是与众位师父所练的没相同。若不嫌弃，下官愿意献丑，请各位师父指教。"

众武僧看见俞大猷要切磋武功，立刻叫好。

俞大猷将外衫脱掉，拣一支长棍，掂掂正合手，就踏马势出棍，"呼！呼！呼！呼！"将平生练就的少林棍法施展出来。只见他有进有退，有跳有闪，忽左忽右，忽前忽后，攻中有守，守中有攻，将一支长棍舞得像出海蛟龙，矫健盘旋，上下翻飞。看得少林寺众武僧眼花缭乱，齐声喝彩。

不但众武僧口服心服，小山上人也大开眼界，知道自己寺中少林棍术已失真传了，因此，就恳请俞大猷传授，众武僧也诚恳请求。

南北少林本是一家，俞大猷为众武僧求艺心切所感动，也感到自己有传授少林棍真功夫的责任，就答应了。

俞大猷告诉众僧，学习棍术必须掌握总诀，即刚柔、阴阳、攻守、动静、审势、功力等动作的灵活运用，而这些总诀，非经数年苦练是不能领会的。

但是，俞大猷军务在身，延误不得，学好武功，又非一朝一夕之事，所以就和小山上人商量挑选两个条件最好的武僧，一个叫宗擎，一个叫普从，跟俞大猷南下，随军学艺。

俞大猷的棍法集合了阵上交锋的百战经验，十分注重实用，宗擎和普从两个一直跟了俞大猷3年，把这种棍术基本学会了。俞大猷见他

少林棍法

们技艺已成，就让他们回了少林寺，将棍法传给了其他武僧。

宗擎和普从返回嵩山少林寺，哪知普从突然不辞而别。宗擎和尚回到嵩山少林寺，尽心尽力传授少林棍术，经过十几年的努力，教出了上百个高手，擎宗也成为一个受人尊敬的高僧。

俞大猷回传少林棍，亦成为武林中的佳话。

据说，10多年后，有一天，俞大猷在北京城里的军营中又见到了宗擎和尚，原来宗擎是专门来向俞大猷禀报少林寺武僧习练棍术的情况的。

宗擎说，现在已经有百余人深得"俞公棍"要诀，看来这精妙的棍术在少林寺内不会再次失传了。

俞大猷很高兴，后来还答应了少林寺僧为寺里新建的"十方禅院"撰写创建碑记的请求，欣然提笔，写下《新建十方禅院碑》，把自己与少林寺和少林棍的这段渊源记了下来。

阅读链接

俞大猷不仅回传了少林棍法真功，还利用公务之余，把他少年时跟师父李良钦学的少林棍，结合自己多年演练的体会和临阵克敌制胜的经验，写成一本书，名为《剑经》。因为俞大猷是将棍当作长剑，剑经就是棍经。

《剑经》一写出来，俞大猷的少林棍法就天下闻名，称为"俞公棍"，《剑经》也成为明代以来的武术经典。

扁囤和尚发扬少林棍法

扁囤和尚，或作匾囤，名悟须，字无空，号扁囤，为明代著名禅师和武僧。俗姓陈，是河南禹县人。

他20岁时出家少林寺，很快深得禅学要领，在京城讲法，名震京师，同时，他武艺高强，承其师父所传棍法，曾救人于苗族山寨，苗族人把他尊为神。

据《扁囤和尚碑》中记载，扁囤刚进入少林寺时，礼梵僧哈麻为师，请求法名。

师父回答："道本无形，

扁囤和尚画像

强身健体的中国功夫

少林棍法

何名之有？"

扁囤非常不甘心地说："三世诸佛，皆有名号，弟子安得独无？"

师授一《心经》，读至"五蕴皆空"，豁然大悟。道："身尚是幻，何处求名？"

有一日，他手编大囤于师父前。师父指着囤对他说："扁囤是汝名也。"

扁囤回答："既名扁囤，内也无空？"

师父微笑着说："教外别传，方契此语！"

同时，扁囤广传《大阿弥陀经》，得到"乾没哪塔"的称号，这是和尚的一种荣誉称号。

同时，在武学方面扁囤和尚是以少林棍法著称，并创立了多种少林棍法，发展、完善了少林的棍法体系。

虽然自古以来，武术史家都认为武艺宗于棍，但并未说明少林棍的来源是什么。少林武僧为何崇尚和擅长用棍，这里有着深厚的历史渊源。

早期少林武术很重要的一个作用就是保护寺院。早在隋末之时，少林寺因隋文帝赐地660多公顷而成为拥有庞大田产的庄园。隋末大乱，少林寺成为山贼为夺粮而进攻的目标，因而寺僧为了保护其既得的利

隋文帝（541—604），隋朝开国皇帝。汉太尉杨震十四世孙。他在位期间成功地统一了严重分裂数百年的中国，开创先进的选官制度，发展文化经济，使得我国成为盛世之国。杨坚被尊为"圣人可汗"。

益，开始组织僧兵武装来保护寺院。

在使用兵器时，由于少林寺为佛教寺院，"慈悲为怀"乃是僧人行动的准则。这样，僧人在反击时不能以"杀人"的冷兵器如刀、枪、剑、戟作为武器，因为这有违教规。于是僧人便选择了平常并非杀人武器的棍。

因为棍不仅是日常最常使用的器具，作战时同样是具有杀伤力的兵器。同时，少林武僧喜欢用棍，与其生存环境有密切的关系。

少林寺处在嵩山深处，古时这里经常有狼虫虎豹等野兽出没，少林寺武僧生活在其间也不断受到猛兽的袭击，于是僧徒为了防身，便选择棍作为武器，以抵御猛兽的进攻。

所以，从那时开始，少林武僧就有出门带棍的习俗，这也是少林武僧用棍的原因之一。此外，少林武

戟 是一种我国独有的古代兵器。实际上戟是戈和矛的合成体，它既有直刃又有横刃，呈"十"字或"卜"字形，因此戟具有钩、啄、刺、割等多种用途，其杀伤能力胜过戈和矛。戟在商代即已出现，西周时也有用于作战的，但是不普遍。到了春秋时期，戟已成为常用兵器之一。

■ 少林武术

■ 少林六合棍法

僧把棍作为一种兵器，还有一个原因是棍最容易得到，也最容易制作。

少林阴阳棍是一套别具一格的少林棍法。传说由当时的抗倭名将俞大猷所创立。这套棍法是军队中骑兵棍法与步兵棍法合二为一的综合套路，因此称为"阴阳棍"。

少林夜叉棍棍法多变，以扫、拨、云、架、撩、戳、劈、舞花、挑、点为主要技法，尤其挑、点、戳棍法较多，体现了少林棍谱中讲的"三分棍法七分枪法"的棍法要旨，是不可多得的精华套路。

少林六合棍也是少林武术中的精华，由六种棍法绝招组合而成，故称"六合棍"。这个套路是两个人以实战为基础的攻防对打。其特点是：真打实战、短兵相接、棍法简捷、直取快攻、一招制胜。

少林六合棍一直是少林寺秘不外传的镇寺之宝，经过历代武术高僧的不断修正和完善，其棍法之精妙，已经达到炉火纯青的境界。

少林功夫棍是少林寺正宗传统器械之一，此棍是

阴阳 源自古代中国人民的自然观。古人观察到自然界中各种对立又相连的大自然现象，如天地、日月、昼夜、寒暑、男女、上下等，以哲学的思想方式，归纳出"阴阳"的概念。早在春秋时代的《易传》以及老子的《道德经》都有提到阴阳。阴阳理论已经渗透到中国传统文化的方方面面，包括宗教、哲学、历法、中医、书法、建筑、堪舆、占卜等。

隋末十三棍僧救唐王流传的棍法之一，技击性强，步法稳健，动作刚劲有力，在少林传统器械中有非常独到之处。

少林疯魔棍是少林武术体系中长器械的一种，是一套风格独特的棍术套路。该套路舒展大方，走架灵活，身棍合一，主要以扫打点挂、抢劈拔架、舞花挡挑为主，其动作快慢相间，技击性强，是一套难得的棍术套路。

少林烧火棍是少林寺稀有棍术之一，被尊为"艺中之魁"。此棍又称猿猴棍和猿猴棒，动作简洁明快，质朴无华，颇具实用价值，有"练好猿猴棒，走遍天下没人挡"之说。

少林烧火棍的主要动作特点是右脚提起、左脚蹬地跳起，然后右脚落地，左脚前落，脚前掌着地成左虚步；同时右手持棍在体前向左向前向后绕拨一圆圈至身后棍端挂地，左手屈肘手心朝内由下向右上经脸部左格至左肩，小臂内旋成刁手。

少林镇山棍也是自古相传下来的，是我国宝贵的传统文化遗产，由于历史的久远与沧

猴棍 我国武术文化中富有传奇色彩的兵器，又称金箍棒，其动作内容主要模仿猴子生活习性，配以武术棍法中技击招式，组成一套别具风格的武功绝活儿。其中练习时变猴形要耸肩。

■ 少林棍法

■ 少林棍法

明英宗 （1427—1464），明朝第六位皇帝。9岁即位，年号正统。曾经亲征被俘，其弟朱祁钰被拥立为帝，改元景泰。后英宗被释回京，软禁于南宫。后来发动夺门之变，英宗复位，改元天顺。庙号英宗，谥号法天立道仁明诚敬昭文宪武至德广孝睿皇帝。死后葬于十三陵之裕陵。

桑，终以"武道家学"的形式承袭保存，可谓尘封已久，实为珍贵。

该棍法招招有势、势势有法、法法有用、奇绝古拙、长短兼用、势法齐整。在实战中，有拨、拦、圈、拿、绞、缠、撩、挂、挑、截、封、压、轴、击、扫、劈等技法。

少林齐眉棍是我国武术长器械的一种。齐眉棍立棍于地，棍高以眉齐为度，舞动时可大蹦大跳，灵活多变，棍声呼啸，气势极为勇猛。

扁囤是当时著名的神异高僧，关于他的事迹，后世资料有许多，主要有三种：一是1748年，《少林寺志》收录有"匾囤和尚碑"，明英宗曾孙新昌王朱厚尊撰文，时在1568年；二是"匾囤禅师行实碑铭"，直隶安庆府通判承德郎杜栾所撰写，1569年立石于少林寺塔林；三是20世纪初的《峨眉山志》中"匾囤禅师"传文。

另外，1692年《云南鸡足山志》"匾"条：

> 和尚不知何许人，居百接桥东土龛。
> 日惟种匾，夜则跏趺，常以草为席，趺坐其
> 中，形稍匾，故人呼为匾和尚。人传师持紧
> 那罗王神咒。是夜盗数人旋绕旁，至晓，迷
> 惑不得去，盗叩头求释，师以手挥之乃去。
> 鼓山常有妖出，人不敢行，师以咒制之，妖
> 遂息。山中僧众竖降妖坊于法华庵旁，今故
> 址尚存。

1563年，匾囤拟重返峨眉山。乘船行至夔州白帝城时，他说："道旷无涯，逢人不尽。"

遂登岸端坐而逝。徒孙普明、普云等人将他归葬

■ 少林棍法

于少林寺。而普明就是主持修建"十方禅院"的人。

扁囤和尚圆寂之后，普明等说："少林，吾师发身之地也。"

遂列瘗少林之祖茔，也就是著名的少林塔林，建塔安装，称"扁囤塔"。

扁囤塔位于塔林东北部，建于1565年仲秋，为藏式佛塔，塔底部为六边形，塔身为鼓状体，前部有正书额文，刻"乾没哪塔扁囤和尚灵塔"，乾字已湮灭，后无塔铭。

塔上部为六边形，每边各有一神龛。其顶为石制塔刹。塔身风化严重，向北方倾斜。塔前有扁囤行实碑。扁囤塔是塔林中造型较为独特的塔之一。

强身健体的中国功夫

阅读链接

明代时，著名武术家程宗猷根据扁囤和尚的事迹，著有《少林棍法阐宗》，这是最真实可信的少林棍法著作。书中介绍了小夜叉、大夜叉、阴手、破棍等少林本门棍法，并对自己在明代万历年间初入少林寺习武十几年的经历予以记载。

从书中可以得知，程宗猷去少林寺是为了学习棍法，而他之所以选择少林寺，就是因为听到了紧那罗王创少林棍的传说，但当他入寺后才知道，紧那罗王的故事其实并不属实，但幸运的是，他得知了少林棍的真正创始人。

程宗猷《少林棍法阐宗》一书中言道："棍尚少林。"而明代武术家茅元仪的《武备志》更有"诸艺宗于棍，棍宗于少林"之言。

相济以武会友创少林潭腿

明代正德年间（1506—1521），少林寺僧人相济禅师，亲自到山东临清龙潭寺巡访，与临清潭腿祖师昆仑大师后辈传人跃空大师相见，两僧将少林的罗汉拳与临清潭腿互换学练以留作纪念。

随后少林寺后人又将潭腿的拳架加以改动并添增两路，故称少林潭腿。

潭腿由于起源于山东省临清市龙潭寺，故称为潭腿。在临清，潭腿不但是一种功夫，而且还是众多功夫

少林潭腿雕塑

练习潭腿的武僧

的基础，练习其他功夫，就必须先修炼潭腿。

此外，很多孩子从小习武就先学潭腿。

相传潭腿起源与宋太祖赵匡胤有关：

五代十国时期，身为后周大将的赵匡胤，跟随周世宗柴荣南征北战，立下了赫赫战功，并且成为当时的禁军将领。

960年，继位不久的少皇帝柴宗训忽然接到战报，声称辽和北汉合兵南侵，于是赵匡胤带兵前往征剿，其中，就有潭腿的创始人"昆仑大师"。

据说昆仑大师本来是后周的王爷柴贵，因为手中握有兵权而被赵匡胤任命为先锋前往燕云地区。当时尚未出家的昆仑大师带兵抵达临清附近时，接到了赵匡胤陈桥兵变的消息。

了解赵匡胤的昆仑大师觉得，此刻如果回兵，以自己手下的区区千名部队，根本无法抗衡军力强悍的赵匡胤，于是他选择了遁入空门，终生不再过问是非。

由于昆仑大师出家前爱兵如子，因此他的部下对其非常钦佩，不少士兵仍愿意追随他，于是就定居在临清附近。

当时的临清有一个龙潭寺，昆仑大师便是在龙潭寺出家的。由于追随其的士兵较多，于是昆仑大师便将自己所学的功夫传授给了这些士兵，而这门功夫则以腿法攻击居多，又是在龙潭寺中所传授的，故而称之为"潭腿"。

潭腿创建后，立刻在鲁西地区引发了一股"潭腿热"，作为自古便有尚武之风的鲁西地区来说，潭腿的普及相当迅速。

另外，因为靠近大运河，这也使得鲁西地区的武术交流比较发达。很多商人雇了当地的保镖之后乘船沿大运河南下或者北上，这样一来，就把鲁西地区的功夫带到了外地，使得鲁西地区在当时已经俨然有了一种武林领袖的气质。

赵匡胤即位后不久，便发下皇榜文书昭告天下，举行全国比武大赛，以选出最好的拳种。结果，昆仑大师的徒弟们以潭腿一举夺得了当时的第一位，成为"宋代十八家"之首，并与串拳、大洪拳、小洪拳、华拳和少林拳并称为当时的"六大名门"。

皇榜 一般都是公布国家大事的公告。如皇帝登基，或者皇帝大婚，皇帝立太子，天下大赦之类的。皇榜由翰林院或者礼部写完以后，皇帝盖章，然后发布天下。在各个张贴处，有一个人专门读皇榜。

■ 少林潭腿

■ 常遇春（1330—1369），明代开国名将。元顺帝时归附朱元璋，自请为前锋，力战克敌，尝自言能将十万众，横行天下，称"常十万"，官至中书平章军国重事，封鄂国公，洪武二年病卒军中，追封开平王。

在随后的日子里，潭腿的名气越来越大，因为在两宋时期，其经济和文化的发展，已经达到了当时世界的一流水准，但军事力量方面却非常薄弱。在面对辽、西夏、金等国的大举入侵时，宋朝的军队难有胜绩，一些中原的武林豪杰开始自发抵抗。

在这些战斗中，潭腿以自己独到的特点，取得了不凡战绩。当时，辽、金的士兵在徒手状态下更擅长"摔"和"拿"等技巧，这种技巧最适合近身搏斗，而善于利用腿部攻击的潭腿，当时恰恰是克制近身肉搏的最好功夫，于是就成了对抗游牧民族的实战功夫之一。

潭腿克敌制胜，名扬天下，因此在两宋时期，江湖中学习潭腿的人很多。朱元璋手下的开国大将常遇春，就是当时的潭腿名家。到了明代，潭腿已然发扬光大。

在最初的潭腿中，有不少招式都是攻击敌人下肢的，比如，膝盖或者脚腕。人的膝盖和脚腕往往是最脆弱的地方，一旦受到重力袭击，就会失去重心平衡。既可以制伏敌人，又可以不伤他性命。

明代正德年间（1506—1521），嵩山少林寺的相济禅师拜访了临清龙潭寺。相济禅师的武功很不错，尤其擅长少林寺的绝学罗汉拳。而他此行前来龙潭寺的目的只有一个，那就是拜会当时龙潭寺的住持跃空大师。

原来，当年潭腿的创始人昆仑大师在开创潭腿时，只创下了十路腿法，经过多年的广泛传播，潭腿形成了多种流派。

原因很简单，每个学会潭腿的人都会根据自己的实战经验，对于潭腿进行修正，这也就造成了潭腿流派较多。但在当时看来，最正宗的潭腿莫过于龙潭寺的潭腿了。

相济禅师很快与跃空大师成了朋友，二人既可以谈禅论佛，又可以切磋武艺。也是在这个时候，相济禅师从跃空大师那里学会了潭腿，而作为交换，相济禅师也将自己的绝学罗汉拳教给了跃空。

后来两位大师在切磋过程中，又对潭腿进行了改进，尤其是相济禅师，他在原有的十路潭腿基础上，又融合了少林的内功，为潭腿加了两路，这也就是"十二路潭腿"的由来。

而学会了罗汉拳的跃空大师，也将罗汉拳的拳法，融会到了潭腿中，以此来弥补潭腿在拳掌功夫方面的不足。

融合了罗汉拳之后的潭腿，在上三路的攻击也非

内功 是对外功而言的。指通过气的练习而成的，练气讲究呼吸吐纳，多用腹式呼吸法，精神集中，循序渐进，从而达到锻炼身体内部器官的目的。武术中可以提高耐力、战斗力和极强的自我保护作用等。

■ 少林内功

常强悍，多以拳法中的劈、砸为主，使得对方难以还击。所谓"手是两扇门，全凭腿打人，潭腿四只手，人鬼皆发愁"。潭腿拳谱上说：

潭腿本是宋代传，出在临清龙潭寺。

临清潭腿共十路，十一、十二少林添。

头路出马一条鞭，二路十字鬼扯钻，

三路劈砸车轮势，四路斜踢撑抹拦，

五路狮子双戏水，六路勾劈扭单鞭，

七路凤凰双展翅，八路转金凳朝天，

九路擒龙夺玉带，十路喜鹊登梅尖，

十一路风摆荷叶腿，十二路鸳鸯巧连环。

拳谚说"练拳不练腿，如同冒失鬼"，因此潭腿也被看成是武术基础训练项目之一。潭腿之风格，动作精悍，配合协调；招数多变，攻防迅疾；节奏鲜明，爆发力强。

潭腿之技击，多上下盘同步出击之术，可令对手防不胜防。下盘发招讲究腿三寸不过膝，招式小速度快，攻时无被克之虞。上盘进击以劈砸招数最多，力度大，拳势猛。

除了普通的腿法攻击之外，潭腿门中也会使用器械，其器械主要以燕翅镗、牛头镗等稀奇古怪的兵器为主。

阅读链接

相济禅师以罗汉拳交换潭腿，是一种相互间的取长补短。

潭腿利用罗汉拳弥补了近身搏击的不足，而少林寺则利用潭腿修正了罗汉拳中远距离攻击的弱点。

更重要的是，少林作为当时的武学领袖，它对潭腿的吸收包容，恰恰也是一种推广。

少林功夫在清代顺治、康熙数十年间，即有"天下武功在少林"一说。当时的武功高手都自诩得少林真传。一些社会团体也借重少林寺的声望，并由转入南少林的一支，创立了洪门。

清代的少林名僧高手有铁斋、致善、致果、天虹、湛举、五枚、古轮、妙兴、贞续、德根等。

而真正令少林功夫名扬天下的，则是流传到民间的武林侠士，如洪熙官、方世玉、铁桥三、黄飞鸿等。

再创辉煌

癫和尚创立少林八极拳

癫和尚画像

1677年，陕西乾县漆水河畔的临平村，癫姓富裕之家诞生了一个男婴，父母非常高兴，因为当日天气晴朗无比，因此为之取名"蓝天"。

癫蓝天自幼喜爱拳械，尤其爱精研武功法略。同时，他博览群书，通晓天文地理、阴阳五行、九宫八卦。

1700年，癫蓝天隐姓埋名进入浙江境内一座小寺里削发为僧。他在寺内修行时，结交了很多武林同道，这为他研究武功法略提供了有利条件。

这段时间，癫和尚根据阴阳、八卦、五行的原理，按乾、坎、艮、震、巽、离、坤、兑八方，博采众家武技之长，熔为一炉，创出了内外兼修的八极拳。

癫和尚经过多年苦练，在寺内经常与同道切磋武艺，8年中无不应手取胜，受到众僧的钦佩和尊重，八极拳技从此闻名遐迩。

癫和尚为了进一步验证自己创编的八极拳技艺，于1708年春出门云游，他经常以"以武会友"的名义，并且装扮成疯疯癫癫的样子。

■ 菊庵师父图

同年的冬天，癫和尚来到了天下第一名刹的嵩山少林寺，他想试一试自己创编的八极拳技在天下武林之祖庭会有何收获，并想看一看少林武功有何独到之处。

在少林寺中，癫和尚遇见少林第二十四世武僧如容、如量两位禅师。如容为师兄，性情柔和，有大德之相。如量为师弟，外貌刚毅，性情孤傲。

他们于是商定下场切磋。如量性急，首先与癫和尚交手比试，几经周旋，癫和尚将如量禅师打得越战越心惊，他相继使出太祖长拳、六合拳、劈挂拳、洪拳等绝技，双方仍然相持不下。

这时，如量唯恐有失少林千年的声誉，大喝一声，被迫使出了看家拳招和少林"八步滚龙掌"，在第五步"翻身滚肠掌"发出来时，癫和尚大惊失色。

八卦 起源于人文始祖伏羲，表示事物自身变化的阴阳系统。用"—"代表阳，用"– –"代表阴，用3个这样的符号，按照大自然的阴阳变化平行组合，组成8种不同形式，叫作"八卦"。每一卦形代表一定的事物。乾代表天，坤代表地，震代表雷，巽代表风，坎代表水，离代表火，艮代表山，兑代表泽。

八极拳雕塑

当此之际，如容禅师呼喝一声，如量禅师不敢违背师兄命令，马上收招撤步，合掌当胸，说："阿弥陀佛，承让了。"

癫和尚也赶紧跳出圈外，他惊魂稍定后，于是立即合掌作礼，口诵佛号："阿弥陀佛，多谢师兄掌下留情。"

如容禅师微笑着说："阿弥陀佛，师弟过谦了，你所创的八极拳实有独到之处，如果不是如量师弟经验丰富，早就败在你的拳下，你们俩不分高低，我们也要好好跟你研究一下你创的八极拳呢！"

癫和尚心悦诚服，谦虚说道："不敢，不敢，小弟一定要向二位师兄多学少林的惊人绝招。"

从此，三位师兄弟朝夕相处一年余，三位武林高僧互相研练，取长补短，癫和尚把八极拳传给了如容、如量，如容、如量也将少林罗汉缠打、五夫掌、八步滚龙掌等精妙技法教给了癫和尚。

癫和尚在原来八极拳的基础上，更进一步将滚肠掌和五夫掌、翻身推掌、八步滚龙掌、少林罗汉缠打等招式融入了八极拳的大缠小缠和运功身法之中。

癫和尚离开少林寺后，如容、如量把八极拳视为上乘拳技传于弟子，从此八极拳在少林寺生根发芽，世代相传，武林中也从此有了少林八极拳一脉。

癞和尚在嵩山少林寺掌握了大量的拳术精华，于1709年云游，意欲寻找失散的亲人、武林挚友未果，其间在四川传艺于康姓，在河南传艺于张姓。

1720年，癞和尚云游至山东庆云县境内后庄科村，结识了庄主吴天顺之子吴钟，以技相授，吴钟继承了癞和尚的八极拳艺，后又经癞和尚的悉心传教，使枪技大进。

1735年，吴钟遵师嘱三打福建莆田少林寺大胜，得"吴神枪"之誉，吴钟回到家乡后，受到了亲友和武林同道的敬慕，吴钟也由此正式创立武术门户，仍以八极拳定名。

■ 吴钟武师雕塑

此后，吴钟曾被康熙帝第十四子恂勤郡王爱新觉罗·允禵召于宫中试艺，并留于宫中授御林军枪法和拳法，从此"南京到燕京，大枪数吴钟"之说震撼京城，越传越远，一时八极拳声名大振。

吴钟自立门户后，正式传艺只有其独生女儿吴荣、族侄吴钟毓和吴漳，因吴漳天资聪慧，体力过人，是个习武的好材料，加之为人仁义忠厚，又对八极拳极为崇尚，所以吴钟便把自己毕生所学全部传给了吴漳。

吴漳艺后遵师嘱在武术荟萃之地孟村正式立

八极拳

场，对外授徒，拳法名为开门八极拳，简称八极拳，后人又称孟村吴氏八极拳。

从此四方习武之人都纷纷前来跟他拜师学艺，几年之间孟村一带的武术场子均被八极拳占领了，尚武之风甚浓的乡民以习八极拳为时尚，孟村由此成为八极拳的故乡和发祥地，人们尊称吴漋为"漋爷"。

后人称"吴钟立门户，吴漋兴门户"，从此八极门人才济济，高手频出，声誉远播海内外，于武林中独树一帜。

吴漋正式开山门对外授艺后，他将八极架以六种形式传给弟子，此后便形成了八极拳初期的六种流派，这六种流派的首传代表人物分别是：吴恺、王长阳、张克明、李大仲、高明山。

230
强身健体的中国功夫

阅读链接

少林八极拳是广泛流传的优秀拳种之一。它具有雄威、刚健、暴猛等特点，更以硬拿、硬上、硬挤、硬抗、硬碰、硬撞六大开法，崩、挨、挤、贴、缠、抓、甩、肘、挂、按、砸、拨、架、挑、撩等手法，再加上踩、弹、踹、绊、钩、踩、蹬、踏等鲜明的腿法，而显得风格独特。

少林八极拳技击勇猛，速战速决，讲究以技制敌。拳谱有赞曰："八方来敌，八方击毙。"乾隆帝亦有"文有太极安天下，武有八极定乾坤"之说。

姬际可创少林心意六合拳

1602年，姬际可出生于山西蒲州，取字龙峰。姬际可自年少时，就在家塾里学文习武。他非常刻苦用功，又聪明过人，深得家长和老师们的喜爱。后来，姬际可在终南山访得名师，并得到岳武穆拳谱，加以苦练，姬际可精通大枪，据说他练"点椽功"时，骑战马，手握

姬际可大师

少林寺壁画

强身健体的中国功夫

千佛殿 少林寺最后一进大殿，也是少林寺现存最大的佛殿。因殿内绘有大型壁画五百罗汉而得名。殿内供毗卢佛，故又称毗卢阁。千佛殿明末重建。佛龛中供明代铸造的毗卢佛铜像。神龛后面北壁及东、西两壁，绘"五百罗汉朝毗卢"大型壁画，东壁是明代雕刻的阿弥陀佛玉石像。殿内地面上有48个深20厘米的陷坑，据说是少林武僧练拳习武的脚坑遗迹。清代朝廷禁止民间习武，少林武僧只好选择最隐蔽空旷的千佛殿习武。

大枪，每次就在乘马疾驰的瞬间，他总能刺中屋檐的下椽头。又闻"老年破流寇于村西，手歼渠魁，被人们号'神枪'"。

而且，姬际可有神拳之称，是心意六合拳、心意拳、形意拳的始祖，其间姬际可曾在少林寺学艺，故有源出少林之说。

姬际可在河南少林寺艺满之后，因武术精湛，便留在那儿教学，居留期间又对明代盛行于少林的五行拳深入研究。后有一天忽见两鸡相斗，遂悟其理而创心意六合拳。

此后，姬际可又将心意六合拳教与少林众僧。由于寺僧长期不断地在千佛殿内练内功心意把功，殿内地上被脚踩出了48个深深的脚坑。

清代席书锦于1894年编撰的《嵩岳游记》，记述了寺僧在千佛殿习武留下印记的情况：

今后殿壁，绘罗汉手搏像。屋地下陷，深数寸，传为习武场。

从脚坑的深度看，它不仅表示练功时间较长，而且表明清代少林功法也是流传内功的。

清代道光年间（1820—1851），有一个海发和尚，在少林寺中精研"心意把"，他和弟子湛谟等到了偃师境内的少林寺下院石沟寺，这里地处深山，几乎与世隔绝，海发、湛谟和尚便在这里潜心修炼心意把，从而把这一少林秘功练到了最高境界。

到了石沟寺以后，湛谟为了练功，12年夜间睡觉就睡在一个长条凳上。

当时有吴古轮5岁出家少林寺，拜湛谟为师，取法名"寂勤"，后随湛谟到石沟寺习武，开始跟着湛谟的弟子们学些入门功夫。

当时湛谟的弟子都是藏在窑洞中练心意把，而练把最后须发声，声音吸引了年幼的寂勤，就好奇地趴

■ 少林寺壁画

皈依三宝 皈依的关键，在于其含义，而不在于其形式。皈依的意思是翻旧日之恶，依正道而得解脱。三宝指佛宝、法宝、僧宝。佛宝，指彻悟诸法实相，而能教导他人的教主，泛指一切诸佛。平日所见的佛像，因象征佛宝住持于世，而应受行者敬仰。

■ 少林拳术

在门缝偷窥。

他爱武成癖，悟性奇高，久而久之，在窑洞里面正儿八经练习多年的人尚未窥入门径，而在外面偷学的他已经开悟，对心意把已颇有心得了。

海发和尚和湛谟和尚得知甚奇，便把这孩子叫来，见其根骨资质奇佳，令其试着演练，果然颇得其法，于是开始正式教授。

寂勤从此一练几十年，他不仅得心意把真髓，还学得少林各种嫡传的拳械及功夫，技艺十分精绝。

清代同治末年，湛谟令寂勤一路打出少林寺，还俗隐居，以保存少林绝学。

寂勤还俗后使用本名吴古轮，将绝技传与其子吴山林，使少林绝技后继有人，对少林武术在民间的推广起了重要的作用。

寂勤83岁去世后，吴家世代以传承心意把为使命，历经万难，由吴山林传授于张庆贺，张庆贺将心意把传给丁洪本和吴家后人吴南方。

后令丁洪本皈依三宝，拜入少林寺住持素喜大师门下，法名"释德建"，终将心意把回归了少林寺。

另外，贞绪和尚任少林寺监院之时，曾把吴山林请到少林寺教拳3年。那时他曾把心意把的一些架势传给了一些武僧。

少林武术雕塑

心意把实则是练气练柔劲，旨在行气入腹，充实肌体，达到动显于外，点化千钧；静敛于内，祛病健身。心意把又名"锄镢头"，是少林寺僧人千百年来自耕自种，自食其力，在田间劳动时受锄地、掘土、摇辘轳等动作的启发，悟出的一些上乘功法。而姬际可将其融会，可谓水到渠成。

心意把仅一大式和几个侧式。只要练好了一个侧式，领悟其中奥妙，就可以变化无穷，发展成为一个武术流派。

练心意把重在心意，并非流于形式架子，而是讲求实用，不尚花架，足练心意、气力的无上法门。正如秘谱中道：

心意把，势法单，它系少林内功拳。

拐起毛篮掌宜吐，起落身法随意变。

起如举鼎提口气，发嗯声落如分砖。

运气宜顺为要旨，落下好似掘地般。

夜静练式意集中，形似白猿跳山涧。

运百会，达涌泉，行输丹田昆仑转。

通往中脘到膻中，三合以后抵劳宫。

气从两足向上提，气达周身用呼气。

起如举鼎低腭吸，落地分砖气呼出。

左右起步循环跳，亮翅展身腾丈余。

初练每时三十六，月后九九八十一。

天天如一千日连，功到气随走遍天。

强身健体的中国功夫

心意把武术

心意把练到高深境界，即达到了忘我、无念、了生死的无上境界。其要诀在于空，应达到三空，即心空、身空、目空。

心空则气闲神定，无所思虑，无所畏惧；身空则腾挪辗转自如；目空则一切不在眼里，达到无我无敌的境界，即所谓无虑也。

道本无相，弘之在人。练心意把时要明三节、四梢、阴阳、五行、六合，先将气调顺，排除七情六欲，演练要来回一线，不受场地限制，做到拳打卧牛之地。主练心、意、气，兼练下盘、轻功和身法、步法。

如快步，即一起前脚带后脚，平飞而去，原地翻身，起如举鼎，落如分砖，移闪腾挪，进退疾缓随身变。心意把虽然仅一个大式和几个侧式，但变幻莫测，身随意转，可应万变。发劲以粘滚为主，起落反侧都要浑身百节连贯，滚身而起。

心意把的练法，束滚身而起，摇膀，拧腰，横身，肘不离肋，七扭八拐，旋着转；内提外随，内外合一，束身劈打，如同龙腾虎奔之势。心意把练到高深境界，已不宜再与人动手争胜了，因它使的都是内力，伤人于无形之中，所以武德不佳之人，不能练心意把，否则伤人伤己，大违佛门慈悲之心。

心意把就是禅拳，首先要把握住自己，才能把握住别人。而且少林寺禅、武、医是相辅相成的，少林武功，功夫练好了才可以熟悉经络，精通医理，医理精通了又可以陶冶禅心武德，这正是禅通武达医理明，三者一点不可偏废，是统一体。

明末以来，少林寺出了上百位名医，都是文武双全、内外兼修的高僧。

心意把共一个母势十二大势，其名目有：亮翅把、反身劈把捶、进步劈把捶、移身把、斜势把、顺势把、反身推苍把、撩阴把、腾挪把、展翅把、推苍把、虎扑把。

少林心意把只有单势练习形式，无套路，直线往返练习。但小洪拳、金刚拳等多种拳术套路皆是修习心意把前的必修课程。心意把已化繁为简，故仅为十二单把。此为少林派秘不外传之技。少林寺白衣殿壁画正是心意把的演练图。

阅读链接

姬际可除了把功夫传授给6个儿子外，传人有河南马学礼和10多岁从姬际可学拳的山西曹继武，之后又把心意拳授予少林寺武僧，称之为"心意把"。

心意把历来是少林寺武僧们所渴望学到并掌握的护法秘技，但由于此法势绝妙无比，杀伤力惊人，加之得法不易，所以历来秘不示人，即使是少林弟子传授时也是慎之又慎，反复甄选。

买壮图传播心意六合拳

心意六合拳自山西蒲州姬龙峰得于少林寺后，姬龙峰膝下从学者众多，唯有河南洛阳马学礼独得心意六合拳的精髓。

后来马学礼艺成回到河南，传拳授艺。大约在清代咸丰年间（1856—1861），少林心意六合拳，由第五代传人买壮图传入周家口。

买壮图是河南省鲁山县西关人，生于1829年，他自幼从其舅父张聚学心意六合拳。据说由于张聚晚年丧子，怪罪练拳，不愿传授拳艺给外甥买壮图。但

六合拳雕塑

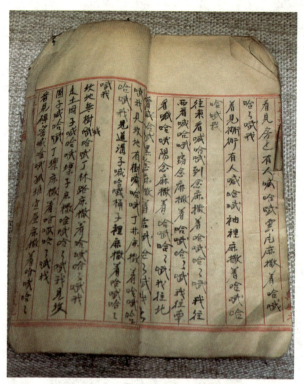
■ 古籍《心意拳谱》

又怕外甥的纠缠，就传授了一个"鸡腿桩"和"踩鸡步"给他，并对他说，如此练习3年后再来学习。

张聚以为外甥不能坚持下来，从此断绝学拳的念头。但是，没想到买壮图学拳之志坚定，每天在家门口的枣树下站桩，一站就是几个时辰，冬天身边的积雪都被他流下的汗水所融化。

买壮图在集上做买卖，每天从集上到村里的数里路上走过时，都用踩鸡步。

村人见他这般样子都笑，但他毫不介意。三年如一日总是这样坚持，结果功夫不负苦心人，他的桩功和鸡步功都达到了令人惊异的地步。

演示给张聚看时，张聚都叹服了，于是就把全部绝技都传给了买壮图。

买壮图一如既往地努力练习，最后功夫达到了入神的境界。

在心意六合拳发展史上，买壮图是一位承前启后、继往开来的人物。他创"买式四把捶"，将原有二十八式精减，仅留四手，广为流传。

买壮图（1821—1877），清朝末期著名武术家、心意拳大师。买壮图大师为我国武术事业做出了贡献，把心意拳完善为以爆发力为核心的优秀拳种。创编了"买氏心意四把捶"，买氏"心意六合拳"等套路，充分发挥了心意拳在武术技击中，以少胜多，以短敌长的功能。

240

强身健体的中国功夫

他以鸡形步与人试技，能发人丈余，随即又如影随形般疾纵而至接住对方不致丢失脸面。

为了生计，买壮图常年往来于鲁山与周家口之间做些皮货生意。

有一次，周家口回、汉两族群众之间因故发生规模较大的械斗，经买壮图出面调停后，事端得以平息。之后，当地回族群众在周家口西寨清真寺宴请买壮图。

买壮图当场表演了少林心意六合拳，其拳如虎之登山，如龙之行空，周家口著名回族拳师袁凤仪、武举人袁长青等皆为之倾倒。

其后，袁凤仪遂拜买壮图为师，学习心意六合拳。

袁凤仪练功刻苦，而且天分很高，深得买壮图的器重，毫无保留地将心意六合拳的秘传，悉数传给了袁凤仪。这样，袁凤仪虽然只跟随买壮图学艺4年，却已将心意六合拳练得炉火纯青。

袁凤仪的弟子中，有尚学礼、卢嵩高、杨殿卿、宋国宾等，其中以"周口三杰"尚学礼、杨殿卿、卢嵩高最为著名。

尚学礼，周家口沙河西岸人，自幼随袁凤仪学习心意六合拳，是"周口三杰"中的大师兄，以功力见长。据说他在练习单把时，能将数米之外的蜡烛打灭。

有一年，河南洛阳设"天下大擂"，广招英才，有一位姓张的拳师大洪拳练得出神入化，连续半个月在擂台上打败了十几位高手。

少林拳术

誉满神州

再创辉煌

■ 少林心意六合拳雕塑

正好尚学礼去洛阳办事，便赶去擂台，挑战该张姓拳师。上台后尚学礼先用"踩鸡步"走了数步，只见搭擂台用的木板步步开裂，想以此技威慑张拳师，使他能够知难而退，但张不为所动，依然直扑而上。用一"穿心腿"直踹尚学礼心窝。

尚学礼以深厚的抗打功力不让不避，直驱而上，用胸腹硬接了张一脚，并且口发雷声，张的身躯应声飞出一丈之外，重重摔倒。

张起来后再次用"侧踹腿"踹击尚学礼身体，尚学礼调步而避，迅速穿插到张的侧翼，以"怀抱顽石""搬双把"将张从胯下挑起，凌空过头抛下擂台。

尚学礼无子，尚青葵继承其技法，另授李豪友、穆廷斌、吕瑞芳、周作民、石耀如等。其中以李豪友最为著名。

杨殿卿，周家口人，"周口三杰"的二师兄，性格持重，待人和善，不到万不得已，绝不伤人。但出手快捷，善用"虎抱头"式以肘击人，故有"笑面虎"之称。

杨殿卿的"剪手大劈"也是一绝，不管对手以什么样的拳法从哪个方向打来，杨殿卿都可以以此动作

大洪拳 据说来自宋太祖赵匡胤习练的拳术六步架，另说上古伏羲造之，尧王则之，老之继之，是少林武功的基础拳种。凡练少林拳术、器械、短打、技击者，都从大洪拳起手，故素有"洪拳为诸艺之源"之称。

将人震飞。

杨殿卿晚年时曾有一次推小车到集上办事，途中不慎撞到一青年，该青年蛮横无理，对着杨殿卿的身躯猛击了几拳，杨殿卿安然无事，该青年回家后，手臂肿胀，数日不消。

该青年一打听原来所打之人是大名鼎鼎的杨殿卿，于是托人备礼来向杨殿卿道歉，杨殿卿遂赠其中药一帖，消其肿胀。

当来人问到为何挨打后不还手时，杨殿卿说："我们练拳的人，是铁打的，挨几拳不碍事。但是一般人像纸糊的，点破了就不好了。"可见其武德之高。

杨殿卿一生在河南传艺，弟子众多，比较著名者有杨洪顺、杨洪生、庆老恩、马贵龙、马孝山、郭希圣、杨响林、苏训魁、吕炳田、

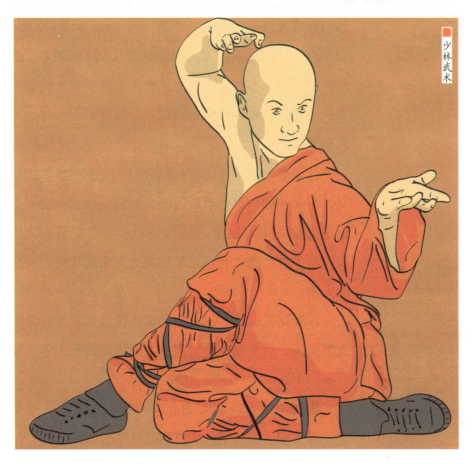

少林武术

■ 少林拳术

吕瑞芳等人。

卢嵩高，周家口人，他幼时练习少林派拳术，后在岔河口高家茶馆巧遇往来于鲁山、周家口之间做生意的心意六合拳一代宗师袁凤仪，从此专习少林心意六合拳。

自得名师传授后，卢嵩高深得心意六合拳之精义，十余年如一日，晨昏苦练，终成一代承上启下，继往开来的拳家巨子。谱传是心意六合拳第八代传人，是少林心意六合拳在发扬光大方面最具有代表性的人物。

卢嵩高艺成后，先在老师袁凤仪经营的万胜镖局充当镖师。后在湖北、安徽、上海等地传艺多年，最后定居上海。

从其学艺者较著名的有李尊贤、刘洪顺、于化龙、李书元、王效荣、李尊思、马晓凯、马义芳、孙少甫、陶自洪、王守贤、解兴榜、王蓝田、张兆元、凌汉兴、裴锡荣等。

心意六合拳的特点是由心生意，又由意转化为拳招，六合与心意相互联系结为一体，以心意支配行动，以六合贯串心意。

"心意六合"拳意为内三合、外三合，内三合为"心与气合，气与意合，意与力合"；外三合为"手与足合，肩与胯合，肘与脐合"。

心意六合拳的基本功是"蹚腿"和"四把捶"。"四把捶"即亲扑站、横拳、鹞子入林、鹰捉。其诀语曰："出手横拳势难招，展开中平前后销，转身挑领阴阳势，鹰捉四平足下抛。"

心意六合拳主要是模仿龙、虎、熊、马、猴、蛇、鹰、鹞、鸡、燕10种动物在追杀捕食搏斗时的动作，取其形，会其意而发展形成的拳术。特点是凶、狠、猛、疾、洒、刚、柔，擅长格斗。

心意六合拳的基本步法主要是依赖鸡形的体现，不管是寸步、过步、箭步、垫步等，也不管是进攻还是防守，都不能离开鸡形的根本特征。在心意门拳法技艺里面更是有"打遍天下老鸡形"的美

■ 心意六合拳

誉，这也是对鸡形步法重要性的体现。

锻炼鸡步蹚腿、鸡步掂腿是心意六合拳里锻炼基本步法和身形的主要方法，在实际盘练中二者又有各自的侧重点，鸡步蹚腿主要侧重于腿部基本功的锻炼，同时锻炼足踩膝撞等的一些技术，鸡步掂腿不但是心意六合拳基本腿法的锻炼，同时也锻炼了灵活多变的基本身形以及主要的进身方法。

买壮图所传心意六合拳是以鹰熊二式为变化核心，进攻像鹰、防守像熊，越此二式其拳艺失真。

卢嵩高在此基础上将心意六合拳分为十大把，分别是龙形格横、虎蹲山、鹰捉、熊出洞、踩鸡步、鹞子入林、猴缩蹲、夜马奔槽、燕子抄水、蛇拨草。心意六合拳所采十形，内寓六合，因此称为十大真形六合拳。

阅读链接

"心意六合拳"动作简单，内容丰富，功用无穷。"心意拳"集养生、健身、技击于一体，不论年龄大小，场地大小，均可盘练。

十大真形并非纯是模仿动物外形，而是取10种动物争斗特长充实心意拳内涵，即龙有搜骨之法、虎有扑战之勇、猫有捕捉之妙、熊有守洞之威、鹰有捉拿之精、猴有纵身之灵、鹞有侧翅之力、马有奔腾之功、蛇有拨草之巧、燕有取水之能。

练习时各个动作都有动物之真意，如：虎有扑意、猴有灵意、鹰有捉拿之意等。套路还有器械，如六合枪、六合刀、三节棍、两节棍、小镰子及对练等。

王文成首创少林螳螂拳

明末清初时，山东有个叫王文成的人，人称"王郎"，他去少林寺学艺，一练就是10年，精熟地掌握了少林拳路。为了探索各家拳法的奥妙，他走遍了北方四五个省。

有一次，王郎与人比试，斗败后在一棵大树下休息，苦思破敌之法。忽听得树上有蝉鸣，举目观看，见一蝉与一螳螂正在打斗，蝉虽六足不能胜螳螂两臂，蝉败于树下，螳螂迅速趋近而捕之。

王郎捉住螳螂，并将其带回少林寺，用草秸来挑逗它，螳螂则以一刀钩一刀打，转变有度，闪转灵

王文成画像

强身健体的中国功夫

十八罗汉 指佛教传说中18位永住世间、护持正法的阿罗汉，由十六罗汉加二尊者而来。"十八"是一个吉数，我国文化中的许多数量表达都用十八，如十八世、十八侯、十八般武艺、十八学士等。佛教中也有许多十八，如《十八部论》、十八界等，十八罗汉显然与这种"十八"情结有关。

活，王郎终日试之，而研究螳螂手法，观察其运用前两臂劈、砍、刁、闪的搏斗技巧，创出了钩、搂、采、挂、崩、劈、刁、截等技法，朝夕演练，将螳螂展现的功法悟彻，运用于拳理。

螳螂拳是少林寺正宗拳法之一，属于象形拳，在精神方面吸取了螳螂的意念高度集中、刚毅机智的气概；手法上吸取了它巧妙运用两个前臂进行钩、搂、挂、劈等动作时所表现出的快速灵巧；身法上吸取了它腰身的仰、俯、拧、旋的灵活多变；步法上吸取了它的踏实、稳固以及前后左右闪展腾挪的突跃等。

不久，即有人写出拳谱。第一篇为"十八罗汉短打序"，其中说：短打者，少林福居禅师所著也，注释详确，义理精通……并有"短打要论""八打八不打""长拳即短打，短打要长拳"，等等。练螳螂拳

少林螳螂拳

者"以此为总谱，或称为老谱"。

当时螳螂拳只有一种。以后一传再传，逐渐演变，遂分为三大派，分别为梅花螳螂拳、七星螳螂拳和六合螳螂拳。

梅花螳螂拳为山东威海都莲茹所传，以后传至全国各地，其拳偏刚，有人称为"硬螳螂"。身法要求：拧腰坐胯，意形并重，内外兼修。步型有马步、弓步、虚步、丁步、蹋步、路虎步、玉环步。歌诀："骑马登山吞托式，御敌跨虎姿。"称螳螂八势。

梅花螳螂拳套路很多，有牧童指路、白猿偷桃、崩步、拦截、梅花螳螂翻车、钩法、螳螂捕蝉、螳螂展翅、螳螂行、八肘等；器械有螳螂刀、枪、棍等。

其手法有掌、钩、爪、拳、指5种。手法概括有12个字，即提拿封闭、粘黏帮贴、来叫顺送，动作灵活多变，非常机警，进退自如，神形具备。

梅花螳螂拳各种劲法齐全，腿法与脚法有弹蹬扫挂、抄踹摆踢，以及反尖脚、斧刃脚和撩脚、杵脚、扣心脚等。

尤其突出肘法，套路就有四套八肘，其肘法有黏肘、叠肘、墩肘、拐肘、顶肘、转肘、扑肘、朝天肘、掀肘等，何止八肘，只不过叫八肘而已。

螳螂拳之小臂由肘到小臂尺骨及臂之顶端部位，在技击手法上皆称为肘，这样肘法就更多了，如臂肘、弥肘皆是。

谱上说："全身十二捶，闪赚双手扣。"其十二捶是："头脚手肘肩膀膝胸背腹臀心。""扣"者如纽扣之扣。故又有"采衣人扣"之说。真可谓全身是打，无处不打。

故梅花螳螂拳为长短具备、刚柔相济之拳术，技击性很强，属于短打类型的拳术。行功歌诀：

子午卯酉昼夜还，烧酒房事不可贪。

轻击重打有先后，日将月就勿间断。

昔日依此成罗汉，我辈学来做奇男。

千锤万炼犹嫌少，何惜工夫一百天。

　　七星螳螂拳据说为姜化龙所传，与梅花螳螂拳的内容和技击特点大同小异，其练功方法，以七星步而得名，强调七星式，实为7个部位，即头、肩、肘、拳、膝、胯、脚作为7种技击手段。

　　有七星拳、崩步、拦截、梅花辘、梅花拳、白猿偷桃、白猿出洞、白猿攀枝、扑蝉、八肘、摘要等30余套。器械套路有刀、枪、剑、棍、拐子、流星、三节棍、大梢子、大刀、双钩等。

　　七星螳螂拳劲法偏刚，亦有柔劲，是刚柔相济的劲法。有长手有短手，其长可放长击远，其短有肩肘胯膝。腰为轴，以胯为核心。

　　七星螳螂拳法之主要特点：朴实、明快而有力，不招不打，招之即打，连招带打。真所谓"不招不架就是一下，招招架架一连十下"。此是螳螂拳拳法、技击上总的要求。欲达此目的非一日之功。

　　六合螳螂拳是以山东招远县穿林家林世春所传的螳螂拳，因林世春以农为业，传人不多，林之师魏三，因其左手食指中指与无名指、小指有蹼相连，人称为"鸭子巴掌"。

　　六合螳螂拳与其他各种螳螂拳相比较，有明显的不同之处。由外形上看偏柔，由套路上看以暗刚暗柔劲为主，很少有爆发力，其劲多为内含，故有人称为"软螳螂"。

　　六合螳螂拳在身法上要求，既不同于太极拳的含胸拔背，又不同于长拳的挺胸收腹，也不同于八卦掌的紧背空胸。而是要求胸宽腹实，松肩探膀，腰如钻杆，手似机轮。并要求内外兼修，意形并重。

　　步型步法有弓步、马步、提前拖后步、前摆步、后摆步、三角

强身健体的中国功夫

步、滑步、闪骗步、坐步、流水步等。

其坐步近似形意拳的三体式，左右闪骗步、三角步近似通臂拳的步法，灵活多变。

其中的提前拖后步是前脚一收，足跟提起，速大步前进，后脚拖进，非常快速向前逼近，前后摆步随身转动，向外门逼近。

手型有拳、掌、指、钩、爪5种。握拳时中指凸出即尖拳又名锥子捶。手法上有十六字，即钩搂刀采、崩砸挂劈、粘黏贴靠、闪展腾挪，并多缠绕旋转及风扫劲的手法。所以说有"鲤鱼扫尾，棍牛鞭之"的劲力。

腿法弹蹬扫挂、抄踹摆踢，以及反尖脚、斧刃脚等。而"玉环步""鸳鸯脚"相传得自于北宋武松的真传，在技击使用手法时突出表现快近严密，手手连环，连击不止，是技击性很强的一种短打型拳术。眼法要求手到眼到，有"神似猫捕鼠，眼若鹰捉鸡"的说法。

少林武术

六合螳螂拳之所以有人称为"马猴"螳螂，是因为其动作似马猴，两臂松柔而长，松肩探膀，放长击远，故有"马猴形象、螳螂技巧"之说。演练起来绵绵不断、一气呵成，非常连贯紧凑，亦很舒展大方。

六合螳螂拳套路有：三捶截手圈、仙手锛、铁刺、叶底藏花、照面灯、双封、镜里藏花、短捶等。

六合螳螂拳的劲法，以暗刚暗劲为主，但不是完全没有爆发力。分析起来其劲法是比较全面的，包括有20余种劲法，分为两大类，即主劲与辅劲。主劲有明刚劲、暗刚劲、明柔劲、风扫劲、缠封劲、锯挫劲6种。辅助劲有长劲、短劲、粘黏劲等19种之多。

道光年间（1820—1850），平度县崔家集李家庄李之剪得遇异人传授其少林螳螂拳术，武艺学成后设镖局于济南，盛名远播，有"闪电手"和"快手李"之美誉，毕生英名不减。

光绪年间（1874—1908），李之剪告老还乡后，由南至北访友归籍。因晚年无嗣，李之剪遍觅贤者以继承其技，至福山闻听王云生善拳法，登门访之，了解王的门户后，叫王演习观之不赞一语。王不服与之较技难于招架数败，于是拜李之剪为师，数年尽得其技。

阅读链接

"玉环步，鸳鸯脚"多是连在一起的，玉环步鸳鸯脚按拳谱要求应是：四面缠绕，上下旋转；如蜻蜓点水，似蝴蝶穿花；式疾手灵，步轻身活；发如弹，定如山，柔似春风拂柳，刚如铁锤击石。

蔡玉明完善少林五祖拳

明清时期，南派少林功夫已在闽南地区广泛流传。作为南派少林拳门系中主要拳种太祖拳的一代传人、五祖拳发展史上的一代宗师，就是蔡玉明。

蔡玉明，原名蔡谦，又名怡河，字玉明，号汝南。生于1853年。晋江罗山大浯塘村人，后迁住邻村蔡氏族人聚居地的罗山帮尾村。

蔡玉明幼年随父迁居漳州谋生，在漳州开设

■ 蔡玉明雕塑

少林五祖拳

马超兴 生性好武，因仰慕南少林武功而辗转进入福建少林寺皈依佛门。他天性聪慧，肯吃苦用功，武功快速精进，因不堪寂寞，且自恃武艺精湛，期限未满便欲私自下山。闯越"十八铜人阵"时，右手中指被打断，因此得了个"九爪和尚"的诨号。

"怡丰"酱油店，蔡玉明自幼资质聪慧，从小就立下了自强之志，决心习武，其父曾经聘请河南拳师何阳教蔡玉明少林五祖拳。

少林五祖拳也称为南少林五祖拳，本发源于泉州少林寺，是南少林武术体系中主要的代表拳种，居福建武坛七大拳种之首。

相传，清代乾隆年间（1735—1796），泉州少林寺曾被焚于大火之中。其寺僧几乎全部覆没，只幸存5位清字辈的和尚：清草和尚蔡德宗、清芳和尚方大洪、清色和尚马超兴、清如和尚胡德帝、清生和尚李释开。

这5位和尚逃离后，继续以传教少林武术为使命。于是这泉州少林寺的南少林拳术就传播于民间。这5位和尚被尊称为"少林五祖"，故其传播的南少林拳术就称为"五祖拳"或"少林五祖拳"。

蔡玉明刚成年时，父亲便病故了，他继承了有7间铺子的酱油店，家境宽裕。为了继续钻研技艺，蔡玉明豪爽慷慨，接纳四方同道，切磋拳术，在江湖上有"小孟尝"之称。

有一次，有人演习了一套"连城拳"，蔡玉明非常赏识其中一些招式的刚柔之法，就将那人留在家中虚心求教，直到把整套拳学下来，并在以后整理少林五祖拳时，将这套拳法的风格融入，仍取这一种名为"连城"。

清代光绪年间，蔡玉明考中武秀才。但他淡于名利，无意仕进；一心痴迷于武技的学习，拳术的精进。他广交武林朋友、江湖同道，谦虚求教于各个拳种的名师高手，勤学苦练、锲而不舍。

胸怀武术大志的蔡玉明，深知欲求拳术的精深造诣，需要通晓南北拳派的拳技特色，取他人之所长，补自家之所短。

为此，青年蔡玉明为进一步钻研拳术，托人代理

255

誉满神州

再创辉煌

■ 少林武术

铁砂掌 亦少林寺之秘传，其法实脱胎于一指禅功夫。是将铁砂浸入特定药材后，再置入麻袋中，然后透过功法练习而来的掌上真功夫，可攻可守，练久后，可劈砖裂石。铁砂掌功法能使双手力大无穷，有强筋健骨、流畅气血、提高内脏的功能，祛病延年的功效。

酱油店生意，自己带足盘缠，毅然离家北上，遍寻武林之乡，投师学艺，结交四方同道朋友，广泛切磋交流，直至中年才返回家乡。

蔡玉明在游历期间，一心探究其他拳派的功夫，以博采各家之长。

经10多年精研，蔡玉明吸收白鹤手、齐天指、太祖足、达尊身、罗汉步的优点，融于少林五祖拳法中，渐渐使少林五祖拳成为内外功夫较为系统、完善的拳派。

蔡玉明回到家乡后，为光大五祖拳派，他受聘为泉州府教头，并在泉州城里开设"龙会""圣公"两家武馆，开馆授徒，以武会友。

当时，泉州府有个著名的太祖拳师林九如，被称为"闽南五虎"之首，身材高大，膂力惊人，练就一双铁砂掌，所向无敌手。蔡玉明到泉州后，便邀林九如以江湖规矩进行比试。

林九如见蔡玉明瘦小不过百斤，不以为意，不料二人一交手，林九如便败在蔡玉明手下。

林九如深知蔡玉明比自己技高一筹，心服口服，要拜蔡

五祖拳画像

玉明为师。

从此，蔡玉明和五祖拳声名大噪，求学者接踵而至。少林五祖拳开始在闽南地区广泛流传，并随着闽南华侨在东南亚一带流传开去。

蔡玉明的学生众多，门下高手云集。经过蔡门师徒几代衍传，蔡氏少林五祖拳的弟子，可谓满门桃李盛开，硕果遍布于海内外。

闽南地区的人们对闽南武林中的"永春郑礼书，泉州枋尾鹤"之说仍记忆犹新。

"永春"，指咏春白鹤拳的名拳师郑礼书；"泉州枋尾鹤"，因蔡玉明家居泉州南门外罗山梧桉枋尾村，故称枋尾鹤。"鹤"，即指的是他首先创立的五祖鹤阳拳法。

蔡玉明数十年如一日，探究技艺，总结、提炼、升华，吸取诸多拳派之优点，从而使五祖拳法更加实用化，其技艺和理论更加系统化和进一步的完善。

继蔡玉明之后五祖门著名的传人有：九手满天星林九如，怪脚翻天豹魏隐南，钻天鹞子陈魁，金翼大鹏陈京铭，拳头布袋尤俊岸，凤尾手何海，等等。

此外还有武举人尤祝三，著有《中华柔术大全》一书；庄詹师，大古秧翁朝言；油条爽，江子霖，柯彩云，庄鸿钩，秀面虎沈阳德，等等。

少林五祖拳包括了太祖、罗汉、达尊、行者、白鹤五派拳术之精华，有其独特的风格和鲜明的特点。

太祖拳：相传为宋太祖赵匡胤传下太祖长拳

咏春白鹤拳 在唐宋已成体系又经1000多年发展完善的南少林拳械技法。其发劲原理系方七娘取白鹤"振翅弹抖"之劲与南少林桩马相互融合，形成上下呼应之力而别于其他南少林拳法。这一发劲特征遵循了俞大猷《剑经》"刚于他力前，柔乘他力后"的理论。

257

誉满神州
再创辉煌

举人 本意是被举荐之人。汉代没有考试制度，朝廷命令各地官员举荐贤才，因此以"举人"称被举荐的人。隋朝、唐朝、宋朝三代，被地方推举而赴京都应科举考试的人也成为"举人"。至明、清时，则称乡试中试的人为举人，亦称为大会状、大春元。

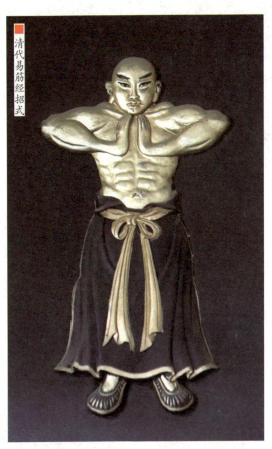
清代易筋经招式

三十二势，该拳之特点为：讲究姿势工整，气势雄伟，发拳刚劲有力，动作威猛，手法简练实用，变化灵活，逼靠快速，攻守于毫发之间。

罗汉拳：其特点为：以形寓拳，拳法紧凑，讲究寸劲和以气催力，刚中带柔，柔中有刚，步法稳健，注重身法，气派端正威武。

达尊功：达尊为达摩尊者的简称。为达摩祖师所传之《易筋经》与《洗髓经》的内养功法。注重运气吐纳，讲究以形导气、以意导气，专司气功。

行者：行者即源于齐天大圣孙悟空的猴拳，为仿生拳术，以形为拳。其特点为：身法灵活，出手快速，穿蹦跳跃、躲闪进退敏捷。

白鹤拳：以白鹤为形的仿生拳术。其特点为：技法多变，动作轻盈，走闪灵活，劲力刚脆，刚柔相济，以化柔见长。

少林五祖拳具有勇猛彪悍之形，雄伟磅礴之势；动作简练，拳势激烈，富有阳刚之美；劲力浑厚刚强，发劲讲究力催三关、运腰送肩，出拳要求以点着力，有"金刚劲"之称。

少林五祖拳强调运功发劲要与运气密切的结合，有独特的狮子吼运气法；步法稳健，要求"四点金"落地，十趾翘则足力生，兜前足以固膀胱，夹裆、束臀、提肛而锁真气。

少林五祖拳身形强调百会提则头挺，牙关起而项强，两肩坠而心胸守；手法讲究吞、吐、浮、沉；桥法讲究过、添、断、粘；拳法讲究重与快；腿法讲究低与冷。

少林五祖拳技法的应用上要求技不离中门，出手对子午，垂肘不露胁；运招要求招中藏招、招上变招；技击总诀要求：以静待动，后发而制人；以柔克刚，四两拨千斤；以速御迟，用快制敌；以虚击实，出其不意；以拙制巧，待时而发。

总之，少林五祖拳是架势较小、拳法多而腿法偏少的拳种；集形、法、气于一体，具养、练、修之功能；以刚猛著称而变化微妙，刚中藏柔，善于守而利于近攻短打。

阅读链接

"五祖"表示集中了五种拳派的特点，而其根是"鹤拳"，故保留了原有"白鹤拳"的名称；因其中渗透凤阳拳师的技法，故又称"五祖鹤阳拳"。

蔡玉明曾把少林技法也融会于五祖鹤阳拳里，故也称"少林玉明派"。其著名门徒有三支：

一为永春林九如。传其子林天恩及泉州崇福寺妙月和尚等，再传晋江周志强等。

二为南安沈扬德。沈氏早年出洋，侨居新加坡创办中华国术馆，至今盛传不衰。后传厦门新垵邱思德等。

三为厦门杨捷玉，在鼓浪屿创办鹤武国术馆，传技给柯金木，再传其子柯仲庆等。杨捷玉兼精跌打伤科，春满杏林、载誉为鹭岛，深受群众尊敬。

铁线拳咏春拳誉满天下

　　铁桥三于1813年出生，原名梁坤，广东南海人。年幼时就非常嗜武，少时拜少林名手金李胡子为师，平生好习拳技，游览各地，寻师访友，苦练少林武术，到了十四五岁，已经练得一身好功夫。

　　后来，梁坤有机会遇到洪拳巨子、名闻江南的福建莆田少林寺的觉因和尚，对他的武功非常景仰，遂拜其为师，入广州白云山能仁寺带发修行，在寺中学艺7年。梁坤既练功刻苦，又能恭敬侍候师父，很受觉因的赏识，觉因把拿手本领都传给了他。

　　觉因在110岁时圆寂，梁坤失去恩师后不想继续在寺中修行，于

少林寺武僧塑像

是离开寺庙下山。

据传说，有一天梁坤在长堤散步，见到有人在表演武术，围观的人非常多，气氛甚为热闹，纷纷扔钱捧场。梁坤见到是这种江湖武功时，心里颇有些不以为然，于是兴致大动也要比武，主动说也要给众人表演一番。

梁坤当场挑选了围观的6名群众，让他们吊在自己的手臂上走了好几百步，却始终面不改色心不跳。群众惊讶得简直不敢相信，都说他的铁臂是前所未见的神力。

■ 少林武术雕塑

凭着这一次偶然的机会，梁坤开始在广州扬名，很多人都想拜他为师，而众多家庭也都纷纷请他教授子弟。因为他在家排行第三，所以当时人便称他为"铁桥三"。

此后，铁桥三以一身武艺行走江湖，不仅广收门徒，而且经常资助穷苦子弟，行侠仗义。到清代光绪年间，他已经是名满南粤大地的武林高手，位居"广东十虎"前列。

铁桥三在广州期间，主要居住在海幢寺。他经常与寺中的和尚尘异、修己、智圆等人互授拳棍之术，切磋武艺。这个时候铁桥三已经创出铁线拳，他把自己的绝技悉数拿出来与众和尚交流，而寺中和尚也把鼠尾棍法传授给他。

光绪 清朝第十一位皇帝的年号。光绪帝一生受到慈禧太后的掌控，未曾掌握实权。1898年，光绪帝实行"戊戌变法"，但却受到以慈禧太后为首的保守派的反对。光绪帝打算依靠袁世凯囚禁慈禧，但反被袁世凯出卖，从此被慈禧幽禁在中南海瀛台。整个维新不过历时103天，史称"百日维新"。1908年11月14日光绪帝病死，年仅38岁，葬于清西陵的崇陵。

■ 咏春名师画像

广东十虎 清末时期广东省有10位武功极高、受人尊敬的武林怪杰。分别是：侠家拳王隐林、九龙拳黄澄可、铁砂掌苏黑虎、无影脚黄麒英、软绵掌周泰、鹤阳拳谭济筠、七星拳黎仁超、鹰爪王陈铁志、醉拳苏乞儿苏灿、铁桥三梁坤。

铁桥三最大的贡献是创立完善了少林铁线拳。铁线拳属于少林外家拳之内功手法，专为锻炼桥手之用，是铁桥三的绝技。

铁线拳是一套养生拳，以运动肢干、畅通血脉为主，具有壮魄健体、反弱为强的功能。其大纲分外膀手与内膀手二式，外膀手属外功，即手、眼、身、腰、马；内膀手属内功，即心、神、意、气、力。它以刚、柔、逼、直、分、定、串、提、留、运、制、订十二支桥手为经纬，阴阳并用，以气透劲，又以二字钳羊马势保固腰肾。

练此拳法要求动中有静，静中有动，放而不放，留而不留，疾而不乱，徐而不弛，无论男女老少，皆能习之，恒久练习，有祛病延年之效。

当时，广州河南富商蔡赞、富家子伍熙官等相继聘请铁桥三到家中教习。铁桥三利用这个机会，进一步加强了自己在武功上的修炼，同时还有意收了一些有天分的徒弟，例如，育善堂中医施雨良及孖指添、区珠以及林福成等人。

这些徒弟拜入他门下后，铁桥三都把铁线拳法传授给他们。铁桥三曾对众弟子说，铁线拳是洪拳至宝，弟子们一定要谨记在心，切勿滥传轻泄于世。他的首徒林福成后来把铁线拳传授给黄飞鸿，让这套拳法发扬光大。

铁桥三对武学之道从未感到知足，而是更加精益求精。当他听说新会的外海乡茶寇庵寺有位名叫意诚的和尚非常擅使五点梅花棍，不顾年老体衰，亲自前往讨教，直到把这套棍法都学到手才回到广州。

铁桥三在武术上博采众长，声誉传遍武林，进入老年之后身体却一直很虚弱，又因在海幢寺随圆光和尚苦练三十六点铜环棍，终于积劳成疾，1886年，铁桥三染病而卒，享寿七十。

■ 咏春拳雕塑

■ 严咏春雕塑

清乾隆年间，在广东省有一户姓严的人家，户主严二，曾是少林俗家弟子，严二妻早逝，只遗下一个女儿，取名"咏春"，生得花容月貌，少而聪颖，行动矫健，磊落有丈夫气。

严咏春自幼由父母做主，许于福建泉州盐商梁博俦。但不久严二因事被人诬告，为避官府通缉，唯有携咏春远走他乡。父女二人逃至人地生疏的川滇边区大凉山脚，严氏父女才觉松一口气，于是安顿下来，开了一家豆腐店，生活倒也算安定。

严氏父女因豆腐做得好，连居于山上的五枚师太也常常下山来购买，由此渐渐变得熟稔。

五枚师太是少林派弟子，而且还是少林白鹤拳高手。由于福建南少林被焚，她为了避祸，隐居于川滇边界的大凉山。

鹤拳是南少林嫡传武技之一。相传有一位少林僧徒名叫方慧石，避隐于福州沙莲寺，方慧石膝下有一女儿名叫方七娘，他就将全身的武艺传授给了女儿。

一天，方七娘正埋头飞梭织布。突然，一只白鹤翩翩飞翔，在她的屋顶盘旋俯视，最后飞到厅堂来，伫立织机旁边，仰头朝七娘凝视，许久都不肯飞走。

七娘见了，十分惊异，她顺手抓起梭盒向白鹤掷去。但见白鹤轻轻展翅，把梭盒子反弹了回来。

七娘又举起织布用的那枝竹砚策，朝白鹤身上打去。没想到白鹤一脚轻轻抖动，那竹砚策又被弹了回来。这下，可叫七娘倍觉神奇。

这一天，那羽毛丰满、白洁如雪的鹤鸟始终不飞走。夜幕降临，方慧石叫七娘端出白饭、番薯米，放在厅堂上喂白鹤。白鹤一口也没动，便栖息于厅中的神梁间。七娘和父亲无可奈何，只好各自入睡去了。

黑沉沉的夜，万籁俱寂。方七娘在酣睡中，不知何时进入了梦乡。金色的阳光沐浴着朵朵盛开的鲜花，清风吹来阵阵沁人心脾的芬芳，小庭院窗明几净，方七娘正挥刀练武。

突然，一个老翁出现在

神梁 即安放"大梁"之神姜子牙的主梁。传说姜子牙归国封神，众神皆已归位完毕，唯剩姜子牙无位可封，恰一抬头，发现了大梁，于是最后就封姜尚为大梁之神。过去在农村，每当房子即将建好的时候，要用红纸写上"姜太公在此镇守"之类的条幅贴在主梁上，以镇灾难。

誉满神州

再创辉煌

■ 少林绝技鹤拳

她跟前，那老翁笑容可掬地说："我乃白鹤仙人，今日特来相助。我有拳家正法，似刚非刚，似柔非柔，名曰鹤拳。你若愿意，我当全部传授给你。"

方七娘听后，真是喜从天降，高兴得连忙下跪，拜鹤仙为师。待她站立起来，那白鹤仙人已无踪无影，只听得和蔼的呼唤："我就歇在厅堂的梁上，天亮再见。"

方七娘醒来，兴高采烈地把方才梦见的一切对父亲说了。天一亮，父女俩就在厅堂上，跟着那只白鹤教练习拳。夜以继日地千锤百炼，不到几个月，方七娘成了远近闻名，独树一帜的白鹤拳能手。

方七娘日日练习，并将少林拳法熔于一炉，创出白鹤门拳法。白鹤门拳法内容分为四种：飞鹤拳法、鸣鹤拳法、宿鹤拳法、食鹤拳法。

后来，白鹤拳传至五枚师太，由于她是女人，学起来更加合适，遂成为其中高手。

美丽的严咏春，不但吸引了很多年轻人的目光，还引起当地一黄姓土豪的注意，他欺负严氏父女一老一弱，派人来强行说亲，并要挟他们说："如不定期过门，将会对你们不利！"

面有忧色的严氏父女，引起了五枚师太的好奇心，当知悉详情后，五枚师太见义勇为的侠义心肠油然而生。但由于自己的特殊身份，不便公然拔刀相助。她只好带走了严咏春，并让严父极力拖延婚事。

严咏春一心跟随五枚师太苦练，更巧的是，之前

醍醐灌顶 由佛教的醍醐喻发展而来。醍醐：酥酪上凝聚的油。用纯酥油浇到头上。佛教指灌输智慧，使人彻底觉悟。比喻听了高明的意见使人受到很大启发。后来也用以形容灌输智慧，使人彻底醒悟。

她随父亲严二练习的，正是少林白鹤拳，这样就更加顺当了。

有一天，严咏春正在练习拳法，忽见山间蛇鹤相斗，她看得出了神，豁然如醍醐灌顶，从而悟出拳术之道，并得五枚师太之修正，因而武功大进。

严咏春要求五枚师太为拳命名，师太则答道："你既名咏春，就将咏春命名此拳可也。"于是咏春拳之名正式诞生了。

严咏春艺成之后，又出现在了豆腐店中，而且风姿似乎更胜从前，黄姓土豪又来催促成亲。不想严咏春却提出了一个令人大感诧异的条件："要想娶我，除非将我打败！"

黄姓土豪力大如牛，曾学过三招两式，同乡人都畏惧他的身手，无人敢跟他较量。如今漂亮而体态婀娜的小姑娘竟提出这个"荒唐"的条件，他乐得掩口大笑。

可惜"荒唐"的并非严咏春的条件，而是比武结果：壮硕如牛的大汉，竟然被娇小玲珑的小姑娘三两下击倒在地。

当着众多围观者的面，黄姓土豪无话可说，只得答应从此不再骚

■ 咏春拳

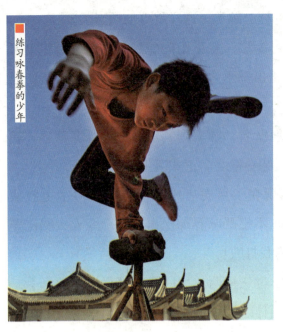
练习咏春拳的少年

扰严氏父女二人。也算这土豪守信，据说从此再无事发生。

之后，严咏春继续跟随五枚师太苦练这套新创拳术，至技成为止。五枚师太随后云游四方，在临行前交代咏春将这套拳技好好练习，并严守宗风，切勿随便外传。

后来，咏春做到了这一点，她并没有将这套武技外传，只不过传给了自己的丈夫梁博俦，据说其中还有一段有趣的故事：

梁博俦最初曾学过别家武功，故从来不认为自己那漂亮动人的未婚妻有多大的本领，直至洞房那晚他吃了苦头后才改变了想法。

洞房之夜，顽皮的严咏春给他的夫婿出了一个小小的难题：她将两膝夹起来，除非他能够分开她的双腿，否则休想动她分毫！

久练"二字钳羊马"的严咏春，这"钳膝力"可是全部下盘功夫所致，梁博俦又怎能奈何得了她？据说后来还是由他的岳父严二出面，才给他解了围。

从此以后，这位严咏春的唯一"学生"，不仅专心致志地跟她苦练，还将这套由太太处得来的拳术发扬光大了。

梁博俦因与红船中人友好，并常与其友梁兰桂、黄华宝及梁二娣等饮酒论技，于是有时更将咏春拳与华宝等人交换红船之名技六点半棍。及后更与华宝等人随红船漂流，在此期间，他们日夕钻研，苦心练习，不两年已尽得其秘奥了。

梁兰桂、黄华宝及梁二娣等可称之为咏春拳派之第三传。黄华宝60岁后隐居于佛山快子市青云街。快子市有名医梁赞行医于杏济堂，颇负盛名，佛山人称之为"赞先生"。而黄华宝与赞先生友善，且退休后长日多暇，乃至杏济堂与赞先生饮酒论技，并将咏春拳术，尽传于赞先生，这时已经到了清代道光年间。

梁赞不仅医术精湛，交游广阔，人缘甚佳，而且生性好武技，涉猎甚广，但并未令其满意，自随黄华宝习咏春以后，他即感到咏春拳在法度用力、身型和手法上，无一不是上乘之法；再凭其天资聪颖，苦心钻研，终使咏春拳更加完善。

然而，梁赞因店务缠身，未能广授徒众，能得其真传者，除其二子梁春及梁碧外，仅陈华顺一人。

阅读链接

能将少林咏春拳术一派推广者，首推叶问。叶问本为佛山名门望族之子，因年幼体弱，7岁便投入陈华顺门下学习咏春拳术，而陈华顺以其聪颖过人，勤奋好学，故经常亲自教授，而吴仲素则从旁协助，常与叶问过招，将咏春拳奥妙逐一指点，叶问因而武技大进。

陈华顺去世后，叶问随吴仲素苦练3年，比前更大有进步，时年不过15岁。翌年，叶问奉其父命来港就读于圣士提反学校，在此期间，得同学介绍，认识梁赞先生之子梁碧，并随梁碧修炼咏春拳术，尽得其学，且技更大进，而性情亦变为谦厚和蔼。

20年来，叶问对咏春之改善及推广，使咏春一派能在中国香港、台湾地区及世界各地得以发扬光大，声名大噪。

黄飞鸿少林神功四海扬名

黄飞鸿画像

黄飞鸿，原名叫黄锡祥，字达云，1847年生于广东佛山。黄飞鸿的父亲黄麒英是一位拳师，乃晚清"广东十虎"之一。

黄飞鸿6岁起就跟随父亲习武。当时家境贫寒，幼小的他就经常跟着父亲在广州、佛山等地卖武售药。

13岁的时候，黄飞鸿在佛山卖武的时候，遇到了少林高手铁桥三的首徒林福成，林见他禀赋奇佳，自然非常喜爱，传给他铁线拳、

■ 黄飞鸿纪念馆

飞铊等绝技，这为黄飞鸿奠定了日后成为洪拳大家的基础。稍后，黄飞鸿在宋辉镗处学得无影脚，武艺日臻精进。

1863年，黄飞鸿和父亲移居广州。因为他父子武艺高强，好打抱不平，非常受拥戴。

当地的铜铁行的工人们自愿集资，为他们在广州西关第七甫水脚开设武馆。因为黄飞鸿的名气，前来报名学艺的人络绎不绝。

从此，黄飞鸿广收弟子，结束了卖艺流浪的漂泊生涯。第二年，因为信服他的人品和武艺，广州果栏、菜栏、鱼栏三栏行中人联名聘黄飞鸿为行中的武术教练。

1866年，广州西樵官山墟的一家当铺在深夜被一伙歹徒打劫，谁知正逞凶之时，恰好遇到了黄飞鸿。黄飞鸿一人奋起搏杀，竟把这几十人全部击退，在

黄麒英 广东民间"广东十虎"之一，是黄飞鸿的父亲。黄麒英少时鬻技街衢，以卖艺求生。后得武术家陆阿采赏识，拜之为师，10年间练成武艺。艺成之后开设宝芝林开馆授徒。黄麒英以虎鹤双形拳的功夫著称。黄麒英把平生所学都传给了儿子黄飞鸿。

■ 黄飞鸿塑像

当地传为佳话。附近村镇地方的人们听说后仰慕不已，纷纷请他到自己那里教拳授徒。

有一次，有人对黄飞鸿说，在香港有一个洋人从国外带来一条大狼狗，这只狗非比寻常，个头像小牛犊那么大，而且凶猛异常。那洋人竟然在香港设下擂台，向华人发出邀请函邀斗。

黄飞鸿一听大怒，立刻拍案而起："他竟敢如此侮辱欺凌中国人！我一定要管！"

于是收拾行囊出发，直奔香港。擂台之上，黄飞鸿意气风发，几记"猴行拐脚"就把恶犬击毙在台上。台下欢呼雷动，洋人一见灰溜溜地逃走了。

1868年，在香港水坑口大篁地，小贩鹏玉被一个当地的恶霸欺凌，摊子被踢，人也被打得遍体鳞伤。黄飞鸿正好路过，见到以后自是伸手相助。

这家伙随即招来几十个同伙，手拿刀棒等凶械围攻黄飞鸿，黄飞鸿又怎么会惧怕他们？他赤手空拳，闪展腾挪之间把这帮人打得丢盔弃甲、仓皇逃窜。

1869年在佛山平政桥斗蟋场，正在为卢九叔做现

强身健体的中国功夫

四象 古人把东、北、西、南四方的每一方七宿想象为4种动物形象，叫作四象。四象在我国传统文化中指青龙、白虎、朱雀、玄武，源于我国古代的星宿信仰。在二十八宿中，四象用来划分天上的星星，也称四神、四灵。四象在春秋易传的天文阴阳学说中，是指四季天然气象。

场保镖的黄飞鸿被一伙歹人围攻，他大施拳脚予以严惩；有拳师向他挑战，黄飞鸿以一套"四象标龙棍"大胜对手的"左手钓鱼棍法"，此后又以礼相待，令对方心悦诚服……

黄飞鸿一生以弘扬国粹，振兴岭南武术为己任，对洪拳进行了较为全面的整理，并以飞砣入埕、采高青、五郎八卦棍、无影脚等绝技闻名，后世传下的主要拳术套路有工字伏虎拳、虎鹤双形拳、铁线拳、五形拳；主要器械套路有五郎八卦棍、子母刀、单刀、飞铊、行者棒、瑶家大耙、形意箫、挑等。

工字伏虎拳腰马稳健，桥手刚劲，法门紧密，进退有规。恒久练习，不必站马而腰马自坚，不必打桩而桥手自劲，是学习其他拳术、器械的基础。

虎鹤双形拳由黄飞鸿集各家之精华融会贯通而创立。套路中既取虎的"劲"和"形"，又取鹤的"象"和"意"。虎形练气与力，动作沉雄，声威叱咤，有龙腾虎跃之势；鹤形练精与神，身手灵捷、动作迅速，有气静神闲之妙，故称虎鹤双形拳。

虎鹤双形拳手形有拳、掌、指、爪、钩，手法有抛、挂、撞、插等，步法有弓步、马步、虚步、独立步和麒麟步等，步法讲究落

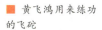

■ 黄飞鸿用来练功的飞砣

契丹 （907—1125），后改称"辽"。契丹本是游牧民族，辽朝皇帝使农牧业共同发展繁荣，各得其所，建立独特的、比较完整的管理体制。辽朝将重心放在民族发扬地，开创出两院制的政治体制。并且创造契丹文字，保存自己的文化。此外，吸收渤海国、五代、北宋、西夏及西域各国的文化，有效地促进辽朝政治、经济和文化各个方面的发展。

地生根，身形注重挺拔端庄。整套动作既吸取佛家拳的凌厉攻势，又吸取洪家拳的严密守势，拳势威武，刚柔并用，长短兼施，此为黄飞鸿一门之代表拳法。

五郎八卦棍法由宋代杨家将之一的杨五郎始创。五郎随父征契丹，后至五台山为僧，以枪化棍，棍法由太极生两仪，两仪生四象，四象生八卦，演变为六十四点棍法，符合内外八卦八八六十四之数，故名"五郎八卦棍"。

此棍法流传至黄飞鸿手中后，黄飞鸿将其融入南派武学功法精华，并由高徒林世荣发扬光大。此棍法长短兼施，双单并用，法门多而密，以圈、点、枪、割、抽、挑、拨、弹、掣、标、压、敲、击等14字为诀。风格朴实无华，结构严谨、威猛沉雄、利于实战，为南派上乘棍法之一。

不仅在民间，就是在当时的清朝廷，黄飞鸿也是声名远播。1873年，广州水师聘他为水师武术教练，随后提督吴全美聘他为军中技击教练。

1888年，黑旗军首领刘永福赏识黄飞鸿武艺高强、精通医术，聘他为军医官和福字军技击总教练，还向他赠送"医艺精通"的匾额。

后来，他在自己开设的医馆"宝芝林"门前，贴出了这样的告示："武艺功夫，难以传授，千金不传，求师莫问。"从此之后，他只行医不授武。

同时，黄飞鸿还将民间传统艺术醒狮进行挖掘、整理、刻苦训练，在原有的南派醒狮技艺的基础上，吸收融入武术舞狮的技艺，由高桩醒狮、民间武术梅花桩与南派民间醒狮套路相融合，并汇入当地民间风格特色，技艺高难，编排巧妙，融舞蹈、武术、杂技、力度、美学于一体，形成新一派醒狮。

黄飞鸿狮艺表演项目有传统鼓点表演，如七星鼓或三星鼓等，发展到醒狮表演如狮上高桩采蛇青、飞鸿八星阵等。狮子本来生活在地上，却非要让它爬高上下，在几根飞鸿八星阵柱子上又跑又跳，玩出惊

275

■ 黄飞鸿狮艺表演

单刀

险的花样，把人吓得气也不敢出。美其名曰"百业兴旺，步步登高"。

黄飞鸿的一生充满传奇色彩，他纵横江湖数十年，凭着过人的勇敢、智慧和绝技，身经百战，显赫辉煌，成为中外闻名的武术大师。他武艺高强且崇尚武德，推尚"习武德为先"，从不恃强凌弱，坚持以德服人。

黄飞鸿力主摒除门派之阂，能者为师，更是力排重男轻女之见，最先收授女弟子和组织女子舞狮队的武师之一。

他弘扬国粹、匡扶正义、见义勇为、扶弱助贫、济世为怀的风范，在武术界留下了许多脍炙人口的逸事，被世人广为传诵。

阅读链接

　　铁桥三及其弟子林福成、黄泰、黄飞鸿、林世荣等是洪拳中最大的一派。洪拳在明末清初传入广东，在广东流行甚广，是广东"洪、刘、蔡、李、莫"五大拳之首。

　　黄飞鸿随父黄麒英学习伏虎拳以及先辈以龙、蛇、虎、豹等的象形及特性创编的洪拳，并尽得铁桥三"铁线拳"的真传，又向苏乞儿学习"醉八仙掌"，创"无影脚""飞砣"等绝技。

强身健体的
中国功夫

南尊武当

武当功夫历史与文化

内家拳法

在明洪武年间，道教五大分支之一麻衣派传人火龙真人的弟子张三丰来到中南道教圣地武当山，在展旗峰结草为庐，修炼武功。

张三丰在武当山根据道家的太极八卦原理及阴阳调和学说修炼数年，创立了以太极拳、形意拳、八卦掌为主体的内家拳法，形成了武当功夫的雏形。

明永乐年间，张三丰的弟子大力弘扬道教精神，引起了明王朝的重视，促使朝廷投入巨大人力、物力重建武当山，使武当山功夫进一步得到发扬光大。

张三丰历尽艰辛拜真师

明洪武初年，即公元1368年，有一个仙风道骨、龟形鹤背、形貌奇特的道人来到道教名山武当山。此时的武当道观因遭受多年的战争摧残，四处都是残垣断壁，山上著名的五龙宫、南岩宫和紫霄宫已被战火焚毁了。

张三丰画像

看着眼前的荒凉景象，道人长叹了一口气，他攀到天柱峰拜过真武大帝，又来到展旗峰北陲盖了一座草庐，到山上拔了一些干草，就坐到草庵练起功来。这位道人名叫张三丰。

张三丰，俗名叫张子冲，又名全一、君宝，字君实，祖籍江西龙虎山，于南宋淳祐丁未年，即1247年出生于辽宁辽阳懿州。

张三丰自幼聪敏颖悟，骨器非

凡。但是，他在5岁那年突然双目失明，经多方求医都没有治好。当时，全真龙门派碧落宫主持云庵道长知道此事，特意上门要求收他为徒，并保证治好他的眼睛。

家人没有办法，为了孩子的前程，只好同意道长的请求。云庵道长携其出家后，一面给幼年的张三丰医治眼疾，一面以道学相授。

半年之后，张三丰的眼疾就被云庵道长医好。在道学方面，张三丰聪颖灵慧，过目便晓，尤其一读起太极方面的著作，更是废寝忘食。他有空时，还兼读儒释两家之书。七八年后，他通读了道教十三经，以及四书五经等儒学经典和诸多佛学经典。

张三丰得到云庵道长真传后，便奉师命回家了。1261年，他参加乡试夺魁，人们皆视其为神童，认为他的前途不可限量。但是，张三丰自幼便深结道缘，不慕名利，立志不于宦海中沉浮。不久，他便继续出家修道，云游寻访名师高人。

张三丰30岁这年，他来到崂山明霞洞后山的洞中潜心修行了十余年，参悟了一些道学之法后，又继续西行和南游寻师。他浪迹天涯，历尽艰辛，为的就是能遇到真正的道门名师为他指点迷津。

■ 张三丰雕像

儒学 儒家学说，或称儒教，是我国古代最有影响的学派。儒学是中华法系的法理基础，对我国以及东方文明发生过重大影响并持续至今的意识形态，儒家思想是东亚地区的基本文化信仰。儒学最初指的是冠婚丧祭时的司仪，自春秋起指由孔子创立的后来逐步发展以仁为核心的思想体系。

■ 云庵道长和张三丰

簪 即发簪，是指用来固定和装饰头发的一种首饰。《辞海》里有这样的解释：簪，古人用来插定发髻或连冠于发的一种长针，后来专指妇女插髻的首饰。发簪式样十分丰富，主要变化多集中在簪首，有各种各样的形状，如花鸟鱼虫、飞禽走兽等，常见的花种有梅花、莲花、菊花、桃花、牡丹花和芙蓉花等。

在若干年后，张三丰已经年过花甲，仍然没有寻找到心目中的高师。他抑郁地回到碧落宫拜见云庵道长，云庵道长此时已经90岁高龄，须眉皆白了。

云庵道长见高徒的到来，微笑着点点头说："为师就知道你会来的。你先在这里住几天，然后我再为你推荐一个去处。"

看着高徒渴望的目光，云庵道长接着说："我有一个师弟在宝鸡金台观当住持，你可以到那里去继续修行。"

张三丰在云庵道长处住了几天，便动身前去金台观了。在临别时，张云庵从头上取下竹簪，为弟子绾好头发并别上，然后洒泪而别。走过燕赵大地，越过天堑黄河，穿过八百里秦川，张三丰来到了陕西宝鸡金台观。

在元末时期，金台观的住持叫王云鹤，号玄清，是全真道派祖师王重阳之后。他白须盈尺，道骨仙风，学识渊博，特别精通周易八卦。

张三丰向玄清住持学道，深得教益。张三丰自幼年就拜张云庵为师曾学静功，这时他结合静功又糅合易经八卦，演创新的功法进行修炼。然而创新并非易事，几年下来，静功和八卦始终糅合不到一块。

有一天，张三丰正在演练这套功法时，忽然一个穿戴肮脏的道人来到面前，哈哈笑着说："万物生于机缘，万事成于机缘，机缘到事半功倍，机缘未到事倍功半。"

张三丰一惊，见这个道人黄发黄须，尖嘴猴腮，其貌不扬，说出话来却蕴含玄机。他连忙收功迎上去

住持 佛教僧职，又称"方丈""住职"。原是久住护持佛法的意思，是负责掌管一个寺院的僧人。据说佛教传入我国后的几百年间只有师徒之间以佛法相授受，并无住持一职，直到唐代，禅宗兴盛，门徒众多，百丈怀海禅师即开始设立住持，以维持寺院秩序。

创立功夫

内家拳法

■ 张三丰讲道图

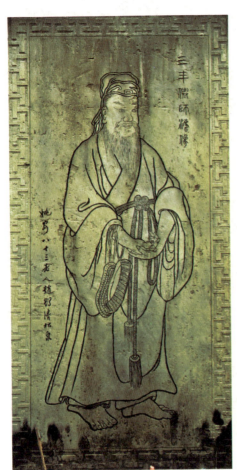

张三丰石刻像

《道德经》又称《道德真经》《老子》和《老子五千文》等，是我国历史上首部完整的哲学著作。传说是春秋时期的老子所撰写，是道家哲学思想的重要来源。老子，修道而长寿，有说活了160多岁的，也有说活了200多岁的。

施礼说道："请仙长明示。"

那道人却一手环抱胸前，一手甩向身后，便飞快地走了。

张三丰明白，人外有人，天外有天。于是，他征得师父王云鹤的同意，外出访问名师了。

张三丰来到陕西终南山，这里山高林密，在树木掩映处有座道观。张三丰细看门口的匾额上写着"火龙观"三字，里面飘出香烟，传出阵阵仙音。他大步向火龙观走去，一位黄头发黄胡须的老道迎了出来，见了张三丰哈哈大笑。张三丰细看正是上次说"机缘"的那位道人。

原来这位道人就是火龙真人。火龙真人在这火龙观修炼了90余年，很想最后收一个关门弟子，他遍游天下，寻访高足，终于上个月在金台观访到了张三丰。火龙真人见他相貌清奇，颇有道缘，便决意收张三丰为徒。

火龙真人为麻衣道人希夷的弟子。希夷是麻衣的传人，麻衣道者，姓李，名和，生于北宋年代，河南南阳内乡人，是麻衣派的始祖。

麻衣派为道教的宿土、麻衣、众阁、全真、茅山五个分支之一，张三丰想要学习的正是麻衣道教的三教同一学说和内丹炼养思想。

火龙真人收下张三丰为徒，又赐道号"玄玄"，教授他《道德真经》，领悟其中玄法天机。

对于老子的《道德经》，张三丰不知读了多少遍，可火龙真人讲起来，他却又领悟到了不少新意。

火龙真人说："人道敬天道，尊地道，则天道风调雨顺，地道五谷丰登；人道败天道，坏地道，则天道风雨无度，地道草木不生。这就叫天人合一，互为因果。"

张三丰在终南山悉心学道四年后，就奉师命出山隐世修行。在这期间，他精研勤修内丹养生之学及武学技击之法，并能将此两门绝学融会贯通，自成体系，从而使其道家内外双修功夫达到了出神入化的高超境界。

匾额 是古建筑的必然组成部分，相当于古建筑的眼睛。匾额中的"匾"字古也作"扁"字。是悬挂于门屏上作装饰之用，反映建筑物名称和性质，表达人们义理、情感之类的文学艺术形式即为匾额。但也有一种说法认为，横着的叫匾，竖着的叫额。

阅读链接

传说张三丰年轻时家里十分贫穷，他需要砍柴养活一家人。他生平喜欢钻研道教，别无他求，只希望见到得道成仙的吕洞宾。后来有一个道士经过张三丰家，想讨点米酒喝。张三丰的妻子给了他米酒，告诉他粮食不多，希望可以少喝一点，结果那道士竟然全部喝完了。

之后，道士指点张三丰妻子将水装满缸，然后投入米便可以酿酒。当张三丰回到家，妻子告诉他此事时，张三丰当即认定那道士就是吕洞宾，他立刻追了去。他追上吕洞宾后，就央求吕洞宾收他为徒。吕洞宾收下了他，张三丰后来终于得以成道。

张三丰创立内家拳法

张三丰打坐泥塑

张三丰的恩师金台观住持王云鹤在百年寿辰时坐坛羽化，他临终前留下遗言，叫弟子们找到正在隐世潜修的张三丰接替他做金台观住持。

张三丰接到恩师仙逝的消息，便星夜兼程回到金台观，主持了祭奠恩师的仪式。但是，他并没有遵从恩师遗愿留下做金台观住持，而是写了一张黄表，上面有几句偈语：

生中有死，死中有生；
醒中有醉，醉中有醒；
非中有是，是中有非；
曲中有直，直中有曲。

■ 练太极雕塑

张三丰吩咐都管说："把这张偈语贴到大殿上，谁解其中意，便可当住持。"说罢便施礼而去。

此后，张三丰云游数十年，足迹遍布江湖，他在嵩山崇福宫住过，并在少林寺学过武术功夫。当他精熟少林拳法后，发现这些功夫奔腾跳跃，容易为人所乘，于是就对它加以改造，使其变为以静制动的新拳法。

在我国传统武术分类上一直存在着"内""外"两家的说法。有拳谚说"内练一口气，外练筋骨皮"，就很好地诠释了两家拳法最本质的区别。于是，张三丰就把他创造的拳法取名叫内家拳。

内家拳以太极哲学为基本原理，通过阴阳辩证关系来指导拳法运动。它源于自然，法于自然，合于自然，严格遵循拳法自然的创拳原则和"人法地，地法天，道法自然"的本性学说，又将道教的气功炼养之旨融入拳法之中，使其独具贵柔尚意的特点。

内家拳还强调心息相依、运行匀缓、意到气到、

羽化 古代修道士修炼到极致跳出生死轮回，生老病死，是谓"羽化成仙"，飘飘乎如遗世独立，羽化而登仙。羽化源自古代阴阳学，古人认为阳气产生于盘古开天辟地，阳清为天，阴浊为地。万物中阴阳比较平均的就演化成了人。至阳者化为神，阳气高于人者化为山神或灵兽。至阴者化为虚空，阴气稍重者化身为草木。

凤 是凤凰的简称。在远古图腾时代被视为神鸟而予崇拜。它是原始社会人们想象中的保护神，据说它头似锦鸡、身如鸳鸯，有大鹏的翅膀、仙鹤的腿、鹦鹉的嘴、孔雀的尾。居百鸟之首，象征美好与和平。也是古代传说中的鸟王，雄的叫凤，雌的叫凰，通称凤。是封建时代吉瑞的象征，也是皇后的代称。

太极 是我国思想史上的重要概念，初见于《易传》："易有太极，是生两仪。两仪生四象，四象生八卦。"与八卦有密切联系。原与天文气象及地区远近方向相关，后来被宋代的理学家以哲学方式进一步阐释。太极是阐明宇宙从无极至太极，以至万物化生的过程。无极即道，是比太极更加原始更加终极的状态，两仪即为太极的阴、阳二仪。

动静自如、以柔克刚、灵活婉转、莫测端倪的行拳要领。内家拳由两仪、太极、无极三种不同层次的拳术、功法组合而成，是一套从初级到高级、由外至内、由动至静、动静结合、内外兼修的完整功法。

张三丰创造内家拳既是他多年积累太极理论的结果，又与他梦中的灵感、动物的启示和少林拳的先导相关，同道家理论和道教修炼更是紧密相连。

张三丰内家拳的定名、路数、打法和特征处处都打上了道教的烙印。他精通道教经书，史称他能够"论三教书，则吐辞滚滚，皆本道德忠孝"。

内家拳练法分练步和练手：练步以马步为主，一共有18种步法；练手本为36个字，后来又精简为残、推、援、夺、牵、捺、逼、吸、贴、蹿、圈、插、抛、托、擦、撒、吞、吐18个字，每字有4句口诀解释其寓意。如"夺"字诀为：

夺字猛如虎，迎风招架中。
回身势莫夺，分推气更雄。

张三丰内家拳的打法本有一首长长的歌诀，但不是习武者很难领会其中的意思，正如内家拳拳师所自诩的那样"铁鞋踏破江湖上，不及张家妙术工"。

内家拳的打法着眼于劲、打二字。劲有蓄劲、乘劲之别，打有等打、赶打之分。未打之先，蓄劲为主。已打之后，乘劲为佳。开手之始，等打为优。发手之后，赶打为上。

内家拳的精妙之处在于集中体现"六路拳"和"十段锦"中。

六路拳擅打，善于防前、后、左、右、上、下6个方位。交手时画出六线并按6个方位出击，每个方位各有一趟拳路。一路进招拳、二路倒阵拳、三路左斜拳、四路右斜拳、五路通天拳、六路卧地拳。

六路拳讲究实用，无"加花"动作。比较精彩的招法有：百鸟朝凤、左右扬鞭、铁拐倒炉、怪蟒翻身、挥身摘星、金犬活腿等。

六路拳刁钻古怪，软硬相兼，软时如绵里裹针，硬时似钢刀如刃。演练此拳分大、中、小三种架子：大架扑敌，令其惊怯后退；中架待敌，令其捉摸不定；小架绕敌，令其昏昏然然。

内家拳的十段锦是张三丰加工改造宋元道士的修炼方法八段锦而来的。八段锦是一个优秀的保健功法，它动作简单易行，功效显著。把这套动作比喻为"锦"，意为动作舒展优美，如锦缎般优美、柔

■ 武当功夫

仙人 即神仙，是我国本土的信仰。仙人信仰早在我国道教产生之前就有了，后来被道教吸收，又被道教划分出了神仙、金仙、天仙、地仙、人仙等几个等级。远在佛教传入我国之前，我国本土就有了仙人的信仰。佛教传入我国之后，把古印度的外道修行人也翻译成了仙人。

顺，又因为功法共有8段，每段一个动作，故名为"八段锦"。整套动作柔和连绵，滑利流畅，有松有紧，动静相兼，气机流畅，骨正筋柔。

十段锦的功法为10段，即面功、眼功、鼻功、齿功、口功、头功、耳功、腰功、膝功、腹功。

六路拳和十段锦有很多相同之处，它们的主要目的是练骨，但作用有所不同。六路使骨骼紧缩，十段则使之开放。六路因攻防前、后、左、右、上、下6个方位，且每个方位都有一趟拳路而得名，武术著作称这种拳法极为神妙，"一缩形周身无缝隙，一撒臂通身皆有手"，"拉大架犹如铺天盖地，使小式则为仙人变形"。足见其招法之怪异，攻守之神威。

十段锦前五式的攻击方法如下：

第一式"起手式"，此为入门之式，乃修炼之必然，为近身攻击招式。

第二式"坐马四平","两翅摇摆"还斗门，转坐马摇摆，为近身攻击招式。

第三式"金鸡独立"，其形如独立金鸡，而意则攻守兼备，为近身攻击招式。

第四式"回身急步"，以进退敛步，循环三进，为近身攻击招式。

第五式"坐山虎势"，起斗门，连肢足搓向右作坐马步，两拳于胸，为近身攻击招式。

张三丰所创内家拳技"内以养生，外以却恶"。实践证明，习练这一拳法可以收到增强体质、延年祛病、陶冶性情、磨炼意志的功效，同时也能起到防身抗暴、抵御外敌、振奋精神的作用。

因此，张三丰创造的内家拳十分有益于人体健康，是遗泽后世的一份珍贵历史文化遗产，他将永远受到后人的仰慕。

阅读链接

关于张三丰的内家拳，在明清以来武术界、学术界有两种流行说法：

一是真武神授。据《王征南墓志铭》和《宁波府志》记载，张三丰北赴汴京途中的一个夜晚，梦见真武神君降临，向他传授拳法。第二天黎明，张三丰被一群拦路抢劫的强盗围住，他便运用神授拳技打败了这群强盗。从此，张三丰以拳技闻名于世。这也就是武当为什么尊真武大帝为主神的原因。

二是脱胎少林拳。拳师王征南的弟子黄百家在他所著的《内家拳法》中，说张三丰早先精熟少林拳法，后来对少林拳进行加工改造，遂自成一派，名内家拳。《武当拳术秘诀》说得更为具体。说少林拳以五拳为精髓，以十八式为骨骼。张三丰始习少林拳，既得其精微奥旨，复从而翻之，变十八式为十八字，纳五拳法，八段锦。内家拳就这样诞生了。

张三丰创立太极拳法

　　明洪武初年，张三丰云游到武当山，卜地结庐，面壁静修。武当山坐落于湖北西北部，古时称玄岳或太岳。武当山四周七十二峰耸立，二十四水环流，危岩奇洞深藏，白云绿树交映，蔚为壮观。主峰

■ 武当山金顶

天柱峰，被誉为"一柱擎天"，四周群峰向主峰倾斜，形成了"万山来朝"的奇观。

■ 武当山建筑

武当山的道教宫观内供奉的是真武大帝，传说武当山名字的由来就是真武大帝在武当山坐镇的缘故。据传说，真武大帝原是净乐国的太子。他从小便立志要修道成仙，除尽天下的妖魔鬼怪。于是他在15岁的时候抛弃了江山，到武当山出家做了道士。

太子在武当山朝夕讲经说法，潜心修炼，最终他飞升成仙了。太子升天成仙时，天上很乱，许多妖魔鬼怪不时到天上打斗厮杀。

有一次，元始天尊在说法讲道时，有一股黑毒血气冲进宫殿里。元始天尊很生气，就命玉皇大帝清剿妖魔。玉皇大帝是天上的总管，他就让成仙后的太子来办理这件事。

太子于是率领天上30万天兵天将，一夜之间就把妖魔鬼怪打得七零八落，纷纷望风而逃。但是有些妖

玉皇大帝 简称"玉皇"或"玉帝"。道教认为玉皇为众神之王，在道教神阶中修为境界不是最高，但是神权最大。玉皇大帝除统领天、地、人三界神灵之外，还管理宇宙万物的兴隆衰败、吉凶祸福。在中华文化中，玉皇大帝被视为宇宙的无上真宰，地球内三界、十方、四生、六道的最高统治者。

■ 武当武术

五谷　古代所指的
五种谷物。"五
谷"在古代有多
种不同的说法，
最主要的有两
种：一种指稻、
黍、稷、麦、菽；
另一种指麻、黍、
稷、麦、菽。两
者的区别是：前
者有稻无麻，后
者有麻无稻。古
代经济文化中心
在黄河流域，稻
的主要产地在南
方，而北方种稻
有限，所以五谷
中最初无稻。

魔从天上逃到人间作乱害人，闹得民不聊生。

太子又领旨下凡，到人间收拾妖魔。太子历经了九九八十一战，斩杀了72个妖怪，降伏了36个魔鬼。太子还命风伯雨师和雷公电母给人间送风降雨。从此天下太平，风调雨顺，五谷丰登，人们都过上了好日子。

太子历尽千辛万苦，收服了天下妖魔，战功显赫。元始天尊很高兴，封太子为真武大帝，派仙鹤将这个喜讯告诉天庭所有神仙。并把太岳改名为武当山，意思是说，只有真武大帝才有本领坐镇在这与天齐高的山上。

张三丰来到武当山后，在草庐里供上真武大帝的神像，每天参拜完毕后，就屏气凝神地练习静功。

静功又叫"内丹功"，静功练到结丹，方为练成。高山草庐，正是练静功的好去处，他由静功练到辟谷，十天半月可以不吃一餐饭，有时出去化缘，一餐又可吃几升米。

张三丰在这里一住三年，练静功练到了结丹，终于练成。这时，他身上的衣服又脏又烂，请施主给补成了百衲衣，头发胡须蓬松如草，由于长年不洗脸不洗澡，脸上、手上、腿上糊得污秽黢黑，人们都称他"邋遢道人"，或叫他"张邋遢""邋遢张"。

张三丰夜练静功，晨练动功，而且试图把静功和动功结合起来。可是他试了多次都失败了。这天早晨，张三丰刚到门前的场子上，准备再练动静结合之功，忽然听到茅庵后面喜鹊"喳喳"狂叫，不由走过去看个究竟。当他转过屋角，一个有趣的现象，呈现在他的眼前。

一棵梧桐树上垒着一个喜鹊窝，一条花蛇图谋不轨，要到窝里吞食喜鹊蛋，喜鹊为了护子与花蛇展开了一场罕见的争战。喜鹊飞来飞去，要啄花蛇。花蛇尾巴缠到树枝上，当喜鹊攻击蛇头部时，蛇以尾部来还击它。

喜鹊攻击蛇的尾部时，蛇用头来攻击喜鹊。喜鹊攻击蛇中部时，蛇的头部和尾部一齐来夹攻喜鹊，还伺机反咬一口，可喜鹊飞旋着躲开。

隔一会儿，喜鹊性躁，又飞下来用翅膀击打蛇身，只见蛇身

辟谷 同"辟毒""避谷""却谷"等，即不吃五谷，而是食气，吸收自然正能量。是道家修炼的一种方法。道家一方面认为：人食五谷杂粮，在肠中积结成粪产生秽气；另一方面以《庄子·逍遥游》描述了"不食五谷，吸风饮露"的仙人行径，企求达到不死的目的。

■武当功夫招式

打太极拳雕塑

蜿蜒，轻身闪过，仍作盘形。如此连续多次，喜鹊都未打到树上的蛇。

这时，张三丰从屋角转了出来，喜鹊飞走了，蛇也爬走了。张三丰定神想了一会儿，忽然省悟，花蛇盘旋，喜鹊飞舞，不正是在画弧转太极吗？好啊！练动功，当如此练。他由此悟出了太极以柔克刚之理，并根据太极阴阳变化的原理，决定开创太极拳法。

张三丰静坐数日，终于悟出了武学中的真谛，把太极、八卦、内丹结合起来，又把武术家的拳法、军事家的兵法糅合一起，经过编创演化，创造了一套静如处子、动如飞羽、柔如灵蛇、刚如猛虎的全新拳法。

张三丰遵循自然变化的道理，以道教所传太极阴阳为体，五行八卦为用，"河图"与"洛书"为经、八卦与九宫为纬，合成太极拳术五行八卦十三式，突出"以武演道，以道显武"的特点。

张三丰这套拳法，踏罡步斗，画弧转圈，以静制动，以柔克刚，借力打力，后发制人。他经过几年的演练，把太极十三式已经练得炉火纯青。

有一天，张三丰正在练拳，忽然来了一位道人，驻足观看良久，不敢相信眼前的事实。这个道人名叫孙碧云，13岁入华山修道，此后移居于少华山的半截山修炼，此时为武当山玉虚观住持。

孙碧云经常见张三丰邋里邋遢下山化缘，以为是从外地来的一个疯道人。没想到今天他上山见到的邋遢道人，竟然是一位道行高深、武功高强的真人。等张三丰的拳打完后，他就过去要拜真人为师。

张三丰见他态度诚恳，颇有道行，便欣然应允了。孙碧云是张三丰出家以后收的第一个弟子，他入门之后，张三丰悉心传授，孙碧云则认真修炼。张三丰文教"道儒释"，武教"太极拳"，孙碧云聪明过人，长进很快。

由于张三丰收了孙碧云为弟子，他的深厚功力便渐渐被人所知，不久又有几位武当道教高人投到他的门下，其中比较有名的是李素玺。李素玺后来按照张三丰的授意，为永乐皇帝敬献"榔梅仙果"，促使了永乐大修武当，为武当发展做出了重要贡献。

张三丰在武当山，除了给弟子们讲道，就是演练武功。由于前来拜师的道人接踵而至，他们又在附近搭了一些茅庵。

张三丰先教弟子们站桩功夫。他说："桩功为武功之基，根基牢固，武功方能长进。道门桩功分太极桩和无极桩。站桩练到落地生根，才算练成功。"

接着，他教弟子们打武当太极拳，又教弟子们武当剑术，还教弟子们武当轻功、武当内丹

罡步斗 也称"禹步"或"步斗"，就是用脚在地上走出一遍数字路线，完成一个九宫格，俗称"四纵五横"，一个简单的九宫格。整个九宫罡步是玄武座的北斗七星，北方的五行属水。这里的罡步是一个先天八卦结合的洛书九宫，这和道家注重返璞归真的思想有关。

创立功夫

内家拳法

■ 武当功夫

功、武当点穴功、武当袖里乾坤功。

张三丰在传授弟子们功夫的同时，写下了大量的诗篇。特别是《无根树》24首，从各个侧面把修道练拳，阐释得淋漓尽致，对后世影响很大。

为了更好地向弟子们传功，张三丰吩咐弟子们在武当山上，立了一片梅花桩，张三丰站到梅花桩上打太极拳，教太极拳。

强身健体的中国功夫

■ 打太极拳雕塑

有个新来的徒弟，见张三丰打的太极拳软绵绵的，没有一点力气，就忍不住说："师父，太极拳没啥学头，尽是花拳绣腿，中看不中用。"

张三丰跳下梅花桩，说："为师打太极拳，你用足力气对我拳打脚踢。"

新来的弟子仗着自己身材魁梧，心想只需一拳就可把师父打倒，他乘张三丰慢悠悠打太极拳的时候，猛地当胸一拳打去。

张三丰身子一侧，左手一抬把弟子的拳头往上一挡，右手一掌轻轻朝他胸上击去，那弟子当即被击得倒退数步，一屁股坐到了地上。

那弟子还不服气，一个鲤鱼打挺跳起来，双脚一

梅花桩 据传起源于春秋战国，兴于明末，清代乾隆年间流传较广。布桩图形有北斗桩、三星桩、繁星桩、天罡桩、八卦桩等。桩势有大势、顺势、拗势、小势、败势五势，套路无一定型，其势如行云流水，变化多端，快而不乱。

纵，扑上去又是一拳，张三丰身子一闪，右手一个顺手牵羊抓住弟子的手腕，轻轻一拉，左手在他背上轻轻一击，弟子一头扑出一丈开外，栽倒在地。

弟子爬起来，擦擦脸上的尘土说："师父，你这是巧用力，不能让人服气。"

张三丰笑着说："徒儿，为师对你用的还不到一分力，重了会伤你的。好！你要看太极拳的力气，今天叫你见识见识！"

张三丰说着来到梅花桩前，又是慢悠悠打起太极拳，忽然他一发力，一掌击到一根梅花桩上，那根碗口粗的木头"咔嚓"断为两截。

张三丰打得兴起，一脚踢起一块盆口大的油光青石，接着一掌击去，石头被击得粉碎。

那弟子"扑通"跪拜到张三丰面前说："师父，

乾坤 八卦中的两爻，代表天地，衍生为阴阳、男女、国家等人生世界观。是我国古代哲人对世界的一种理解。《系辞上》认为，乾卦通过变化来显示智慧，坤卦通过简单来显示能力。把握变化和简单，就把握了天地万物之道。古人以此研究天地、万物、社会、生命和健康。

内家拳法

■ 梅花桩

武当内功修炼

太极拳如此厉害，弟子服了！"

张三丰抱拳收势笑着说："徒儿，太极拳似柔实刚，柔如游丝，可以缠绕对手，这就叫'粘手'，粘住对手他就休想逃脱；太极拳刚如铁石，可以断木开石，使对手非死即伤。纵观天下拳术，此乃上乘功夫。"

张三丰也从这件事上，发现有修炼内丹而又练"刚猛之拳"的人，用力过猛、失去了中和自然的道理，会大伤元气。

于是，他以太极拳来改变这些修道者的不当之举，减少那种出力没长进的现象。提出"愿天下英雄豪杰延年益寿，不徒作技艺之末"的号召，以此来改变技击的不必要消耗。

张三丰在指导弟子修炼时，传下了《道要秘诀歌》《打坐歌》《太极拳论》《练太极拳须聚气敛神论》《龙虎还丹指迷歌》等不下数十种修炼太极拳的经典要论，是为后世传人弟子不可多得的修习资料。

阅读链接

太极拳以"太极"哲理为依据，以太极图形组编动作，具有强身健体的功效。对于太极拳由何人所创，武学界一直都有争议。一般认为是武当张三丰所创，但也有人认为，太极拳术始于轩辕黄帝。

这类史料认为，黄帝因在常山偶见蛇鹊之战，借蛇缠鹊跃战斗之机，悟理想义，由此而发明了太极拳术。而张三丰是在前人创造的基础上抚无极、太极、八卦错综之义，阴阳相推之理，五行生克之情，八门变化之机，进行再创造，从而开创了武当内家太极拳，并衍成了各种太极拳术。

张三丰授徒严格门风

　　张三丰在武当山开山门授徒，吸引了三山五岳的道友纷至沓来。
张三丰传授所学时，以养生为宗旨，以技击为末学，以道德为门风，
对所收门徒不仅教授功夫，更传授他们做人的道理和必须遵守的严格

■ 武当山建筑

强身健体的中国功夫

■武当功夫招式众多

玄教 是道教正一道的一个支派，由元朝张天师张宗演的弟子张留孙在北京形成的一个道派。当时元朝皇帝邀请张宗演来大都，并请其留京传教，其弟子张留孙留在京城，受到皇帝恩宠，受封"玄教大宗师"，因此玄教自成一派，但仍遥奉龙虎山正一道张天师为教主，玄教主要传播范围在江南。明朝以后，玄教解体，重新归入正一道。

门风。

这里所说的门风，是指张三丰的徒弟需要遵循的训诫，如"三戒""五戒""八戒""十戒"等。

三戒是指皈依戒、皈神戒、皈命戒。

皈依戒：即全身心向道；

皈神戒：即信奉三十六部尊经；

皈命戒：听从玄教大法师，即生命的生存行为皆由导师指引。

五戒：第一不得杀生；第二不得吃荤喝酒；第三不得口是心非；第四不得偷盗；第五不得邪淫。

八戒：一不得杀生；二不得淫悦；三不得偷盗；四不得骄妄；五不得醉狂；六不得华眠，就是睡舒适豪华床铺；七不得搽脂抹粉；八不得执迷歌舞。

十戒：第一戒，不得违戾父母师长，反逆不孝；第二戒，不得杀生屠害，割截物命；第三戒，不得叛逆君王，谋害家国；第四戒，不得淫乱骨肉姑姨姊妹及其他妇女；第五戒，不得诽谤道法，轻亵经文；第六戒，不得污漫静坛，单衣裸露；第七戒，不得欺凌孤贫，夺人财物；第八戒，不得裸露三光，厌弃老病；第九戒，不得耽酒任性，两舌恶口；第十戒，不得凶豪自任，自作威利。

徒弟犯戒者，轻者斥责、跪香，重者则杖革或驱逐出山。

张三丰授徒传有八字，叫作"功、拳、药、械、法、财、侣、地"。首当其冲的"功"主要是讲功德。一个人不具备功德，学武功拳法只会有害无益。

张三丰最恨自己的门徒修了几年道，学得了一丁半点秘术，便借此去巴结权贵，换取荣华富贵，他常常施术戏弄惩罚这群道门败类。

据说有个叫郭成显的门徒，学了一种称为"五雷法"的道术，能役使五方雷霆斩妖捉怪，呼风唤雨，

跪香　指罚跪时，根据燃烧长短来计算时间的香炷。香是通过燃烧来发挥作用的，称为焚香。焚香主要用于宗教仪式，如在佛教和道教的寺庙或于天主教的一些祭典中，在神像前燃香有祈祷意味。

■ 武当功夫练习

强身健体的中国功夫

■ 武当山

鸢是古代传说的神鸟，因生长在古时候的鸢州而得名。最开始的时候，鸢作为一种近似于凤的鸟，也是瑞鸟的一种，但地位不及凤。后来人们逐渐把"鸢"作为凤的别称，并称"鸢凤"。还有一种观点，"凤"和"鸢"指的是同一种鸟，但"凤"指的是成鸟，而"鸢"则指的是尚未成熟的鸟，"鸢"一旦成熟，就叫"凤"。

便私自下山想入京师借术图个进身之阶。

张三丰知道此事后，便快速追上半途的他说："你要走为何不告知为师一声？为师还有'六雷法'要赐给你，只要依法施行，能够招来天仙，化为美女，跨上鸢凤，游戏人间。近来李孜省权倾中外，你带着这法术去投靠他，那显赫高官马上可以获得。"

郭成显一听大喜，急忙叩头请师父传法，学完之后又叩头辞谢。郭成显到了京师，先向李孜省演五雷法，李孜省恰好也信此术，便引为同道。

郭成显得意地笑着自夸："还不止这些哩，我还有六雷法，传授此法的人说，用它能招来天上美貌的仙女。"

李孜省一听便催着郭成显快快演法。郭成显却摆起架子来。他先让搭起法坛，周围布置务求全套精致行头，挂红灯，围翠幔。一切布置就绪，方能登坛演法。

到了演法这天，李家的侍妾和下属，纷纷或远或近地赶来观看。且说郭成显在坛上作起法来，果然有四五位仙女跨骑赤色虬龙降在坛上。其中两位尤其美貌，轻啭歌喉，唱起曲来。音色清脆，歌声如怨如慕，似讽似嘲，使李孜省手下的门客术士都听得呆了。

人们正沉浸在美妙歌声之中，忽然雷雨当空，风刮黄沙，满坛灯火一时吹灭，狐精鼠怪一起都跑了出来。

过了一会儿，这一切又都消失，天际只有浅淡的云片，弯弯的月亮挂在檐头。隐约听到有呻吟声从法坛深处传来，家人点起灯烛一照，却见有四五个李家的侍妾，赤身裸体各挎着个李孜省搜罗来的术士僵在那儿，家人过去强扶他们回去。

再看郭成显，还站在法坛上，满口糊涂话，正得意扬扬在作法呢。李孜省又羞又怒，提剑上去一剑将他斩为两段，抛尸在后花园池塘中，并严令家人不得外传。但这般丑事，哪有瞒得住的，第二天就传遍大街小巷了。

除了八戒、十戒外，张三丰授徒还有"五不传"：即骨柔质钝者不传、心险者不传、好斗者不传、狂酒者不传和轻露者不传。

张三丰认为，拳术是杀人的利器，你想杀人，别人也想杀你。所以，收徒之前，不可不留意，要防止自己被人杀，当然也要防止他杀自己。防他被人杀，就必须先看他的体质如何。身体可以锻炼，但骨头是天生的；胆子可以锻炼，但本性难以改变。所谓骨柔质钝，是先天不足。后天不足还可以救，先天不足就

门客 作为贵族地位和财富的象征最早出现于春秋时期，那时的养客之风盛行。每一个诸侯国的公族子弟都有着大批的门客，如楚国的春申君、赵国的平原君、魏国的信陵君、齐国的孟尝君等。门客主要作为主人的谋士保镖而发挥其作用，必要的时候也可能发展成雇主的私人武装。

虹龙 原意为我国古代传说中的有角的小龙，后来被文人比喻成盘曲错节的树枝。在我国清代著名诗人姚鼐《紫藤花下醉歌》中有："虬龙两干孥空立，璎珞万条垂地倒"的诗句。其还是一种软中有硬的奇形兵器，为燕赵双侠中的老二"矮金刚"蓝和所持。

强身健体的中国功夫

■ 张三丰彩像

没有办法了。所以，先天不足的人，就不能教给他拳术。这种人没有拳术，还可以苟活，假若有了一点拳术，说不定还会促使他速死。不仅如此，更怕他不等学会拳术，就因为难耐练功的辛苦而自杀。所以说骨柔质钝的人不能传授拳术，这是第一戒。

拳术家杀人之心不可有，防人之心不可无，而疑人之心也不可不备。我收你为徒，你虽然尊敬我，求拜我，但这是为什么呢？是因为我的功夫在你之上，我得法在你之先，是想让我竭尽全力教你。可是，你的体质比我强健，你的力气比我大，一旦我将自己的全部功夫都教给你，以你的体质体力，必将是青出于蓝而胜于蓝，到那时，你还会尊重我吗？所以，我必须事先了解你的秉性，只有内心虔诚的人才可以教授，对于心地险恶的人千万不能传授功夫。所以心险者不传，这是第二戒。

学术没有止境，强中还有强中手。力量大的人，未必精于拳术；精于拳术的人，不一定精通其他武功。对于拳术，个人练习可以保身，众人练习可以保国，这些都是用于适当之处。练习拳术，不是教给你逞一时之勇，欺负好人，或者让你逞一时之愤，忘记亲人和家庭，惹祸上身，自取其咎。所以，好勇斗狠者不传，这是第三戒。

酒能乱性，性乱则神昏，神昏则气浮，技击之

青出于蓝而胜于蓝 出自《荀子》。青，靛青，青色颜料。蓝，蓼蓝，是一种可以提炼颜料的草。靛青是从蓼蓝里提炼出来的，但是颜色比蓼蓝更深。比喻人经过学习或教育后可以得到提高。常用以比喻学生超过老师或后人胜过前人。

道，气沉者胜，气浮者败；神清者胜，神昏者败；性定者胜，性乱者败。若沉湎酒肉，神昏气浮，不辨是非，妄加干涉，凶狂无礼，就会惹祸上身，而这一切都是喝酒造成的。所以，狂酒者不传，这是第四戒。

世界上有的人大智若愚，大巧若拙。一般来说，深沉的人毅力、魄力也大，而喜欢卖弄自己的人胆量、志气则都不如人。精于拳术的人，看似柔弱，实则刚强，大都是深藏不露。如果只学得一点皮毛就藐视一切，逢人炫耀，轻举妄动，这种人一定会招惹是非。所以，轻露者不传，这是第五戒。

张三丰的五戒反映了他对待门徒的审慎态度，因为武功能够救人也能害人，假若遇人不淑，便会遗患无穷。

阅读链接

传说古时离武当山不远的地方有一个寺院，寺的一边有座高13层的塔。寺里的和尚不行正道，夜里常常出去偷、抢东西，还绑架民女，闹得附近的年轻妇女不敢单独出村，走娘家也得几个人送，不小心就会被绑架到寺里去，有去无回。百姓对这座寺又恨又怕，非常发愁。

这年春天，在一个日暖风和的日子里，有一个不言不语的老道人，一步步上到塔上，在上面绑了一根细线，把线板从塔上扔下来，下塔来把线隔着寺从空中扯过去，把一端拴在树上。几个小孩子跑来观看，问道人干啥，道人开玩笑似的说："我要用这根线把塔拉倒。"孩子一听，哪里会相信他的话，都笑起来。

这天晚上到半夜，忽然起了大风，刮得天昏地暗。第二天清早，人们一看，塔被大风刮倒，正好砸在寺里，把老和尚大部分砸死，只剩下打水、做饭、套磨、种地的和尚。这些和尚领着百姓扒开地洞口，救出囚在里边的民女，亲人相见，哭诉了老和尚的罪行。这时，那几个小孩才想到，是一个道人把塔拉倒的。大人们一听就知道，这事儿是武当山道士张三丰做的。

武当山功夫声名远播

张三丰在武当山开山门授徒，传授武功，并将自己盖的草庐、草庵，定名"遇真宫"和"会仙馆"，嘱咐弟子周真德善守香火，其他弟子悉心练习他传授的功夫。

张三丰根据道教理论中的"道法自然""守柔处雌"等理论，把道

武当山道士武术

武当山太和宫

家的内丹功、养生家的导引术、武术家的拳法、军事家的兵法，加以糅合、编创和演化，创造了以内丹为体、技击为用，养生为首、防身为要，以柔克刚、以静制动、借力打力、后发制人的具有独特功理功法、运动体系和形式的武当功夫。

武当功夫内容种类繁多，每种功法都包含了命功的练习和性功的启迪，以及性命双修的高深境地。

传统的功法有桩功，内功掌法、肘法、腿法、元图、分筋错骨、阵法、器械等，以及秘而不宣之功。

桩功有太乙十三桩、玉环桩、三才桩、盘古桩、老子犀牛桩、罗天真诀十二桩、琼阳八桩、凌云飞渡桩、梨山束薪桩、云雾桩等。

掌法有五雷天音掌、丁甲断魂掌、五雷迎风掌、金丝荷叶掌、伽蓝掌、金龙掌、千秋掌、云环掌、降魔掌、千斤大力掌、紫砂掌等。

肘法有三十六玉镜肘，二十四肘及追魂夺命十二肘等。

元图有太岁武星图、罗汉醉酒图、白鹤真人飞鸣图、太乙玄轮错倒阴阳图等。

■ 明成祖朱棣画像

拳法有玄空点穴拳、伏虎拳、八法神拳、滚龙拳、小歌拳等。

武当功夫中最著名的为内家拳法，即太极拳、形意拳、八卦掌和武当剑。武当功夫的传播和武当弟子的增多，使张三丰声名大振。

张三丰的"会仙馆"前有五株古木，他在闲暇之余常在树下歇息。当时的武当山，山大林密，人烟稀少，常有野兽出没，然而奇怪的是，张三丰睡在林中却没有野兽骚扰他，"猛兽不噬，鸷鸟不搏"。他登山时轻捷如飞，隆冬常卧在雪中睡觉，令人惊奇不已。

张三丰声名远播，连皇帝也对他羡慕不已。明太祖朱元璋多次诏求并派人寻访，洪武十七年至十八年，即1384—1385年，朱元璋两度诏请张三丰入京，他皆避而不见。朱元璋的儿子湘王朱柏，亲自到武当山也没见到张三丰的踪影，走时惆怅地写了一首《赞张真仙诗》，诗云：

张玄玄，爱神仙。朝饮九渡之清流，暮宿南岩之紫烟。好山劫来知几载，不与景物同推迁。我向空山寻不见，

朱元璋（1328—1398），字国瑞，原名朱重八，后取名兴宗。明朝开国皇帝，谥号"开天行道肇纪立极大圣至神仁文义武俊德成功高皇帝"，庙号太祖。他在位结束了元朝民族等级制度，努力恢复生产，整治贪官，其统治时期被称为"洪武之治"。

徒凄然！
孤庐空寂大松里，独有老弥松下眠。

明成祖朱棣即位后，极力推崇道教，敬奉“真武”，又命侍读学士胡广诏访张三丰，并致张三丰《御制书》，表达仰慕之情。张三丰无意陛见，赋诗一首由弟子孙碧云转交永乐帝，这首诗的前几句写道：

圣师亲口诀，明方万古遗，
传与世间人，能有几人知？
衣破用布补，树衰用土培，
人损将何补？阴阳造化机。

明成祖读诗后，封张三丰为武当真人。

为表达诚意，明成祖下诏在武当山张三丰结草为庵的地方建“遇真宫”，并谕敕张三丰祀像一组置于

311

创立功夫

内家拳法

■ 武当山净乐宫牌坊

強身健体的中国功夫

■ 武当山净乐宫圣
父母殿

华表 我国传统的
建筑形式之一，
是我国古代宫
殿、宗庙、陵墓
等大型建筑物前
面作为装饰用的
一种巨大石柱，
原为木制的高
柱，其顶端用横
木交叉成十字，
似花朵状，起某
种表识作用，故
称之为华表。相
传华表既有道路
标志的作用，又
有为过路行人留
言的作用，在原
始社会的尧舜时
代就出现了。

大殿正中，供人朝拜。

坐北朝南的遇真宫，背依凤凰山，面对九龙山，
左有望仙台，右为黑虎洞，水磨河从宫前流过。山门
内一座四合院式的古建筑，专为接待各方挂单道士和
客人，道人称它为前宫。广场东西对称而立的石门分
别为东华门、西华门，是东西两宫的大门。宫里共有
200余间殿宇道房，供道人们居住。

净乐宫中轴线上为四重殿，一进为龙虎殿，二进为
朝拜殿，三进为玄帝殿，四进为圣父母殿，各殿均耸于
饰栏高台之上，宫门前是六柱华表式冲天大石牌坊。

净乐宫牌坊通高12米，宽33米。牌坊内是净乐宫
山门，为单檐歇山式建筑，开3孔大门，建造在高1.5
米、宽41米、深32.2米的条石砌成的台基之上，砖石
结构，门两侧是绿色琉璃"八"字墙。

二宫门内是正殿，又名玄帝殿，其规模法式与紫
霄宫现正殿相似。面阔五间，进深五间，上施绿色琉
璃瓦，重檐歇山式砖木结构。

在净乐宫后，建有圣父母殿，东有紫云亭。净乐宫原有东、西二宫，西宫后侧为御花园。尚有斋堂、浴堂、神厨、道房、配房、皇经堂、东西龟驮御碑亭、常平仓、更衣亭等单元建筑。

净乐宫宫内殿堂，廊庑，亭阁及道舍等建筑520余间，四周红墙碧瓦环绕，宫内重重殿宇，巍峨高耸，层层院落，宽阔幽深，环境幽雅，宛如仙宫。

在明清名人游记中，把净乐宫描绘成皇帝居所，气势近似于北京故宫，故有"小故宫"之称。

净乐宫的镇宫之宝为一尊巨大的石龟，这尊石龟作爬行状，仿佛随时都要出城去。在净乐宫有东西两座碑亭，两尊大石龟分别驮着两通巨型石碑，碑上刻有明成祖为修建净乐宫所下的圣旨。

此碑通高8.5米，每座重约102吨，其中碑帽重8.5吨，碑版重17吨，最重的要数石龟本身，竟有76吨重。

石碑 把功绩勒于石上，以传后世的一种石刻。一般以文字为其主要部分，上有螭首，下有龟趺。大约在周代，碑便在宫廷和宗庙中出现，但此时的碑与后来的碑功能不同。此时宫廷中的碑是用来根据它在阳光中投下的影子位置变化推算时间的；宗庙中的碑则是作为拴系祭祀用的牲畜的石柱子。

创立功夫

内家拳法

■ 武当山紫霄宫

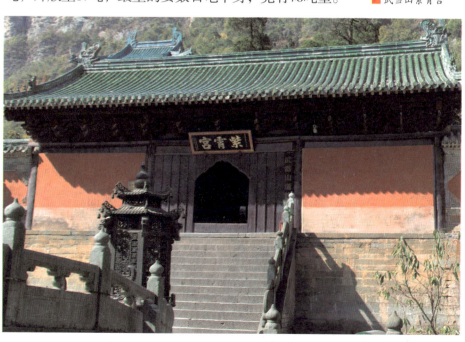

■ 武当山复真观前的太子坡

彩绘 又称丹青，最早出现于我国春秋时期，是我国传统建筑上绘制的装饰画。在我国古代建筑上的彩绘主要绘于梁和枋、柱头、窗棂、门扇、雀替、斗拱、墙壁、天花、瓜筒、角梁、椽子和栏杆等建筑的木构件上。

明成祖在原址兴建了这座道场，是希望张三丰云游四海后能到这里传道授业，以解他的思贤之苦。然而，张三丰依然神龙见首不见尾。

永乐十年，即1412年，明成祖派出军民工匠30万人兴建道场，武当山经过十余年的建设，先后建成了复真观等八宫、二观、三十六庵堂、七十二岩庙、十亭台和三十九座桥梁，共建房屋2000余间，建筑面积达160万平方米，绵延70千米。以此作为真武大帝的道场，并派人在此守候张真仙。

各种建筑各具特色，规模宏大，气势磅礴，雕铸细腻，富丽堂皇，蔚为壮观。尤其是复真观，远远望去就像一朵出水芙蓉。

复真观坐落在武当山狮子峰的陡坡上，被当今建筑学家赞誉为利用陡坡开展建筑的经典之作。复真观背依狮子山，右有天池飞瀑，左接十八盘栈道。

古代建筑大师巧妙地利用山形地势，建造殿宇200余间，形成了"一里四道门""九曲黄河墙""一柱十二梁"和"十里桂花香"等著名景观。

走进复真观的山门，就可以看到在古道上沿着山势起伏的一排70多米长的红色夹墙，这就是九曲黄河墙。

九曲黄河墙浑圆平整，弧线流畅悦目，墙的顶端是绿色琉璃瓦顶，犹如两条巨龙盘旋飞腾。无论从什么角度欣赏，都可以给人以美感，更加体现出了皇家建筑的气派和豪华。

关于九曲黄河墙名称的来历有很多种说法，但大部分人都认为"九曲黄河墙"这个名字体现了道教思想。

在道教思想中认为，给道教庙宇布施的道衣、经书、造像、建筑、法器、灯烛、钟磬、斋食和香表的人，都可以得到神灵的佑护，这9种布施被称为"九种功德"，因此把这个上山祈福必经的墙称为"九曲黄河墙"。

通过九曲黄河墙后，还有照壁和龙虎殿等建筑物，在第二重院落突起的高台上就是复真观大殿。

复真观大殿又名"祖师殿"，大殿内供奉着真武神像和侍从金童玉女。这一组巨大的塑像为武当山全

栈道 是古代交通史上的一大发明。人们为了在深山峡谷通行，且平坦无阻，便在河水隔绝、悬崖绝壁上用器物开凿一些棱形的孔穴，孔穴内插上石桩或木桩。上面横铺木板或石板，可以行人和通车，这就叫栈道。为了防止这些木桩和木板被雨淋变朽而腐烂，又在栈道的顶端建起房亭，这就是阁，亦称栈阁。相连贯的称呼，就叫栈阁之道，简称为栈道。

武当山九曲黄河墙

■ 武当山太子读书殿

山最大的彩绘木雕像，历经数百年依然灿美如新。

复真观的五云楼，也叫"五层楼"，是用传统的民族工艺所营造的，墙体、隔间和门窗均为木构，各层内部厅堂房间因地制宜，各有变化。五云楼最有名之处就是它最顶层的"一柱十二梁"。

一柱十二梁是指在一根主体立柱上，有12根梁枋穿凿在上，交叉叠搁，计算周密。这一纯建筑学上的构架，是古代木结构建筑的杰作，受到人们的高度赞誉，是复真观里的一大奇观。

在复真观建筑群的最高处，耸立着太子读书殿。它小巧精致，却又不失皇家建筑的气魄。

太子读书殿的建造是为了突出幼年真武苦读经书的事迹。殿内的布置独具匠心，有少年真武读书的壁画、石案、笔墨和古籍等。

紫霄宫位于天柱峰东北，背依展旗峰下，距复真观7.5千米。面对照壁、三台、五老、蜡烛、落帽、香炉诸峰；右为雷神洞；左有禹迹池和宝珠峰。此地周围岗峦天然形成一把二龙戏珠的宝椅，所以明成祖封之为"紫霄福地"。

紫霄宫的正殿紫霄大殿，又称"紫霄殿"，建在

壁画 墙壁上的艺术，即人们直接画在墙面上的画。壁画是人类历史上最早的绘画形式之一。如原始社会人类在洞壁上刻画各种图形，以记事表情，这便是流传最早的壁画。至今埃及、印度、巴比伦、中国等文明古国保存了不少古代壁画。

三层石台基之上，台基前正中及左右侧均有踏道通向大殿的月台。大殿面阔进深各五间，高18.3米，阔30米，深12米，面积358.8平方米。共有檐柱、金柱36根，排列有序。

紫霄大殿内部，金柱斗拱，施井口天花，明间内槽有斗八藻井。大殿正中神龛供奉真武神像，泥塑彩绘贴金，高4.8米，是武当山最大的泥塑像。这里还供奉着一尊纸糊贴金神像。明间后部建有刻工精致的石须弥座神龛，其中供玉皇大帝，左右肋侍神像。

紫霄殿的屋顶全部盖孔雀蓝琉璃瓦，正脊、垂脊和戗脊等以黄、绿两色为主镂空雕花，装饰丰富多彩华丽非凡，为其他宗教建筑所少见。

紫霄大殿屋脊由6条三彩琉璃飞龙组成，中间有一宝瓶，闪闪发光。因为宝瓶沉重高大，由4根铁索牵制，铁索的另一头系在4个孩童手中。

传说，这4个孩童护着宝瓶，无论严寒酷暑和风

神龛 一种放置神明塑像或者是祖宗灵牌的小阁，规格大小不一，一般按照祠庙厅堂的宽狭和神位的多少而定。比较大的神龛有底座，是一种敞开的形式。祖宗龛无垂帘，有龛门。神佛龛座位不分台阶，依神佛主次设位；祖宗龛分台阶按辈分自上而下设位。因此，祖宗龛多为竖长方形，神佛龛多为横长方形。

■武当山紫霄殿

■武当山紫霄宫建筑

挂单 又称"挂搭""挂锡"。单，指衣单行李，以名单代指；一般丛林寺院客堂门外，高悬一牌子，写着：无衣钵戒牒者，概不挂单。古代行脚者外出，必须携带衣钵包被条包。行脚者到寺，一般先从天王殿入，礼弥勒、韦驮菩萨、大雄宝殿各三拜。

雨雷电，他们都坚守岗位，确保宝瓶不动摇。因为所在位置比殿里供奉的主神还高，所以叫他们"神上神"。而老百姓看他们长年累月地经受风吹日晒，则叫他们"苦孩儿"。

整座大殿雕梁画栋，富丽堂皇，构思巧妙，造型舒展大方，装修古朴典雅，陈设庄重考究。

朝拜殿位于紫霄宫第三级阶台之上，原是云游道士挂单的地方。相传，在明朝时，香客信士只能在此朝拜真武，只有皇上到武当山祭祀时才能到紫霄大殿，因此称为"朝拜殿"。紫霄宫朝拜殿还有一个重要的用途，就是道教内部十方丛林道士挂单的地方，所以又叫"十方堂"。十方堂殿堂两侧建有八字墙，墙上饰琼花、珍禽图案，墙下为琉璃须弥座。殿内正中供奉铜铸镏金真武像。

在紫霄大殿后的高大台基上建有圣父母殿。圣父母殿内古树参天、青山如黛，高敞清幽，是武当山最佳胜境之一。紫霄宫父母殿为三层砖木结构。

殿内设有3座神龛，正中神龛上供奉真武大帝生身父母明真大帝和善胜皇后的造像，道士信徒尊称为圣父圣母。

1412年，明成祖还敕建重修了南天门、碑亭、两仪殿等建筑，并赐额"大圣南岩宫"，当时有大小殿宇640余间。

南岩宫建筑群在总体布局上匠心独运，巧借地势，依山傍岩；在手法上打破了传统的完全对称的布局和模式，座座宫室镶嵌于悬崖峭壁，虽系人工，宛若天成，使其与环境风貌达到了高度的和谐统一，营造了"天人合一"的至高意境。

南岩宫主要建有天乙真庆宫石殿、两仪殿和南天门等21栋建筑物，建筑面积3505平方米，占地9万平方米。南岩宫外岩北有老虎口，岩南峰峦之上有梳妆台、飞升台等古迹。

镏金 古代金属工艺装饰技法之一。用涂抹金汞剂的方法镀金，近代称"火镀金"。这种技术在春秋战国时已经出现。汉代称"金涂"或"黄涂"。镏金，亦称"涂金""镀金""鎏金""流金"，是把金和水银合成的金汞剂，涂在铜器表层，加热使水银蒸发，使金牢固地附在铜器表面不脱落的技术。

创立功夫

内家拳法

■ 武当山雪景

■ 武当山南岩宫

香炉 即是焚香的器具。用陶瓷或金属做成种种形状。其用途亦有多种，或熏衣、或陈设、或敬神供佛。我国香炉文化的历史可以追溯到商周时代的"鼎"。香炉起源于何时，尚没有定论。古代文人雅士把焚香与烹茶、插花、挂画并列为四艺，成为他们重要的生活内容。

南岩石殿额书"天乙真庆宫"，坐北朝南，建于悬崖之上，为石雕仿木构建筑，其梁柱、檐椽、斗拱、门窗、瓦面、匾额等，均用青石雕琢，榫卯拼装。面阔3间11米，进深6.6米，通高6.8米，梁、柱、门、窗等均以青石雕琢而成，是武当山最大的石殿。

石殿顶部前坡为单檐歇山式，后坡依岩，做成悬山式，檐下斗拱均作两跳，为辽金建筑斗拱的做法。殿内有"天子卧龙床"组雕和"三清"塑像，四面环立500尊铁铸灵官塑像，均生动逼真。

殿体坚固壮实，斗拱雄大，而门窗纹饰则刻工精细，技艺高超。由于石构件颇为沉重，且又在悬崖峭壁上施工，难度很大，这也充分体现了我国古代工匠的聪明智慧和高超技艺。

南岩石殿的大殿丹墀之下为青石墁地院落，中有一口古井，名"甘露井"，井台以青石雕制，六角饰栏，井水清冽甘甜，犹如甘露。

从皇经堂到两仪殿之间的 南岩宫长廊，遍布摩崖石刻，其中最负盛名的当属明嘉靖初年内阁首辅夏言和其弟子王颙所题"寿福康宁"四字。

南岩殿外远近有叠字峰、金鼎峰、滴水崖、崇福崖、白龙潭等胜景，更有仙山楼阁之妙。南岩石殿外崖前有一石雕龙首，横出栏外，长2.9米，宽仅0.3米，从悬崖峭壁上横空出世，下临深涧，龙头顶端置一香炉，面对金顶，这便是号称"天下第一香"的"龙头香"。

石殿右下方崛起一峰，上建梳妆台、飞身岩，相传为"真武"舍身成仙之所。

两仪殿位于石殿"天乙真庆宫"右侧，坐北朝南，面临大壑。歇山顶式，砖木结构建筑，琉璃瓦屋面。殿后依岩为神龛，正面为棱花格扇门，安在前金柱上，与檐柱形成内廊，直通石殿。面阔三间，进深3.9米，通高7.29米。

金柱 建筑物的屋顶梁架以立柱支撑，立于最外一层屋檐下的柱子称檐柱，在檐柱以里，位于内侧的柱子称"金柱"。多用于带外廊的建筑。进深较大的房屋依位置不同又有外围金柱和里内金柱之分。金柱又是除檐柱、中柱和山柱以外的柱子的通称，依位置不同可分外金柱和内金柱。

■武当山南岩宫

永乐十四年，即1416年春，永乐帝又亲自去武当山拜望张三丰，张三丰依然避而不见，使他有兴而来，扫兴而归。永乐帝回到京城勃然大怒，命令胡广务必找到张三丰，如找不到，就要处死胡广。

胡广再访武当，张三丰又不在武当山。胡广在武当会仙馆跪地祈祷，望张三丰能念其虔诚苦心应诏回京，好免除他的罪责。

张三丰感念胡广的诚心，现身于胡广面前，对他说："你且回京见驾，说我去见他便是。"

胡广听了立即策马回京，但是待他第二年回到京师时，张三丰早已在金殿与永乐帝会面完毕了。此时张三丰已经169岁了。

武当山自从遇真宫建起后，香火旺盛，前来进香的人数不胜数，而武当功夫自此也声名远扬。张三丰最后从历史上隐去，就像老子等道家人物一样不知所终。一些史料中记述了在明英宗天顺年间，有人在四川鹤鸣山等地见过他。按这些资料来推算，张三丰当时在人间已经是200多岁的人了。

阅读链接

传说在明永乐四年（1406），侍读学士胡广向永乐皇帝上奏状说："侍读学士臣胡广奏，真仙张三丰辽东人氏，深藏道法，广具神通。高隐武当，有希夷之风，只可礼求，不可命见。恭请皇帝陛下，屈驾广成求真道。臣因不敢隐讳，具表奏闻。"

第二年，皇上即令胡广遍游天下，寻访张三丰，但10年过去了，胡广始终没有找到张三丰的下落。皇上大怒说："你说张三丰蕴抱玄机，为什么不敢带他来见我？"胡广非常害怕，星夜赶到武当，焚香哭祷。

这一年五月，是南极老君大寿，张三丰正要去赴会，驾云通过武当时，听到胡广真诚相求，遂按下云头对胡广说，同意前去陛见，让他先回去复命。胡广听到此话，拜过张三丰，立即回朝。第二年，胡广回到京城，才知道张三丰在去年已经见过皇上了。

明嘉靖年间，浙江宁波有一个名叫张松溪的人，拜孙十三老为师，学习武当内功，不仅将武当内功发扬光大，还传下勤、敬、径、紧、切"五字秘诀"内功心法。

同样是在明嘉靖年间，山西绛州府王庄村的王宗岳，师从张三丰弟子刘古泉学习内家拳术，写出《太极拳论》等论著。

万历年间，河南温县陈家沟的陈王廷根据祖传拳法和北派太极宗师蒋发的武当拳法创立了后人所称的"陈式太极拳"，成为我国整理民间武术的杰出人物之一。

孙碧云促进武当派发展

　　张三丰的第一个徒弟孙碧云是陕西人，生于元顺帝至正五年，即1345年。孙碧云自幼天资聪颖，入私塾读书，过目不忘。然而，少年孙碧云毅然选择了远离红尘、遁入空门、修身修命、完善自我的出家之路。

■道德经碑廊

史书《华州志》说他："幼即慕道，年十三入华山。"华山，自古就是著名的道教圣地，被尊为道教的第四洞天。这里山高谷深，形胜险要，人迹罕至，但却是丹人霞友结庵栖居，炼性悟道的绝佳场所。

先秦著名的思想家、哲学家老子著《道德经》五千言后，就是在华山昭文馆隐居。以后历代一些高道，如寇谦之、华阳子韦节、杜怀庆、吕岩、陈抟、张三丰等，都曾经在华山隐居修道。

■ 华山道场内神像

孙碧云在华山修炼多年后，又转至少华山继续修炼，之后又南游至武当山探寻道家原理。后来由于拜张三丰为师，道学武术明显精进。

洪武二十七年，即1394年，明太祖朱元璋在京城，就是后来的南京奉天门召见孙碧云，向他求教儒、释、道三教源流的问题。

朱元璋命他入座后问道："你如今修道成功没有？"孙碧云答道："臣今已得道，但还不算成功。"

朱元璋又问他："你认为儒、释、道三教，哪一教好，哪一教又差一些呢？"

孙碧云答道："我认为三教没有优劣之分，因为三教的宗旨都是教人为善。宣圣孔子宣扬三纲之礼，五常之教，万代遵守，难道不好吗？道祖老子提倡的

私塾 我国古代社会一种开设于家庭、宗族或乡村内部的民间少年教育机构。它是旧时私人所办的学校，以儒家思想为教学重点，是私学的重要组成部分。清代地方儒学有名无实，青少年真正读书受教育的场所，除义学外，一般都在地方或私人所办的学塾里。因此清代学塾发达，遍布城乡。

■ 真武大帝像

祭祀 是华夏礼典的一部分，更是儒教礼仪中最重要的部分，礼有五经，莫重于祭，是以事神致福。祭祀对象分为三类：天神、地祇、人鬼。天神称祀，地祇称祭，宗庙称享。祭祀的法则详细记载于儒教圣经《周礼》《礼记》中，并有《礼记正义》《大学衍义补》等书进行解释。

清静无为，修身治国之玄理，似乎也没有不对之处。而释迦文佛，虽出自西域，却教化东土，检身治心，因果有报，感觉也不错。其实这三教的理论，说法虽然不一样，最终的道理都是一致的。"

孙碧云向明太祖朱元璋提纲挈领、言简意赅地阐述了儒、释、道三教归一，无分优劣的思想，简述了"三教"的源流和各自教义的核心观点，从逻辑上论证了"三教归一"的根本宗旨，就是修身、炼性、治国、平天下。

孙碧云还倡导各教应该平等相处，无分优劣。建议朝廷从治理国家和教化百姓的角度出发，对各宗教一视同仁地给予支持。

朱元璋听了孙碧云的阐述，高兴地说："你真是精通三教的高人啊！"

奉天门答辩以后的第十四天，朱元璋再次召见孙碧云，并且对他说："虽然时代不同，朕便是今天的轩辕，你便是广成子。"

对于朱元璋的褒奖，孙碧云叩首而谢。在接受了孙碧云的"三教归一"的理论以后，朱元璋对道教崇信备至。他下令在南京修建了真武庙，不但本朝祭祀，而且还立下规矩，要子孙也要祭祀真武。

此后，孙碧云在道教界名声大涨，逐渐成为明朝初年皇帝的宗教顾问和管理道教的官员，得到明太祖和明成祖的青睐和重用，为武当山成为道教重地，武当功夫的传承起了重要作用。

孙碧云的师父张三丰同样坚持"三教合一"说，契合了明朝初年朝廷希望民族和睦团结，国家稳定的政治需要。而且他在武当山创立的武当内家拳风靡大江南北，名望很高。

另外，张三丰建立的以崇奉真武为武当山主要神仙的全真派武当山道教，也为后来明成祖朱棣的靠真武荫佑而取得"靖难之役"胜利的舆论提供了强有力的佐证。

所以，明太祖朱元璋、明成祖朱棣等统治者都非常希望能够见到张三丰，哪怕是见上一面都行。其最

流派纷呈

各显异彩

教化 是一种政治、道德和教育三者有机结合的统治术。它把政教风化、教育感化、环境影响等有形和无形的手段综合运用起来，既有皇帝的宣谕，又有各级官员面命和行为引导，还有立功德碑、竖牌坊、传播通俗读物等多种形式，向人们正面灌输道理，又注意结合日常活动使人们在不知不觉中达事明理。

■ 太极内家拳

■武当山武术

终的目的就是用张三丰的名望，抚慰天下道教的信众和百姓，从信仰和思想上稳定大明王朝。

然而，张三丰却我行我素，云游四海，讲经布道，始终不与皇帝见面。孙碧云走进朝廷上层决策机构后，明成祖朱棣认为，只有通过孙碧云的中介和传递，自己才能够与张三丰见面。

由于当时张三丰在武当山修炼，朱棣就委派孙碧云作为朝廷派出的道官到南岩宫办理武当山的道教教务。

就在孙碧云回到武当山不久，朱棣于永乐十年，即1412年的三月初六，给孙碧云下达圣旨说道：

朕 本义为舟缝。引申为迹象、征兆。秦始皇统一六国后，丞相李斯建议"朕"为皇帝专有的第一人称代词。取"天下皆朕、皇权独尊"之义。

敕右正一虚玄子孙碧云：朕仰慕真仙张三丰老师，道德崇高，灵化玄妙，超越万有，冠绝古今，愿见之心，愈久愈切。迫使祇奉香书，求之四方，积有年岁，迨今未至。朕闻武当遇真实真仙老师鹤驭所游之处，不可以不加敬。今欲创建道场，以伸景仰钦慕之诚。尔往审度其地，相其广狭，定其规制，悉以来闻，朕将卜日营建。尔宜深体朕怀，致宜尽力，以成协相之功。钦哉，故敕。

朱棣在这段文字里，由衷地赞颂了张三丰高深精妙的道术，坦率地表露了自己对张三丰的敬仰和急于会见张三丰的急切而又真诚的心情。朱棣在圣旨中说："我听说，武当山遇真宫是张三丰仙人曾经栖居修炼过的地方，我准备在那里修建一处道场，一来表达我的敬仰之情，二来可供真仙修炼之用。"

朱棣认为，张三丰和孙碧云是师徒关系，如果孙碧云在武当山知道了张三丰的下落，就一定会及时地向他汇报的，这就增加了见面的概率。同时，朱棣下决心在武当山为张三丰修建一座宫观，供张三丰修炼，以感动张三丰。

朱棣命令孙碧云去那里勘测地形，设计图纸，并且希望他要尽心竭力，体会自己的心情，把此事办好。到后来，朱棣根据孙碧云的报告和建议，修建了遇真宫。

武当太极功夫

古风 一种文学载体，不是古体诗。古风有三类："歌""行""吟"，后人引申把诗歌也称为"风"。另外，唐代以后诗人们作古体诗，与格律诗相对，往往称之为"古风"，目上标明"古风"。

史书《太和山志》载：遇真宫"去玄天玉虚宫八里许。……永乐十五年奉敕创建真仙殿，廊庑，东西方丈，斋堂，厨室，道房，仓库，浴室，共九十七间，钦选道士三十名焚修香火。钦点江西吉安府吉水县迎真坛炼师罗凤祥为提点，赐六品印，管理宫事。"

遇真宫的建成，为明朝修建武当山皇室家庙提供了极为宝贵的风水、设计、施工等方面的参考依据和资料。孙碧云以其渊博的知识和精深的道学修养，理所当然地被明成祖朱棣钦选为修建武当山宫观的总设计师。

朱棣还亲自写了一首七言古风《诗赠虚玄子孙碧云》，全诗共26句、182字。诗的内容主要是称颂孙碧云道德高尚，道行精妙的溢美之词，同时也表露了朱棣本人羡慕道人、尊崇道教的心情。

■ 武当山琼台中观三清殿建筑

■ 武当山玉虚宫建筑

　　孙碧云对皇帝的信任十分感动，同时，也深知自己肩上责任的重大。他同派到武当山的其他的官员和术士们一起，如履薄冰，兢兢业业，按照朱棣的意图，对武当山真武道场的建筑提出的设计指导思想主要可以归纳为三点：

　　一是体现真武得道成仙传说故事的完整性。整个武当山建筑群要严格按照真武诞生、修炼、得道、成真，至被玉帝册封的神话系列进行妥善布局，从而，达到虽由人造，宛自天开意境，彰显真武道场的神秘、玄妙、庄严、神圣。

　　二是建筑与环境保护的统一性。所有的庙宇合理地建造在峰、峦、坡、坨、崖、涧的适当位置上，以不破坏生态植被为原则，做到既"弘壮坚固""以称

　　册封 古代皇帝以勋封爵号授给异姓王、宗族、后妃等，都经过一种仪式，在受封者面前，宣读授给封爵位号的册文，连同印玺一齐授给被封人，称为册封。册封制度的历史十分悠久，早在殷商时期就已经产生。

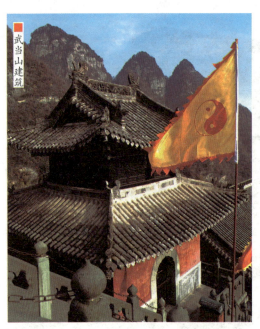
武当山建筑

瞻仰"，又必须做到"其山分毫不要修动，万万年同其久远"，武当山古建筑群堪称保护环境的典范之作。

三是可供人们游览的观赏性。在长达70千米的建筑线上，大宫与小观错落有致，建筑高潮与低潮相间。建筑风格上，既有北方浑厚庄重的大器宫殿，又有江南园林的曲径通幽、小桥流水的纤细玲珑，令游人香客百看不厌。

10年后，随着武当山古建筑群的建成，明朝皇帝直接控制的武当道场，被称为"皇室家庙"，武当道教也借此达到了它的鼎盛时期，而武当武术借此东风则成为中华武术的一大流派。

阅读链接

陕西省渭南市华州区东南方有一座山，名叫少华山，之所以叫少华山，是由于这座山峰与西岳华山峰势相连，遥遥相对，但低于华山的缘故。

据说，早年张三丰曾在这座山上的一座仙人洞修炼。有史料认为，孙碧云由华山移居于少华山的半截山鹤栖之地修炼时，在仙人洞巧遇张三丰，孙碧云就在这里拜张三丰为师学习仙人道术，而不是在武当山才拜张三丰为师的。这份史料还认为，孙碧云被洪武、永乐两朝征召去京师，也是自少华山出发而不是武当山。

张松溪光大武当内功

明嘉靖年间，浙江鄞县，也就是后来的宁波市鄞州区，有一个名叫张松溪的人，他沉默寡言，对人恭谨温顺，但他却是一个身怀绝技的人。张松溪的师父为鄞县大梁街人，名叫孙十三老，他们的祖师就是武当山的张三丰。

少林武术

■ 武当功夫

强身健体的中国功夫

张松溪曾被当地的监司征使请去，要求他当教练教授战士武艺，但他没有答应，他说："我的师门规矩很严，本门武艺严禁外传。"

明嘉靖三十二年，即1553年，浙东沿海倭寇猖獗，鄞县名将万表招募少林僧兵抗倭。少林僧听说了张松溪的大名，便有好多人抽空来到宁波要见张松溪，张松溪却避而不见。

不过，张松溪也想见识一下少林功夫。这一天，他悄悄来到少林僧兵住宿的酒楼，看见僧兵正在练习拳术。只见少林和尚扑打接敌，一招一式，虎虎生威，但他也看出少林功夫有很多漏洞。

看着看着，他不觉笑出声来，一个僧兵听到笑声，发现一个人正偷看他们练功，举拳就扑向他。

张松溪见和尚来势凶猛，便稍微侧了一下身子，然后举手借力轻轻击了一掌，这个和尚便像一个飞丸一样撞破窗户，坠于楼下，差一点摔死。

众僧见眨眼间自己的师弟被摔下楼去，吓了一跳，一问才知道此人就是张松溪。

张松溪孝敬母亲，终身未娶，一生所做的最重要的事就是发扬光大武当内家拳，创立了最为正宗的"松溪派"功夫。这门功夫主要用于防御，一般情况下不轻易使用。一旦使用，就战之能胜，令人无隙可乘。

张松溪创立的内家拳善于以击打人体的穴位来制敌，这些穴位有晕穴、哑穴、死穴等，打斗时使用轻重不同的手法点穴，能够使人或晕，或哑，或死，不会出一点差错。

张松溪内家拳最神秘的是传下了"五字秘诀"，就是勤、敬、径、紧、切。

所谓勤，就是早起晚休，少睡眠，多练习手和脚的力量。张松溪主张连砍柴和挑水这类事都要亲力亲为。他举例说，晋代名将陶侃为了收复中原，每天把100块砖搬出搬进，就是为了不使自己的体质衰弱，也不使自己意志消沉。

所谓敬，就是告诫自己要小心谨慎，不要暴露自己的特长，要敬重别人。因为争强好胜的人，一定会遇到比自己厉害的敌人。因此，平时要温良恭俭让，不妒忌，不贪求，保持良好的行为。

所为径，就是所谓的"动如脱兔"，在一定的距离内，不要犹豫，不失时机，义无反顾，尽自己最大力量，拼死一击。就像猫捕

中原 为中华民族、中华文明、中原文化的发源地，万里母亲河黄河两岸，千里太行山脉、千里伏牛山脉东麓，在古代被华夏民族视为天下中心。广义的中原是以中原洛阳、开封、商丘、安阳、郑州、南阳、许昌七大古都群为中心，辐射黄河中下游的广大平原地区。狭义的中原即指天地之中、中州河南。

335

武当功夫

武当功夫

老鼠一样，必然取得最大的胜利。

所谓紧，就是两手常护心胸。行则左右护胁，击刺时不要使自己的身体太靠近对方，要可放可收。脚的收放也有一定的规矩，不要迈太大的步子，要能急进，也能速退。站立的地方必须要有依靠，不要处于最后的位置，不要使自己腹背受敌。与众人对阵，身体应该高度警觉，要像潜伏的老虎一样，等到敌人门户洞开，才可以靠近攻击。这就是兵法所说的"静若处子"。

所谓切，就是告诫自己，无论遇到多么令人气愤的事都要忍耐。确实关系到切身利益，不得已而出手。一试之后，即可收手，不要无休无止地闹腾。喜欢结仇的人，永远都没有平安的时候。犯王法的人，最终都不会被赦免。因此，诸位一定要慎重。

张松溪的五字诀不像是武功秘籍，倒像是劝人为善的道家学说，这与他的道教传人身份十分吻合。

张松溪一生从不惹是生非，有人若向他请教武功，他也总是谦虚地避开。张松溪在晚年时，有一次，他外出踏青，有一帮年轻人要他显示一下自己的武功，他没有答应，回来时，这帮年轻人等他进到城

陶侃（259—334），字士行，东晋名将。他平定战乱，为稳定东晋政权，立下赫赫战功。他治下的荆州，史称"路不拾遗"。他精勤于吏职，不喜饮酒、赌博，为人所称道。在后将军郭默擅自杀害赵胤后，即率兵征讨，不费一兵一卒就擒获郭默父子，因而名震敌国。

门的月城时，关闭城门，将他团团围住，非要见识一下他的功夫。

张松溪不得已，便让那些年轻人抬来3个几百斤重的圆石垒在一起，说："我现在已经是七十多岁的老人了，没有什么可以试的，我可以击一掌这3块石头，供你们一乐。"

张松溪说完，举左手侧而劈下，3块圆石全部断为两半，把几个年轻人看得目瞪口呆，张松溪悄然离去。

■ 武当功夫

张松溪作为一代武学宗师创立了内家拳最为正宗的"松溪派"，传下内家拳的"五字秘诀"，最后无声无息地老死在家乡。

阅读链接

在香港著名作家金庸的小说《倚天屠龙记》中，张松溪被设定为是张三丰的第四个徒弟，是一个足智多谋的人。

在小说中，张松溪曾参与六大派远征光明顶一战，力战明教五行旗，杀入光明顶后，与明教四大护教法王之一"白眉鹰王"殷天正比内力。下山时六大派被蒙古军抓去万安寺幽禁，并让各人服下"十香软筋散"，以致大家使不出武功，最后被明教第三十四代教主张无忌解救。

屠狮英雄会过后不久，适逢元朝"汝阳王"察罕帖木儿率2万蒙古军攻上少室山少林寺，打算一举歼灭武林群雄，张松溪与武林群雄一起杀敌报国。

张松溪传承武当剑法

　　明嘉靖年间（1522—1566），张松溪偶游浙东四明山，见一道士轻飘飘从水上经过，到达对岸的分水岭，非常奇怪，就追上去向道士行礼，两人坐在石上交谈，张松溪见道士飘然若仙，谈论道家理论，滔滔不绝，非常佩服。

武当刀法

■ 武当武术

　　两人又说起武术，道士也是行家里手。张松溪请求与他交手，道士也慷慨答应。于是两人摆开架势，张松溪刚一举手，道士忽然不知去向。他感觉脑后有一个东西附在头上，左右闪摆都不能摆脱。

　　张松溪知道那一定是道士，便想用手挥去，无奈左抓右转，屡捣不着，便使玉环飞脚踢去，反被道士托住脚跟，将他掀翻在地。

　　张松溪知道遇到高人，便请求拜他为师。道士欣然答应，并说自己受张三丰先师之托，在此等候有缘之人传授武当剑法。道士给张松溪取了个道号称"丹崖子"，传给他武当下乘丹字第九字派。

　　武当剑术由祖师张三丰为护道降魔而创，分为九派三乘。上乘是偃月神术，即字、柱、极三字之派，中乘是匕首飞术，即符、鉴、七三字之派，下乘是长剑舞术，即釜、筹、丹三字之派。三乘共九字以

釜 是战国时期秦人使用的一种饮食器。形制近似于现在的罐，敛口束颈，口有唇缘，鼓腹圆底，口径小于腹径甚多，肩部有两个环状耳。圆底而无足，必须安置在炉灶之上或是以其他物体支撑煮物，可以直接用来主、炖、煎、炒等，可视为现代所使用锅的前身。

"神、飞、舞"三字贯于九派之中，即一生三，三生九的意思。

张松溪所学就是武当下乘丹字第九字派，其他八字派剑术因其剑术玄秘，又受道教自我封闭"宁可失传，不可误传"的约束及"道不乱讲、技不乱传"的原则，已经全部失传。

武当剑全套单练剑法为132式，包括起式、收式，分为6路，每路21式。在演练时可以分路也可以连续演练。为了演练方便，分路时有起式开头，后加收式结尾。如连续演练，第一路有头无尾，二、三、四、五路即无头无尾，第六路有收尾无开头，以保持一气呵成的完整体系。

武当剑系武当派内家剑法之一，在剑道中首次提出以精神和意念为先，先练内勇，再练外功，最后教以手法、步法和剑术。

一般剑术在剑术要领上要求"剑身合一"，而武当剑要求"神、剑、身"三者合一。身与剑合，剑与神合是武当剑技法的要领。由于强调以身运剑与剑神合一，所以在剑法运用上即要包括内家拳法的"太极腰、八卦步、形意劲、武当神"4种要领。

武当剑因在步法上展现闪展腾挪的轻灵便捷，所以要练八卦步。由于其虚领顶劲，含胸拔背，松腰活腕，气沉丹田，力由脊发，所以要练太极腰。而武当神是指，勇往直前如矢赴的，敌剑即动，我剑已到的大无畏精神。

只有以身运剑，身行如龙，剑行如电，步法灵活，身法柔韧，将神、意、气、力贯于剑法之中，意到、神到、剑到，力贯剑锋，气透剑端，才能体现武当的"神"，达到"剑神合一"的境界。

在战术原则上的特点是：乘虚蹈隙，因敌变化，不拘成法，顺人之势，借人之力；以静待动，后发先至；避实击虚，以斜取正；迂回包抄，不接不截，不迎不架，凭空一击，无不命中。这就是"不沾青入红门"的内家剑法特点。

矢 又名箭，是一种借助于弓、弩，靠机械力发射的具有锋刃的远射兵器。因其弹射方法不同，分为弓箭、弩箭和甩箭。箭的历史是伴随着弓产生的，远在石器时代箭就作为人们狩猎的工具。传说黄帝战蚩尤于涿鹿，纯用弓矢以制胜，这是有弓矢之最早者。

■ 武当剑法

■武当剑法

武当剑素以丰富多变的剑法著称，不仅有前后左右之变，还有腾空击舞，滚翻地躺之法。动如轻风，稳如山岳，一发即至。

武当剑法，法无成法，因时制宜，因敌变幻，刚柔相济，虚实互用。练剑时外要掌握剑法基本要素，眼、手、身、步四法；内要掌握练剑精神，胆力、内劲、迅速、沉着，才能使内外精健，表现出武当剑的风格。

所谓眼法，是指剑法中的眼光。俗语说："练剑先练眼，练眼如闪电。"说明眼力的重要性。技击家说心为主帅，眼为先锋，剑未到而眼已到，敌未动眼已看见。

剑法中的眼光，不在久视，而在敏锐，善于观变，一瞬即明。手中之剑随之即到，要眼到、步到、身到、手到、剑到。如眼力不快，势必动作失调，贻

丹田 原是道教修炼内丹中的精气神时用的术语，有上中下三丹田：上丹田为督脉印堂之处；中丹田为胸中膻中穴处，为宗气之所聚；下丹田为任脉关元穴，脐下三寸之处，为藏精之所。古人称精气神为三宝，视丹田为储藏精气神的地方，有如"性命之根本"。

误时机，顾此失彼，瞻前而难顾后，动作缓授，动上忘下，达不到预期的目的。

所谓手法，是指动手的方法。击剑的手法与用刀、使鞭的手法稍有不同，而武当剑的手法更与普通执剑手法也不同。首先要运用全臂三节之法，肩节卸得下，肘节变得快，腕节圆活有力。执剑要灵活，在击刺时其剑才能活用玄妙。剑的敏捷灵活，全在手腕，手腕呆滞不能活用，等于无用。手法以圈、点、崩、刺练法提高掌指控制握剑能力，使剑力浑实完整。左手无论置于何处均为剑的辅助，要沉肩坠肘如半月状，使全身的劲不外泄。

所谓身法，是指剑法中进退变化的表现。剑在飞舞翔动时，身法也应该行如游龙，矫如飞凤，动作蜿蜒如蛇，变化奇正互生。身催剑往，剑随身转，身剑融为一体，不牵强，无停滞，要随机应变。其中含胸拔背、脊梁中正、活腰转身、气沉丹田均称为身法。

胸不含，背不拔，必然行动板滞不能变化得势。脊梁不正，四肢必然不正，动作方向也必不正确。腰不转身必不活，进攻而无力。气不沉丹田就不能久斗，而足也不稳。所以，身法为全身四个部位中最重要

武当剑法

■ 武当太极道风

的，与眼法、步法有密切的关系。

武当剑的步法，是身剑运转的基础，它的变化最广，也最快，比任何器械的步法更为精妙。在实战中，若步法不纯，身法手法虽精，仍不能克敌制胜。

武当剑以走化旋翻，轻快善变著称，速、稳、轻为其步法的三要素，如全脚掌贴地，起落行动就不快，功法不深者足掌行走时极不安稳，胯、膝、掌三节锻炼不纯软的人，腿即不轻灵速捷。

武当剑术四法的歌诀为："手到脚不到，自去寻烦恼；低头与弯腰，传授定不高；眼到脚手到，方可得玄妙。"

张松溪在四明山练剑三年才学成下山。明万历九年，即1581年，张松溪云游到山东泰安，发现此处有一个名叫赵太斌的武师正在摆擂台比武，就在泰安住了下来。他每天都去擂台观看比武，发现那个叫赵太斌的武师非常厉害，上台之人很多不到一招，就被他打下擂台。

擂台比武进行了3个月，竟然没有一个人能胜过赵太斌，张松溪心中暗暗称奇。这一天，擂台上已经没有人敢上去应战，张松溪轻轻跳了上去。

赵太斌双手抱拳说："好汉请留下姓名！"

张松溪一拱手说："打完再留不迟。"

擂台 旧时武术家比武的台。擂，意即打击，是武术散手的早期竞赛形式。通常有两种：一为由主办者摆擂台，能武之士皆可上台与之较量，称为"打擂"；一为由主办者设台，比武者按报名程序上台较量，取胜者留在台上，以决出武艺最高强者，称为"擂台赛"。

赵太斌见状就伸拳来击，谁知对方身轻如燕，不见身动，却已转到他的身后。他忙扭身应对，身上早被对方点了一指。这一指没见对方用多大的力气，赵太斌却感觉痛彻心扉。就在赵太斌感觉疼痛的一刹那，背上又中了一掌，这一掌令赵太斌重重地摔了出去，一头栽倒在地上。

赵太斌知道自己遇上了高人，急忙起来跪倒在地，口称："师父！"

张松溪将他扶起来说："不敢当，起来吧！"

赵太斌说："师父不收弟子为徒，我今天就不起来。"

张松溪说："此功夫是武当山三丰祖师所传，鄙人如何敢称师，你若是愿学，我可以教你，你以后叫我师兄就行了。"

赵太斌这才起来，恭恭敬敬地叫了一声："师兄！"然后，将张松溪请到家里，安置住下。张松溪在这里了解到赵太斌人品很好，尊贤爱老，便将剑术传授给了他。

3年后，赵太斌学成，张松溪飘然离去。

阅读链接

关于武当剑第二代传人赵太斌，史料记载很少，只知道他是山东泰安人，曾经摆擂台比武，后来拜张松溪为师学习武当剑。还有就是他向湖北均县的王九成传授武当剑法的零星记录。

清顺治元年，即1644年，均县著名的武术家王九成向南洋贩货，一人一骑押货出行。一天，行至一片树林时，遭到两个匪徒拦劫。王九成奋力抵抗，几个回合后，渐渐不敌，就在他即将被杀之时，突然从林中飞出一人，仗剑一击，二匪招架不住，鼠窜而逃。王九成拜谢救命恩人时，才知道对方是武当剑传人赵太斌，别号"丹云山樵"。王九成当即就要拜他为师，赵太斌说："拜师不敢当，如果你真的想学习武当剑术，叫我师兄就行了。"后来便把剑术传给了他。

王宗岳接过太极衣钵

　　明嘉靖四年，即1525年秋天的一个夜晚，在山西绛州府商人王祖通家，诞生了一个胖乎乎的男婴，王祖通给他取名叫王宗岳。

　　王宗岳虽然生长在商人家庭，但他在10岁时就成为绛州州学的生员。在州学期间，他除了学习经史子集外，还兼学拳械功夫。由于品

太极图石刻

学兼优，学业结束后，他就留任州学书院担任教书先生。

当地的会仙楼"仙楼叠翠"闻名遐迩，这里是官道经过绛州北上的必由之路，也是人文荟萃的地方。嘉靖三十六年，即1546年，云游道人刘古泉自陕道来到绛州，即下榻在会仙楼附近。

刘古泉是武当山张三丰的弟子，"太和四仙"（卢秋云、周真得、刘古泉、杨善登）之一。明洪武初年，张三丰结庐于武当展旗峰时，四人拜张三丰为师，成为张三丰的首批弟子。张三丰命卢秋云住南岩，周真得住会仙馆，刘古泉、杨善登住紫霄峰，同时静炼，后来全部修道有成，成为武当派的得道高人。

据明代任自垣的《大岳太和山志》记载，刘古泉"早脱樊笼，有蹑景凌虚之志，九还七返之妙，调铅炼汞之功，并无虚日。石火电光知其自警。然后精神全就，与道唯一"。

任自垣所记这些都是行修道家养生功的术语和进展层次，说明刘古泉是修炼内丹的高士。其中"九还七返"的九是金，七是火，指金火一炉，水火相济，由后天返先天纯阳之体的过程。"铅汞"也是喻指体内的变化或感受。"并无虚日"是说刘古泉修行道德躬行不辍，持之以恒。"精神全就，与道唯一"是说

■ 武当功夫

流派纷呈

各显异彩

州学 我国古代的官办教育机构，是各州府中设立的学校。州学在宋代各地文化活动中，城镇扮演了重要角色，各种形式的官办教育基本集中于城镇，尤其是州县城市。州学是宋代官办教育的主体，尽管其教育对象面向城乡求学者，但这类学校均设在州县，因而成为城市教育的主要组成部分。

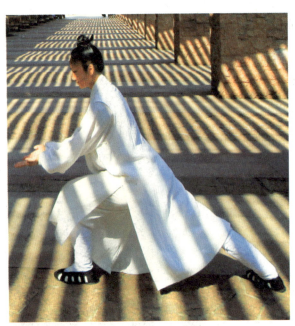
■ 太极功夫

他通过修炼取得了很高的成就。

有一天早晨，王宗岳正在练功，看到一个老道站在旁边颔首微笑，急忙上前施礼请教。这个老道就是刘古泉。

刘古泉道长见王宗岳谦逊有礼，就点拨了他几招，王宗岳按照道长的指导进行操练，果然感觉运行自如，身轻步捷。

王宗岳收住架势，连连向道长作揖施礼："多谢仙人指点。"

刘古泉则点头微笑："不必多礼，你我有缘，不必在意。"

王宗岳执意将道长请至家中，用素食热情款待。后来经王宗岳引荐，刘古泉在三官庙落足布道。

经过长期的接触和观察，刘古泉发现王宗岳知书达理，做事踏实能持之以恒，故打开山门，收纳了这个俗家弟子，并将张三丰祖师传授的拳艺悉数传授给了他。

王宗岳自刘道长传授"道士拳"，一年多来朝夕相处，拳艺已见大成。刘古泉道长提出要云游他处，王宗岳百般挽留，奈何道长去意已决，王宗岳只好洒泪相送。

强身健体的中国功夫

作揖 我国古人见面时的一种行礼形式，两手抱拳高拱，身子略弯，表示向人敬礼。据考证，作揖大约起源于周代以前。这种礼节要求两手松松抱拳重叠，右手覆左手，在胸前右下侧上下移动，同时略作鞠躬的姿势。这种礼节在京津地区，直到20世纪五六十年代依然保存，在年节、祝寿等庄重场合使用。

十里相送恨路短，师徒情谊牵挂长。其中多少辛酸事，都在依依不言中。送走刘古泉道长，王宗岳发下宏愿："他日定将此拳发扬光大，届时必铸金匾亲至武当山上。"

十多年后，王宗岳通过深研细究并根据自己对道家理论的理解，把"道士拳"定名为"太极拳"。中年以后，王宗岳精通易理尤善总结，对张三丰所著《太极拳经歌诀》多有发挥与注解，他结合自己的实践和三丰祖师的遗论，写出《太极拳论》《打手歌》《十三势行功新解》等太极拳理论，并对三丰祖师的遗论进行释解，为规范和指导太极拳运动的发展做出了重大的贡献。

《太极拳论》以太极两仪立说，解释"十三势"，以八卦、五行立说，解释太极拳的打法技巧。

五行 我国古代的一种物质观，五行指：金、木、水、火、土。认为大自然由五种要素所构成，随着这五个要素的盛衰，而使得大自然产生变化，不但影响到人的命运，同时也使宇宙万物循环不已。它强调整体概念，描绘了事物的结构关系和运动形式。

■ 练习太极拳的人

太极拳

《太极拳论》实际上是概括性很强的总结推手经验的论文，它所依据的理论是我国古代哲学朴素的阴阳学说，"一阴一阳之谓道"，以此作为太极拳的基本理论，使太极拳在广泛流传中不致练成刚拳、硬拳，也不致练成柔拳、软拳，而是大家公认的有柔有刚、刚柔相济。这应该说是《太极拳论》的主要贡献。

《打手歌》只有六句：

掤捋挤按须认真，上下相随人难进；

任他巨力来打我，牵动四两拨千斤；

引进落空合即出，粘连黏随不丢顶。

第一句"掤捋挤按须认真"。太极拳又名"十三势"，包括掤、捋、挤、按、采、挒、肘、靠、进、退、顾、盼、定。其中，掤、捋、挤、按是正法，是太极拳最基本和常用的技法；采、挒、肘、靠是隅法，是对正法的补充。《打手歌》把掤、捋、挤、按放在歌诀之首，说明练习推手一定要突出重点，重视掤、捋、挤、按四大基础功。

第二句"上下相随人难进"是指运动时上肢、下肢和躯干等各部均要协调配合，使动作完整一气，全身内外劲整。

第三四句"任他巨力来打我，牵动四两拨千斤"。"四两拨千斤"

是一个形象的比喻，贵在"牵动"二字，说明太极推手的特点在于顺势借力，进而小力胜大力。太极拳把借力打力之法提高到战略原则上来，不提倡与对方硬顶、硬抗，这是其他拳种不能比的。"四两拨千斤"用的是智慧，体现的是巧劲和省劲的原则。懂得了借力打力的道理，无论对方与我力量有多悬殊，我都可以顺利地以其势还其身。

第五句"引进落空合即出"。"引进"，也可为引劲，是通过肢体接触引导对方在自己意图下的运动。"空"有失重的感觉，如身临深渊的恐惧感。"落空"使对方的来力处处没有着落。转而我之意施加于彼身，使彼不得机、不得势，我化被动为主动。

第六句"粘连黏随不丢顶"。粘、连、黏、随是打斗中的4种状态。在推手中，粘、连、黏、随互为条件，相辅相成。粘、连、黏、随掌握得好，推手水平自然高。只有掌握了粘连黏随，不丢不顶，舍己从人，引进落空，上下相随，转换轻灵，推手技艺才会获得提高。

王宗岳少年时读过经史，也读过《内经》《道德经》及兵法等书，兼通击剑、刺枪之术，枪法最精，因此，他的理论，均以五行八卦立说，深入浅出，生动形象，成为后来太极拳的通用教材，他本人也成为继张三丰之后的最著名的太极拳拳师。

阅读链接

传说王宗岳是明万历年间山西省太谷县小王堡村人，他从小和父亲学习练武。有一年，一位邋遢道人云游天下，途经太谷小王堡村时，病倒在街头。王宗岳见他可怜，就背回了家中，每日服侍其如父，道人十分感动，便将自己的武功传授给了他。王宗岳得此功法后更加勤奋，武功大长。有一次在一家坟地里，他用胳膊竟把一个2米高的巨大石柱撞成两截，由此，"铁胳膊"的称号便在方圆几十里流传开来。事后人们才知道那个道人竟是张三丰，他是在试探和点化王宗岳。

蒋发成为武当北派宗师

明万历二十三年，即公元1595年，年近古稀的太极宗师王宗岳云游至河南郑州，在渡黄河前投宿于温县赵堡。王宗岳在前往旅店的路上，突然发现有一帮年轻人在野外练武，便兴致勃勃地前去观看。

中原自古多习武之人，嵩山少林寺的少林功夫更是威震四海，因

练习太极拳的青年

此，王宗岳在这里看见练武之人并不稀奇。王宗岳走到近前看了一会儿，发现有一个头发稀少的青年习武资质非常不错，适合培养，不由得生出怜惜之心。

这时，那些小伙儿也看见来了一个陌生之人看他们练武，纷纷把目光投向了他。王宗岳笑着向他们点头致意，并

指着那个头发稀少的小伙子说道："秃小子，你过来一下。"

　　王宗岳这样叫的目的，本来是想与他亲近一些，没想到，那个小伙儿好像被人揭了短一样，竟然勃然大怒，冲过来就对着王宗岳猛击一拳。

　　王宗岳身子没动，只是抓住他的胳膊轻轻朝侧一送，那个小伙儿便飞了出去，一跤摔出去几米远，众人不由得哈哈大笑。小伙儿被大家笑得满面通红，再次朝王宗岳冲过来，可大家还没有看清是怎么回事，又见小伙儿飞了出去。

　　这次大家不笑了，似乎也感觉到了老者的分量。小伙儿却被激怒了，他爬起来，像疯了似的朝王宗岳扑过来。他这次没有像前两次一样拳头上前，而是跳起来，准备用扫堂腿给老人致命的一击。没想到老人抓住他的双腿，又是轻轻一送，小伙儿再次飞了出去。

　　众人被老人的表现惊呆了。那个小伙儿这次爬起来没有再向老人发起攻击，而是"扑通"一声跪倒在王宗岳面前，求王宗岳收他为弟子。

王宗岳摇摇头说："你的性格过于刚烈，我不过喊你一声'秃小子'，你便想击杀我。我若传你功夫，将来你不知道会击杀多少人呢！"

小伙儿一边磕头一边说："师父，弟子知错了，请您原谅我吧！"

王宗岳还是不答应。小伙儿见状不再说话，只是使劲磕头。王宗岳却不搭理他。

小伙儿继续磕头，一下一下，众人看见地上已经有点点血迹，也帮忙说话："老师父，您就收下他吧，他练功夫可能吃苦哪！"

王宗岳见他如此诚心，才松了口说："你起来吧！"

小伙儿一跳起来说："谢谢师父！"

王宗岳说："你先别谢我。我且问你，你叫什么名字，家住哪里？"

小伙儿说："我叫蒋发，温县赵堡小留村人氏。"

王宗岳说："你要拜我为师也行，不过要先改改你的脾气，如果你真的改好了，明年今日我再来正式收你为徒。"说完飘然而去。

蒋发磕头谢过师父，立即筑室于黄河之岸，一边练功，一边守候王宗岳归来。

万历二十四年，即1595年冬，王宗岳再次出现在赵堡。他见蒋发坚守在黄河岸边等他，心里有了些许感动，第二天，他们便举行了

练太极的老人浮雕

强身健体的中国功夫

■太极拳对打

拜师仪式。

　　王宗岳收下蒋发为徒后说："我学功夫时年龄和你差不多，如今我年龄已过古稀，你正年少，如能吃得苦、定住心，持之以恒，他日必能将本门功夫发扬光大。"

　　蒋发磕头说："师父，弟子一定不辜负您的期望！"

　　蒋发正式拜师后，辞别家人随师父来到山西学习功夫。学习期间，王宗岳向他介绍了武当功夫、祖师祖训，传授了由张三丰创立并传下来的太极拳术。

　　王宗岳亲传秘诀，王宗岳的女儿跟着陪练。转眼7年过去，通过言传身教，蒋发不仅在太极内功、技法拳理方面得到真传，也在文才、太极哲理和武德等方面受到全面培养，成为文武全才的北派第二代宗师。

　　万历三十一年，即1603年，29岁的蒋发满师回到故乡。临行前，师父王宗岳嘱咐他说："待你回家，你学的功夫不要轻易传给别人。当然，也不是不让你传，而是不得其人不传。只要遇到品德好的人，就尽可以传给他。如果遇到合适的人不传，就会绝了这门功夫，这是绝对不允许的。"

蒋发遵师命，直到两年后才物色到赵堡街的邢喜怀为徒，形成了赵堡太极拳这一著名的门派。

此后的几十年中，蒋发除了培养弟子，弘扬太极事业外，还把重点放在了拳理的研究、创新方面。为了普及王宗岳拳谱，蒋发撰写了37篇拳解，深入阐发太极拳理，并将古来的拳名"十三势"，更名为"太极拳"。

张三丰的"十三势"拳法，是以太极理论为指导的。用"太极"为拳名，体现出其哲理，比起用"八门""五步"之技法命名更为适当。

■ 打太极拳的青年

蒋发在《大小太极解》中写道："天地为一大太极，人身为一小太极。人身为太极之体，不可不练太极之拳。"

后来，蒋发将张三丰拳诀的三、四之释文，抽出来重点推广，赋以"太极拳论"之标题，文末加上"是为论"三字，并于文后说："此论句句切要，并无一字陪衬，非有夙慧之人，未能悟也，先师不肯妄传，非独择人，亦恐枉费工夫耳。"这是蒋发命名"太极拳"的真实写照。

另外，蒋发还首次将"十三势"长拳的单式操演，周而复始，改为定型的太极拳套路。要知道，在王宗岳时代，"十三势"即长拳是没有套路的。

蒋发前期著作《五十三势长拳解》中说："自己用功，一势一式。用成之后，合之为长，滔滔不绝，周而复始，所以名长拳。万不得有一定之架子，恐日久入于滑拳也，又恐入于硬拳也。"说明蒋发在前期，尚未有创编套路的思想。

明末，政治腐败，民不聊生，官逼民反。因此，农民起义风起云涌，河南也同全国一样，农民被迫造反。

■ 练太极的青年

晚年的蒋发在乱世中也难以生存，从而投身于登封县以李际遇为首的农民起义队伍之中，任部将。后因明王朝调动开封、洛阳、襄阳三路大军围攻，李际遇兵败身亡，蒋发亡命他乡，隐姓埋名。

直到清初，蒋发流落到温县陈家沟，结识了因考武举杀人避祸的陈王廷，被陈王廷收留。陈王廷与蒋发曾有一面之缘，原来陈王廷与登封的李际遇是朋友，陈王廷曾奉官府之命前往劝李际遇投降。

上山时，陈王廷与蒋发交手一次，双方未分胜负。李际遇兵败身亡后，蒋发已是古稀之年，无依无靠。陈

洛阳 位于河南省，洛水之北。洛阳地处中原，有"河山拱戴，形势甲于天下"之说。洛阳最早建成于夏朝，有东周、东汉、曹魏、西晋、北魏等朝代在此定都，因此有"十三朝古都"之称，它是中华文明和中华民族的主要发源地。

三皇炮捶 是汉民族优秀文化遗产之一。它起源于河南嵩山少林寺，由普照和尚传授下来。它是将完整统一的周身功力与灵巧多变之技法相结合的一个拳种，是集技击技术与健身功能为一体的一种功法。三皇炮捶门，历史渊源悠久，奉人文初祖轩辕黄帝为祖，故又称"人宗门""人祖门""三皇门"。

王廷知道蒋发的太极拳神秘莫测，就将他收为护院拳师，对外称仆，叫"蒋把式"，在家里则把蒋发当作朋友。

在陈家期间，蒋发教了陈王廷3个月左右的太极拳。教拳之中，蒋发发现陈王廷放不下祖传的三皇炮捶，加之陈王廷没有向蒋发"行叩拜之礼"，蒋发就没有深教，也没有讲解太极拳的心法等要诀，加之太极拳架练拳之中要求放松，拳架很容易变形。

因此，陈家人在传承中，认为蒋发传的太极拳架只能作为三皇炮捶训练的准备活动。

蒋发早陈王廷6年去世，葬于陈家沟村西北小五岔口一个叫"杨海洼"的荒僻地方。

蒋发是北派太极第一代宗师王宗岳的衣钵传人，对太极拳事业的承前启后、发扬光大及理论的发展，具有不可磨灭的功绩。

阅读链接

关于陈王廷和蒋发的故事还有另一个传说，说一年秋收，陈王廷和蒋发正在地里干活，一只兔子从面前蹿过。陈王廷有意试试蒋发的飞毛腿，故意说："咦！好一块肉，可惜没带弓箭来，白白叫它跑了！"

蒋发说："看我的！"说罢，放开脚步，像飞一样追了上去。没跑多远，就把兔子活捉了回来。

陈王廷哈哈大笑说："飞毛腿，飞毛腿！"两人正在说话，一只饿鹰发现了在地下挣命的兔子，从空中一下子俯冲下来，用爪抓住兔子就飞。陈王廷也不怠慢，一纵身，平地腾空而起，把兔子从鹰爪中夺了回来。蒋发高兴得连声叫好。以后，陈王廷编制出太极拳，蒋发便拜陈王廷为师，跟陈王廷习学太极拳。

陈王廷创新太极拳法

陈王廷，字奏庭，陈家沟陈氏始祖陈卜第九世孙。陈卜原籍山西泽州郡，后迁至山西洪洞县。

明朝洪武五年，即公元1372年，陈卜又被迫迁至怀庆府，也就是后来河南沁阳一带。他和其他移民一道，清除了因战乱留下的腐尸烂骨，割去了荆棘野草，筑土为墙，结草为舍，住了下来。

因陈卜为人忠厚，又略精拳械，深为邻近乡民敬重，所以将他新建的新村称为"陈卜

陈王廷画像

强身健体的中国功夫

■ 陈王廷塑像

庄"。过了两年，陈卜因嫌这一带地势低洼，土地盐碱，又将全家迁到清风岭上的常阳村。时间长了，陈氏人丁繁衍，又以家传武术出名，村中又有一条南北向大沟，所以常阳村便逐渐易名为"陈家沟"。

陈王廷出生于万历二十八年，即1600年，他的祖父和父亲均为明朝下级官吏，他是家里4个孩子中的老二。陈王廷自幼天资聪慧，勤奋好学，不但深得家传武功的精髓，而且熟读诸子百家，涉猎经史子集，学识渊博，被誉为"文事武略，皆卓越于时"。

万历四十八年，即1620年，陈王廷就开始担任镖手在山东一带护镖。由于他武功高强，信誉卓著，在齐鲁一带声名远播，让匪寇闻名丧胆。

陈王廷生得面红庄重，美髯飘动，善骑一匹红色战马，惯使一把春秋大刀，江湖同道给他起了个绰号，叫他"二关公"。

明朝末年，陈王廷被县里提升为乡兵守备。崇祯年间（1628—1644），有一次应试考武举，因武艺超群，箭法精湛，一马三箭，三马九箭，射了个"凤夺巢"，赢得了满场喝彩。

凤夺巢就是第二箭从靶心挤出第一箭，第三箭又挤出第二箭，像鸟儿争巢一样。但是，因为擂鼓报靶的鼓吏受人贿赂，却只擂了三通鼓，意思是他射9箭只中了3箭。主考官听鼓声，只以中3箭计算成绩。

陈王廷见鼓吏隐瞒他的成绩，勃然大怒，驰马提剑，劈死鼓吏，逃出了校场，此后只能隐居度日。

明崇祯十七年，即1644年，李自成改西安为长安，称西京，建大顺国，年号永昌。二月克山西，三月十九大顺军攻占北京，宦官曹化淳开宫门迎降。崇祯帝登煤山自缢身死，明朝灭亡。

明朝灭亡，对于逃亡的陈王廷来说应该是好消息，但他此时已经对仕途失去了兴趣。

陈王廷在一首诗中写道："叹当年，披坚执锐……几次颠险！蒙恩赐，枉徒然！到而今，年老残喘，只落得，黄庭一卷随身伴。闷来时造拳，忙来时耕田，趁余闲，教下些弟子儿孙，成龙成虎任方便。"

陈王廷虽然对仕途失去了兴趣，但是，他对教授弟子儿孙打拳练武却兴趣大增。在此期间，他广泛搜集、整理民间武术，比较其中的异同，汇集它们的长处，加以继承和创新，常年乐此不疲。他的这些活动，使他成为继我国明朝抗倭名将戚继光之后整理民间武术的杰出人物之一。

李自成（1606—1645），原名鸿基，明末农民起义领袖，世居陕西米脂李继迁寨。他童年时给地主牧羊，曾为银川驿卒。1629年起义，为闯王高迎祥部下的闯将，勇猛有识略。在荥阳大会时，提出分兵定向、四路攻战的方案，受到各部首领的赞同。高迎祥牺牲后，他继称"闯王"。

流派纷呈

各显异彩

武举 指科举制度中的武科。武举制度创始于唐代，兴盛于明清两代，特别是在清代。明代的武举考试基本上分为三场：初场试马箭，靶置应试者侧面35步外，驰马开弓，共放箭9支，其中有4箭中靶即为合格；二场试步下箭，应试者距靶80步，开弓放箭9支，其中有箭中靶即为合格；三场试策题二道，后改试策一道。

　　从他研究、整理民间武术的活动，以及后来所写的《拳经总歌》中，都能明显看出其受戚继光的影响很大。戚继光编有《拳经》三十二势，通过比较，陈王廷取《拳经》中的二十九势汇入他所创编的陈式太极拳中。

　　戚继光的《拳经》三十二势以"懒扎衣"为起势，所谓"懒扎衣"是指左手撩衣塞于背部腰带，右拳横举向后，目视左前方。因为明代的人长服束腰，演拳时须将长服卷起塞于腰带中，以便动步踢腿。还有歌诀这样唱道：

　　　　　　临敌若无胆向先，空自眼明手便。

　　陈王廷所造七套拳路，也都以"懒扎衣"为起势。不过他的"懒扎衣"是指临敌时随意撩衣应战，是武艺高强，临敌不慌不忙之意。

陈王廷所制拳谱和《拳经总歌》，也取自戚继光的《拳经》歌诀文辞。同时，他所编的长拳，还汇集了诸多不同姿势。可见，他研究、吸收其他拳种之多。

这一时期，北派太极宗师蒋发因参加以登封县李际遇为首的农民起义失败隐入陈家沟，成为陈氏宗族的武术教师和陈王廷之友人。蒋发演示的武当功夫，使陈王廷受到了新的启发。

此后，陈王廷创造性地将道家的太极阴阳学说与张三丰的导引、吐纳内功以及中医经络学说融合于武术之中，创编出一种阴阳开合、虚实转换、刚柔相济、快慢相间、老少咸宜，既有实战功能，又能强身健体的拳术。

这种新拳术，据太极之理，由无极至太极，由无相而生有相，由静而生动，每个招式均分阴阳，即虚、实、柔、刚，动作多以弧形、曲线为基础。

宗族 亦称"家族"。"族"指父系单系亲属集团，即以一成年男姓为中心，按照父子相承的继嗣原则上溯下延，这是宗族的主线。主线旁有若干支线，支线排列的次序根据与主线之间的血缘关系的远近而决定。族内有家，因此族又是家庭的联合体。

363

流派纷呈

文显异彩

■ 陈家沟祖祠

此拳与武当太极功夫一脉相承，它结合导引、吐纳之功，加强了柔化刚发的力量和经络学说，具有了缠绕运转的缠丝劲；采用阴阳学说，才有了阴阳、虚实、柔刚俱备的拳理。这就是后人所称的陈式太极拳。新创陈式太极拳，共分五路和炮捶一路、一百零八势长拳及双人推手等。

陈王廷又据此理创编了刀、枪、剑、棍、锏、双人粘枪等器械套路。其中双人推手和双人粘枪方法，是他的独创性成就。它以粘连黏随、不丢不顶、柔中寓刚、无过不及为其本原则，成为前无古人的独有的竞技方法，解决了没有护具设备不可以练习徒手搏击技巧和提高刺枪技术的难题。这是我国武术史上具有划时代意义的创造性成就。

强身健体的中国功夫

阅读链接

传说蒋发与陈王廷在一起时，陈王廷总想跟蒋发学几手绝招，几次要求，蒋发总是笑笑不回答。于是陈王廷心生一计。一天夜晚，两人正在揣摩太极拳的新拳路，陈王廷忽然纵身一跳，在旁边兵器架上，抽出一口单刀，劈头照手无寸铁的蒋发砍来。

蒋发不等刀到，"唰"的一下子从院子中间跳到墙跟前。陈王廷跟近一步，又是一刀。说时迟，那时快，只见蒋发向上一纵，只听"噢"的一声，身子像被磁铁吸住的铁块一样，一下子贴在一丈多高的墙上，犹如被钉住了似的，一动也不动。

陈王廷闯荡江湖半生，年过半百，光听人说"贴墙挂画"，平日心中总不信这是真的，以为是江湖上的人故意说大话，今天方知传言不假，心底对蒋发更佩服了。

陈氏太极神功威震木门寨

清代初期，陈王廷与亦师亦友的蒋发经过多年研究，创立太极拳法初获成功，他们虽然欣喜异常，但仍继续研习。当时，陈王廷家里喂有一头牛，膘满肉肥，体高力壮，少说也有几百斤重。平日里下地干活，独犁独耙，走得飞快，所以很受全家人的喜爱。

陈氏太极表演

五更 我国古代把夜晚分成五个时辰，用鼓打更报时。每个时辰被称为"更"，每更为现今的两个小时。一更是19点至21点，二更是21点至23点……依此类推。五更是在第二天的3点至5点，称平旦，又称黎明、早晨、日旦等，是夜与日的交替之际。这个时候，鸡仍在打鸣，而人们也逐渐从睡梦中清醒，开始迎接新的一天。

旱地拔葱 葱的根系不发达，它长在地的表面；在干旱的土地上拔起葱苗，比喻轻巧利落；后来应用于武功中的一种跃起姿势，形容跃起时轻巧、干净利落，不需要助跑，直接起跳，可以理解为弹跳。

有一天的五更头，家里人起来给牛添草，发现牛却不见了。可是前后门上得像铁桶一样，牛不可能跑出去啊！牛到底跑哪里去了呢？于是赶忙叫起了陈王廷和蒋发。

陈王廷和蒋发两人来到牛棚，发现牛槽旁边的墙上贴着一张纸条，上面写着四句诗：

家住山东木门寨，慕名访友来借牛。
无胆来者是小人，有胆来者是朋友。

牛，看来是被人偷走了，可是前后门没开，那么大一头牛，是咋偷走的呢？

开始蒋发以为是偷牛人跳进家来，开开门，偷走牛，又进来闩住门，跳墙出去的。可是这样不会没有一点动静啊！

陈王廷却不动声色，把牛棚看了一遍，又到房上察看了一番，这才说："这个偷牛人好大力气啊！"

蒋发慌忙问原因。陈王廷顺手掂起喂牛的石槽，用胳膊夹住，将身一纵，一个旱地拔葱早上了房，连一点声音也没有，然后又纵下房来，说："看见了吧！牛就是这样被偷走的。"

惊得蒋发和一家老小舌头伸出来半天缩不回去。

蒋发情知偷牛人本领高强，可俗话说，糠能吃、菜能吃，气不能吃，明目张胆偷去牛，还留纸条，这不是有意欺负人吗？

回到屋里，蒋发见陈王廷不动声色，就性急地说："陈兄，咱可不能落这小人之名啊！你要不去，我可要顶着你的名去要牛了，哪怕他木门寨刀山火海，天罗地网，我也要闯一闯。反正不能叫天下人耻笑咱陈家沟的人是稀泥软蛋！"

陈王廷揣摩，自己从未到过山东木门寨，更不会有仇人。何况纸条上明明写着"慕名访友"，看来一定是江湖上的朋友玩的把戏。好在眼下正是农闲季节，在家无事，去会会这个朋友，试试初成的太极拳威力也好，就点头说："去!"蒋发高兴地准备东西去了。

两人一人骑马，一人提刀步行，直往山东奔去。一路上风餐露宿，昼夜赶路，不一日就入了山东境界。

这一天在路上遇见一人，闲谈起来，那人自我介绍说，自己在外地做生意，这次回来，要经过木门寨回老家去。

陈王廷听他讲到"木门寨"三字，瞅了他一眼，见他也正在偷偷打量自己，心里早已猜透了五分，说不定这人正是木门寨派来的人。于是假装糊涂，也不说破，只说自己是去木门寨访友的，不认路，想和他同路，那人爽快地答应了。

走到天晚，三人住到一家客店。陈王廷发现，那人一进店门，就向掌柜的使个眼色，掌柜的就赶忙给三人安排饭菜、房间。陈王廷心里早猜透了八分。

胡公满——陈氏始祖

■陈氏始祖

强身健体的中国功夫

■ 练习太极拳的人群

丈二和尚 即俗语"丈二和尚摸不着头脑"。指弄不清是怎么回事。古时人的身高为八尺左右，举起手来也不过是一丈，而和尚的身高是一丈二尺，所以说是摸不到他的头脑的。要说"两丈和尚"这样会是常人的两倍多，就不合乎人的常情了。说"丈二和尚"是他比常人多出一截，这样较合理。

第二天一早，陈王廷故意叫蒋发去算账，谁知路遇的那人早算过了。陈王廷和他客套了几句，也就不再说了。谁知以后，天天这样。蒋发见陈王廷也不说还钱，几次想问，陈王廷光使眼色不叫他说话，弄得蒋发成了丈二和尚。

这一天，来到一个三岔路口，那个人说："两位老兄，顺着这条大路一直往前走，有半天工夫，就到了木门寨。兄弟我就要从这里下路了。"

等到那人走远，陈王廷才给蒋发说了这几天自己观察的情况，蒋发这才解开心中的疑团。

陈王廷和蒋发二人又走了半天，远远望见前边出现一座大寨。寨墙上旗帜鲜明，刀枪林立。来到近处，只见寨墙高大，寨壕又宽又深，一座吊桥高高挂起。寨门楼上镶着一块石匾，石匾上刻着"木门寨"三个大字。

二人正在观看，只见寨墙上拥出一群人来。中间一位老人，身材高大，须发苍白，满面红光，精神十足，他满面笑容在寨墙上一拱手说："王廷兄请。"

蒋发见他光说话，不见开寨门，也不见放吊桥，不知是什么意思。却见陈王廷下了战马，朝寨上一拱手，又向自己使了个眼色。随即一只胳膊夹着战马，一手提着青龙偃月刀，就地一纵，早已越过了寨壕，再一纵，登上了寨墙。

蒋发也不敢怠慢，好在他是空人，也提刀在后，纵了上来。陈、蒋二人的行动，博得寨墙上的众英雄一片赞赏声。

陈王廷上了寨墙，与为首老人互相问好后，又与众人见了礼。早有人将陈王廷的战马牵去饮水喂料。两人在老人的陪同下，走下寨墙来。见前边不远处，有一大片房屋。周围长满了树木。来到大门口一看，只见大门洞连着一条3米宽，两丈多长的胡同。

老人两手一拱，摆出请客人先走的姿势，说："王廷公，请！"

蒋发正要上前开路，陈

弩 一种用机械力量射箭的弓，一般使用多层竹、木片胶制的复合弓，形似扁担，所以俗称"弩担"。它的前部有一横贯的容弓孔，以便固定弓，木臂正面有一个放置箭镞的沟形矢道，使发射的箭能直线前进。木臂的后部有一个匣，称为弩机。

■ 打太极拳的老人

打太极拳的女性

暗器 指那种便于暗中实施突袭的兵器。暗器大多是武林中人创造出来的，它们体积小，重量轻，便于携带，大多有尖有刃，可以掷出十几米乃至几十米之远，速度快，隐蔽性强，等于常规兵刃的大幅度延伸，具有较大威力。在千军万马厮杀的战场上，暗器很难发挥作用，所以古代战将很少有练暗器的。武林中讲究的是一对一的打斗，双方距离很近，于是暗器就派上了用场。

王廷拉了他一把。随即撩衣迈步，进入大门。谁知脚才落地，只见大门洞中，3支连珠箭"嗖嗖"有声，照着自己直射而来。陈王廷看得真切，一把接过第一支箭，跟着手疾眼快，用第一支箭将其余两支箭拨落在地下，然后扔掉第一支箭，直入大门洞。

陈王廷知道这大门洞和胡同中必有机关，就运用轻身功夫，连蹿带跳，疾走如飞。只听背后"嗖嗖嗖"乱响，乒乓有声。等过了胡同，回头一看，暗弩发出的箭，把胡同两边的墙上，射得像刺猬一样。

蒋发见势不好，自己本领本不如陈王廷，不敢脚踏实地，就地一跺脚，用一个"燕子穿帘"的招式，腾身凭空穿过两丈多长的胡同，手提单刀，紧紧跟着陈王廷。

老人竖了竖大拇指，关了暗道机关，和其他人也跟了进来。

众人出了大门胡同几十步，迎面又是一道二门。形状、构造都和大门一模一样。不过暗器变成了梅花桩。梅花桩就是用二三尺高的木桩，按梅花形排列，平日隐在两边墙内和暗弩一样。如失误踩机关，巨木就从墙上射出。二木相撞，不要说人的血肉之躯，就是铁人，也能挤扁。

　　陈王廷听得身后"咚咚"直响，知道是梅花桩，暗笑主人并没有什么新花样。说时迟那时快，早已过了二道胡同。蒋发也按过第一道门的办法跟了过来。

　　过了二道门胡同，穿过一个月亮门，是一个几亩大的空院，上面绿树成荫，下面方砖墁地。两边兵器架上，插着刀、枪、剑、戟、棍、鞭、斧、叉等兵器。几个大汉，正在练武。

　　一见陈王廷二人，那几个大汉怒容满面，挥刀提剑，就扑了上来。老人把脚往下一跺，喝道："这是我请来的朋友，不得无礼，还不退下！"几个大汉连忙退到一边去了。

　　陈王廷见刚才老人一跺脚，几块方砖一下子就陷进地下几寸深，脚底下那块，早变得粉碎，知道他是故意显露本事，也不在意。蒋发却暗暗提高了警惕。

　　一伙人来到了客厅，天已经黑了。主人招待陈王廷、蒋发喝了茶，就摆上了酒席。蒋发怕宴无好宴，为了便于观察动静，他就假装粗鲁，一纵身坐到了大梁上，说道："我看这个地方不错，我就在这里吧！"

　　陈王廷知道他的用意，向老人解释说："我这个徒弟，性格粗鲁，请您不要见怪！"

　　老人也笑着说："高徒心直口快，确是英雄本色！"

■ 打太极的老人

■ 练习太极拳

扫堂腿 身体下蹲，用一条腿猛力横扫以绊倒对方。一种情况，当对方高踢过来可快速用手接住敌腿上托而身子同时下蹲往对方裆里挤进用另外一条腿铲扫都可以；另一种情况，当对方高踢过来可快速下蹲双手扶地重心在一腿上，用另一腿快速后扫对方支撑腿。关键是要上托和下蹲进身同时进行，要一气呵成才行。

旁边一个管端酒菜的大汉，用匕首扎了一块肉，向蒋发说："朋友，请！"嗖的一声，向蒋发扔来。

蒋发不慌不忙，一张嘴，"吧嗒"一声咬住肉，"咯嘣"一声连刀尖也咬了下来。肉咽下后，他"噗"的一下，把刀尖吐出，刀尖不偏不倚正扎在下边柱子里。

陈王廷一边喝酒，一边心想："这老人一不说名，二不道姓，难道还有什么花样不成？"

这时，那老人站起来，对陈王廷说："王廷兄我有点事，要出去一下，暂时失陪了！"

陈王廷也说："仁兄请便！"

老人刚出客厅门，就见外边一下子拥进了20多个大汉，举刀舞棍，直向陈王廷扑来。又听见客厅门"咔"的一声，从外面反扣上了。蒋发见势不好，从梁上纵身而下，拔出单刀，和几个大汉格斗起来。

陈王廷见老人并无恶意，又怕蒋发为了保护自己，分散精力，急忙招呼道："留神你自己，别管我，要刀下留情！"

随手拔出护身宝剑，一边招架，一边瞅准破绽，

"啪啪"几掌，就将靠近他身边的几个大汉打翻在地。趁躲兵器的机会，就势蹲下，一个"连环扫堂腿"，又扑上来的几个大汉也东倒西歪栽翻。

陈王廷见蒋发也打倒了几个大汉，就高声招呼蒋发："灭灯！"蒋发拔出飞刀，"嗖"，朝客厅正中高悬的吊灯绳扔去，将绳一截两断。

吊灯掉在地下，摔得粉碎。客厅中立刻变得漆黑一团。就在这时，只听"嗖嗖"两声，大厅中，除了被打倒的大汉的哼哼声外，变得风平浪静。

忽然院内点亮了灯笼火把，老人带领人打开门走进来。见客厅中桌翻椅倒，盘烂碟碎。自己人像麦棵子一样，躺了一地。陈王廷、蒋发却踪影不见。他连忙抱歉地大喊："王廷兄，小弟这边给你赔礼了。"

话音未落，却见山墙和梁头上，两人飘然落地，正是陈王廷和蒋发。

老人赶忙上前，拉着陈王廷的手说："我兄连闯小弟设下的三关，未伤毫毛，说明我兄拳艺高绝，英雄盖世。"

陈王廷也赶忙拉起躺在地下的大汉们，赔礼说："我们班门弄斧，有伤诸位贤弟贵体，请诸位贤弟原谅！"那些大汉满面羞惭地出

飞刀 一种暗器，一般刀身上锐，刃薄如纸，呈柳叶状，长约25厘米，又称"柳叶刀"。刀柄末端系红、绿绸子，各长约6厘米。此刀为有尾翼飞刀，发射时刀身直射。另外还有旋飞的，就是握尖旋飞半圈或者几圈后刀尖插中目标。

373

流派纷呈

各显异彩

■ 练习太极拳绘画

去了。

老人叫人重新打扫客厅，点亮了灯，重上酒菜。吃喝间，老人这才自我介绍。原来，他姓熊，名若虎，自幼闯关东，跟一个和尚学了满身武艺。因为不满吴三桂献了山海关，这才一气之下，回到家乡从此隐姓埋名。

熊若虎平日专好结交天下英雄，早就听说陈王廷英雄盖世，因为有他事缠身，才让徒弟以借牛为名，将陈王廷骗来。

老人说到这里，重新又给陈王廷赔礼道歉，他说："使你们受几百里风霜之苦，确实让我心中不安，不过望兄体谅我这颗结交天下英雄的苦心。"

陈王廷问熊若虎："不知前往温县借牛的是哪一位仁兄？"

熊若虎说："他去还牛了。老兄路上遇到的那个人，也是他事先安排的。"说得陈王廷二人和众人都笑了。

陈王廷在木门寨住了几天。等回到陈家沟，家里人说，偷去的牛已经被送回来两三天了。

阅读链接

陈王廷太极拳理论包括缠绕螺旋、柔中寓刚，避实击虚、顺应客观条件变化而变化，以意行气，劲由内换，人不知我，我独知人，因敌变化等特点。

如《拳经总歌》开头两句话："纵放屈伸人莫知，诸靠缠绕我皆依。"就是指在练习太极拳套路的基础上练习反应灵敏，逐步达到"四两拨千斤"的高超境界。

陈家沟陈氏世代传习陈王廷所造拳套，至14世陈长兴这一代，陈氏已仅专精于太极拳第一路和炮捶一路，亦即后世尚在传习陈式太极拳第一路和第二路。后来，杨式太极拳和武式太极拳即是直接从陈长兴这一代的陈式太极拳第一路演变而来。

陈氏太极拳后继英才辈出

在陈家沟400多户人家中，十之七八为陈氏之后。因陈式太极拳发源陈家沟，所以数百年来，这个黄河岸边的小村子一直备受瞩目，成为太极拳的圣地。陈敬柏，字长青，生于清康熙年间（1667—1722），他是陈家沟陈氏第十二代人，精通太极拳，一世行镖，行侠仗义，救人无数。

陈敬柏到晚年时，得以归耕故里，颐养天年。一年夏伏时期，他在村外玉皇庙乘凉，有一名叫王定国的山东客人前来访艺，相约互击三拳，以决高下。

比武的时候，王定国先打，陈敬柏都轻易化解

陈氏太极表演

强身健体的中国功夫

■ 陈家沟

混元一气功 太极元功拳术一百零八式单操法中内外兼修，形神气技合一的一种行功功法。元者，本来之物也。在人谓之元精、元气、元神。混元者，元精、元气、元神三者合一也。纯一不杂为精，融通血脉为气，虚灵活动为神。一者三，三者一，一体三用。本功是专门修炼人类赖以化生、生存的混元真一之气的功法，所以命名为混元一气功。

了，并谦逊地说不再还击。王定国坚持要打，便运气鼓肚凸处，陈敬柏无奈只好起右拳虚晃击其凸处，然后变以肘尖稍击其小腹，王定国立刻仰面摔出数步以外。王定国怅怅辞去，并扬言后会有期。

数年后，陈敬柏在村边犁地，王定国又来到了陈家沟，并到地头上询陈敬柏家居处。

陈敬柏见其气势汹汹，已不认识自己，就说："我乃陈敬柏之长工，主人外出访友，需我往觅请归，但时值抢墒下种时期，莫若君代我耕，我便找主人，请其即归相会，如何？"

王定国欣然答应了。陈敬柏便顺牛整套，用食、中指代犁楔子，使出混元一气功，赶牛拽行10步，以作示范。

王定国见了，不由摇头皱眉，自觉无此功夫。心中自忖："长工即有此绝技，陈敬柏恐更难匹敌。"

借口另有他事，改日再来拜会，悻悻辞去。

又过了10年，这年农历正月初八，正逢河南温县东关火神庙庙会。当时陈敬柏患病新愈，前往庙会游玩，不想在庙会上遇到一个卖姜的人，身躯魁伟，年龄在50岁左右。

那人抱一石碑堵塞在庙门前，大声呼喊道："吾是王定国，绰号'盖山东'。今日是第三次来访陈敬柏，今天趁会上人多，请大家看着证明，好决一高低，请莫惊扰。"

众人听了都很惊异，忙腾出一片空场地，好看热闹。陈敬柏闻听后，即上前招呼，邀王定国到家说话。王定国坚执己见，竟耀武扬威、拳脚交加向陈敬柏逼去。

陈敬柏再三退让，王定国更加得意忘形，陈敬柏忍无可忍，只好应战。他在退让三招后，看准王定国一个破绽，躲过来拳，一个"迎门靠"，打在王定国的前胸上，王定国飞跌出一丈多远。从此人们更知道陈敬柏陈氏太极的功夫之神妙。

1795年的中秋节，乾隆皇帝为了显示太平盛世，倡导敬老之风，下诏书请全国80岁以上、德才兼备、儿孙满堂的老人到北京皇宫的太

377

流派纷呈

陈氏纪念馆

■ 太极拳发源地陈家沟壁画

和殿，参加"千叟宴"，在这千位老人中，陈家沟占有两名，一个是85岁的陈善，另一个是88岁的陈毓英。

两位老人离京返乡，河南巡抚和怀庆知府亲自迎送，到陈家沟后举行了挂匾仪式。这在陈家沟可是大事，全村上下像过年一样庆贺一番。

在放鞭炮时，一个年轻人无意中把一个炮仗扔到了正在村边吃草的公牛身上。牛被炸惊了，发疯似的向陈家家庙广场冲去。

人们见势不好，就拿家伙向牛打去。这一来，牛就疯得更厉害，弓着腰，挺着利剑一般的牛角，向巡抚和知府落座的方向扑来，许多人吓得不知所措。

在这千钧一发之际，只见一位老人挺身而出，三步并作两步冲到前面，站个骑马蹲裆式护住两位大人。这时疯牛闪电般冲来，老人手疾眼快，两手迅速地抓住牛的肋骨，大喝一声，猛然发力，就把疯牛掀翻在地，两位大人得救，连称"真乃神人"。

原来，这个力斗疯牛的老人正是陈氏第十三世孙陈公兆，当时他也已是八十高龄。

继十二世、十三世之后，十四世的陈长兴也是一个具有独立见解和改革精神的人，他在太极拳的发展上又树立了一个里程碑。

陈长兴生于1771年，自幼随父习武，太极拳械练得出神入化。成年后陈长兴以保镖为业，常走镖山东，在武林中享有盛名。

有一次，陈长兴在戏台前看戏，站立在数百上千人中间，无论众人如何推、扛、拥、挤，他都纹丝不动，凡靠近他身体者，"如水触礁，不抗自颓"。

陈长兴平时练拳，姿势端正。久而久之，不管是走路还是站立，一举一动，都立身中正，时人称其为"牌位大王"。

陈长兴在陈王廷创编的一至五路太极拳的基础上，精练归纳，创造性地发展成现在的陈氏太极拳一路、二路，后人称之为"太极拳老架"或"大架"。

陈长兴发展的太极拳一路以柔为主，柔中有刚，动作舒展大方，连绵贯穿，沉着稳健，一动无有不动，一静百骸相随；二路以刚为主，刚中有

流派纷呈

各显异彩

陈公兆 生于1715年，陈氏十三世，太极拳第五代传人。学术纯正，拳艺精湛，品德优良，武德高尚，持己端方，事不徇私。为人乐善好施，遇灾荒之年，常设粥场施饭，每遇寒冬，买衣施贫。乡里有贫民不能婚葬者，他都慷慨周济。许多太极拳名士多出其门。

■ 打太极拳的人

陈发科 生于1887年，师承其父陈延熙，应许禹生等之邀到北京传拳，他以"挨着何处何处击，将人击出不见形"的高超技艺受到武术界的叹服，从而在北京站住了脚，使得有300多年历史的只流传在陈家沟一隅之地、一姓之众的陈氏太极拳走出了陈家沟，是陈家沟陈氏太极拳发展的一个重要的里程碑。

柔，整个套路动作复杂，急速、紧凑，套路中有蹿奔蹦跳、腾挪闪展的动作，具有快、刚、跃的特点。

所谓有一长，必有一短，大多数拳师都是能武不能文，而陈长兴是继陈王廷之后的又一个文武兼备的武学大家。他在继承发展太极拳术的同时，还根据自己的实践所得，发展了陈氏太极拳理论，其一生著述甚多。

流传下来的有《太极拳十大要论》《太极拳用武要言》《太极拳战斗篇》等。这些结合实践的理论著作，在很大程度上丰富了太极拳的理论，将太极拳从实践到理论都提到了一个新的高度。

陈长兴之后，陈家太极幸喜代代有英才，陈发科是陈长兴的曾孙，是太极拳陈家后辈中的代表人物，不但武功高强，而且为人谦虚。与人谈论功夫，他总是爱说"我不中"。与人比试，他从不伤对方身体。时间长了，武林中人干脆就叫他"陈不中"。

陈发科在北京期间，曾被邀请作为顾问去参加武术比赛。研究比赛的规则时，有人提出以15分钟为限，陈发科说时间太长，只需裁判口中念"一、二、三"即可。

有个武术教练名叫李剑华的犹豫道："那么快能决出胜

■ 打太极的女性

负吗？"

陈发科笑着回答说：
"咱俩可以试试。"

李剑华身高近2米，体重100多千克，擅长八卦掌。李剑华刚抬掌近身，就被陈发科用内劲"弹"出一丈开外，但身体完好无损。李剑华佩服得五体投地，遂拜陈发科为师。于是比赛的规则采用了陈发科的建议。

■ 太极功夫

在比赛期间，当时全国一流的摔跤手沈三莅要与陈发科比试，陈发科便伸出双臂，让沈三莅抓住。在场的人都瞪大了眼睛想看个究竟，岂料不到 3 秒钟，双方没做任何动作，二人竟相视一笑，就算结束了。

两天后，沈三莅提着点心专程赶到中州武馆，一见陈发科，便连声称："谢谢陈师父的不打之恩。"

旁边正在练功的徒弟们不知道怎么回事，都是一副莫名其妙的表情。

一看这情形，沈三莅更感动了，竖起大拇指，对陈发科的徒弟们说："你们的师父不但功夫好，人品更好！前天我们比试，一伸手我就已经输了，他让我抓着他的胳膊，我想借劲借不上，想抬腿也抬不起来，陈师父要想摔我，一摔一个准！可他当众给我留了面子，背后还不宣传，真是佩服！佩服！"

八卦掌 又称"游身八卦掌""八卦连环掌"，是一种以掌法变换和行步走转为主的拳术。由于它运动的时候纵横交错，分为四正四隅八个方位，与"周易"八卦图中的卦象相似，故名八卦掌。有些八卦掌老拳谱常以卦理解释拳理，以八个卦位代表基本八掌。

陈发科经常告诫他的弟子："和人推手，发劲必须加在胳膊上，不可直接发到对方身上，以免伤了内脏；在不了解对手功力的情况下，不能撒手，以防对手跌伤……"

陈发科没有武林中普遍存在的门户之见，每当徒弟问他哪种拳好，哪种拳不好时，他都会一本正经地说："哪种拳都好，不然早就被淘汰了。"

当时的武术界诗人杨敞曾写诗称赞陈发科：

都门太极旧称杨，迟缓柔和擅胜场。

不意陈君标异帜，缠丝劲势特刚强。

陈发科的德行在武林中有口皆碑。在北京授拳时，凡有人请其去当武术教练，他都会提出一个条件：不能辞退原来的武师。

一次，有人请他任教时，偷偷地把原来那个武师辞退了，陈发科得知后，以"不善于集体教学"为由，拒绝去教拳。

平时武林同道找他切磋武艺，无论是内家、外家，他都一视同仁，热情接待，遇到生活困难有志于学习太极拳的人他还免费教授。

阅读链接

关于陈家太极拳的起源，直到今天众说不一。现已经明确的是河南温县陈姓一族自古以来就练太极拳，太极拳这个名称是因为拳法变化无穷，遂用中国古代的"阴阳""太极"哲学理论来解释拳理而被后世所命名的。

陈氏一族流传的太极拳，传到后世分为许多支派，为了便于与其他各派太极拳有所区别，所以称为"陈家太极拳"，有时也称为"陈氏""陈派"或"陈式"。

王征南弘扬内家拳法

武当功夫在张三丰百年之后，流传于山西绛州府，王宗岳成为其著名传人。随后，温州的陈州同从王宗岳那里得到真传，并用来教练本乡人，于是，武当功夫又得以在温州流行。

嘉靖年间（1522—1566），浙江鄞县张松溪从张三丰的弟子孙十三老那里得到武当内功真传，使鄞县又成为著名的武术之乡。

张松溪的徒弟有三四个，尤以四明的叶近泉最为优秀，后来在四明得到叶近泉传授的，有吴昆山、周云泉、单思南、陈贞石、孙继槎等人，这些传人里后来最出色的是单思南的

打太极老人铜像

■ 太极拳群雕

布政使 官名。
明初，沿元制，
于各地置行中书
省。1376年，改
各行中书省为承
宣布政使司，改
原行中书省参知
政事为布政使，
1381年，增设为
左右布政使各一
人。1428年，全
国定十三承宣布
政使司，以布政
使为一省最高行
政长官。清沿置，
掌全省民政、田赋
与户籍等事，为
总督巡抚属官。

徒弟王征南。

王征南原名来咸，字征南，万历四十四年，即1617年出生于四明，他的祖父名叫王宗周，父亲叫王宰元，他家世代居住在四明城东的车桥。王征南出生后，他们全家迁到了三面环山的小村庄同岙村。

少年时期，王征南拜内家拳高手单思南为师学习武当功夫。单思南师父早年从军东征过日本，年老后回家，以自己的内家拳传授徒弟。

单思南师父授徒非常谨慎，对于武功中微妙精深的地方，他喜欢关起门来独自温习，跟他学的人一般都不能看到。

王征南小时就比较机灵，为了学艺，他曾在楼上把楼板挖了个洞悄悄地偷看，但也只看到一个大概。思南师父的儿子不太成器，师父常常为自己的身后事无人料理而伤心。

王征南知道师父的心事后，便从家里取了几件银酒器，送给师父，作为师父百年后购买上好棺木的费用。思南师父有感于他的诚意，便把不传的秘技统统传授给了他。

青年时期，王征南决定从军报国。浙江布政使左参议、分司宁绍的巡海道卢若腾根据个人的武艺分发口粮，由于王征南武艺出众，他一个人平时领用的口粮比几个人还多。

有一次，巡按御史巡视部属，让士卒们在校场上比试射箭，王征南七箭中的，当场就被巡按御史补授为临山把总。

巡按 古代的官职名，唐代始设。主要负责巡视，考察吏治，每年以农历八月出巡，称"巡按御史"，又称"按台"。巡按御史品级虽低，但号称代天子巡狩，各省及府、州、县行政长官皆其考察对象，大事奏请皇帝裁决，小事即时处理，事权颇重。

王征南为人机警，从不显露锋芒。一天晚上，他出去探察情况，被对方守卫的士兵俘获，反绑在廊柱上，几十个人聚集在一起，一边喧闹狂饮一边看守着他。

王征南捡起一块碎瓷片，偷偷地割断捆绑他的绳索，然后拿出自己口袋中的银子，往空中一抛，趁几十个人抢夺银子的时候逃了出去。

王征南跑得极快，追赶他的人刚开始还拼命与他赛跑，但跑了一段以后，那些人就累得趴在地上，再也没有力气追他了。

王征南摆脱了追赶他的人，又跑了几里地后，却迷失了方向，找不到回去的路了。他东

■ 拳法传授

流派纷呈

名显异彩

■ 练内家拳雕塑

锣 是我国传统的打击乐器，在我国民族乐队中占有非常重要的地位。它不仅在民族乐队、民间器乐合奏、各种戏曲、曲艺以及歌舞伴奏中使用，而且也是庆祝集会、赛龙舟、舞狮子、欢庆丰收和劳动竞赛中不可或缺的乐器。

走西走，走到了一块庄稼地里。

夜间看地的人看着他东奔西突，以为是偷庄稼的贼，就敲锣打鼓地聚集起一大帮人围住他，用棍棒袭击他。王征南眼看着无法脱身，只好施展所学的功夫，打倒了几个人才逃出了众人的包围。

还有一年年底，他一个人出去办事，碰到七八个营兵以为他是流民，要拉他去当搬运工。他向那些营兵解释，说自己有公事，没有时间给他们帮忙。那些营兵哪里听他解释，搬了一副重担就放在他的肩上。

王征南见说不明白，就不再费口舌，把担子一扔，走自己的路。那些营兵看到这个人不听使唤，围上来就对他拳打脚踢。

王征南一步跳到路边的一座桥上，那些营兵看出这个人有些功夫，就拔出刀来对付他。王征南空手迎敌，来一个挡一个，来两人打一双，不一会儿，几个营兵全都被他打倒在地上。最后，他将营兵的刀全部丢到水里，才从容离去。

王征南好打抱不平，遇到不平之事就会挺身而出。但当有一个富人送钱要他为自己的弟弟复仇时，王征南却坚决拒绝了："不义之事我是不会做的！"

　　明弘光三年，即1645年，清兵大举南下，连破扬州、嘉定、杭州等城，宁波已成弹丸之地，城中文武官员多有逃跑，宁波同知朱之葵准备献城求降。

　　这时，刑部员外郎、因母丧回宁波家居的钱肃乐联络当地贡生董志宁、秀才王家勤、张梦锡、华夏、陆宇火鼎、毛聚奎等人起兵抵抗，参加的百姓有数千人。大家公推钱肃乐为义军领袖，王征南为中军统领军务。

　　当时，浙西诸府州也都揭竿起兵，列营数百，与浙东首尾呼应。钱肃乐指挥的义军英勇善战，王征南也屡建奇功，被授以都督佥事、副总兵官的职务。

　　然而，就在抗击清兵节节胜利之时，各路义军内部却发生了严重的宗派分裂和倾轧，明朝贵戚也处处排挤钱肃乐，还派人暗杀他。钱肃乐悲愤难抑，只好离开宁波到温州龙峰岩削发做了和尚。

　　起义失败后，一部分义军退至东南诸岛继续抵抗，王征南则派人联络海岛上的人希望继续抗敌。但不久，他派出的人就被清兵杀害。王征南听到消息，知道复明无望，便立

贡生 科举时代，挑选府、州、县生员中成绩或资格优异者，升入京师的国子监读书，称为"贡生"。意谓以人才贡献给皇帝。明代有岁贡、选贡、恩贡和细贡。清代有恩贡、拔贡、副贡、岁贡、优贡和例贡。清代贡生，别称"明经"。

■ 太极内家拳

志终身素食，以表明自己的拳拳爱国之心。

从此，王征南不问世事，以耕种为生。羡慕他技艺的人，认为他这样必定会招致贫穷，有些军营希望他去传授武艺，以赚取生活费用。但他却漠然不顾，仍旧耕田挑粪，像是不知道自己的技艺能够赚钱养家似的。

有一天，王征南去看望一个老熟人，这个熟人与军营的营将住在一起，当时他们正请了一位松江武师在向士兵们讲习武艺。

王征南的熟人向松江武师介绍说："我的这位朋友也擅长拳法。"

那位武师傲慢地弹着三弦，斜了一眼身穿布衣的王征南说："你真会拳术吗？"

王征南推辞说不会。武师解开衣服说："我们可以试一试吗？"

王征南谦虚地说："我那只不过是些雕虫小技，没有必要在此献丑。"

武师听了，以为王征南惧怕自己，更加来劲地说："比比怕什么？说不定我还可以指点你一下。来吧！来吧！"

王征南不得已只好答应。武师见状便猛扑了过来，可还没有等他拢身，便被王征南摔倒在地。武师红着脸爬起来说："这次是我轻敌了，不算，重来！"

第二次，武师小心了，他没有像前一次那样，猛扑过去，而是慢慢靠近王征南，想寻找机会，把王征南扑倒在地。

可是，当武师刚抓住王征南，正准备使力时，却发现自己已被对方高高举起，他乱蹬乱抓，想给对方致命一击，但还没有等他得手，已被对方重重地摔倒在地。这一次比第一次跌得重，跌的是满面流血。

王征南等待武师的第三次反扑，但是没有等到，因为武师爬起来后，跪在了王征南的面前，向他低头认输。

王征南急忙把他搀扶起来，口里连连说："得罪！得罪！"

武师惭愧地说："在下有眼不识泰山，万望恕罪！"

王征南仍然谦逊地说："哪里，哪里！"

武师被王征南的品格折服，待王征南走时，还亲自送了两匹细绢给他。

王征南晚年时，秘密收了一些徒弟传授武功，明末清初的大文学家、思想家黄宗羲之子黄百家就是其中之一。他拜王征南为师，学习武当内家拳。

有一次，王征南同黄百家一起去当地的天童寺，这个寺院有个和尚叫山焰，力气很大，平时四五个人

绢 绢类织物为平纹织物，质地轻薄，坚韧挺括平整，一般常见的有天香绢、篩绢等。天香绢可以做妇女服装、童装等，它的缎花容易起毛，不宜多洗。绢从制衣到作画，再到绢艺，在艺术家的手里完成了华丽的转身。绢艺在历史上究竟始于何时，目前尚无确切史料可查。

流派纷呈

各显异彩

三弦 又称"弦子"，我国传统弹拨乐器。早在公元前214年，秦始皇灭六国完成统一后，就征发百姓去边疆修筑万里长城，为了调剂繁重的劳役，我国北方各族人民，曾把一种有柄的小摇鼓加以改造，在上面拴上丝弦，制成圆形、皮面、长柄、可以弹拨的乐器，当时称为"弦鼗"。这就是三弦的前身，最早在北方边疆的军队中使用。

强身健体的中国功夫

■ 内家拳群雕

黄宗羲（1610—1695），明末清初经学家、史学家、思想家、地理学家、天文历算学家、教育家，多才博学，于经史百家及天文、算术、乐律以及释、道无不研究。尤其在史学上成就很大。堪称我国思想启蒙第一人。

都不是他的对手。山焰听说王征南是一个武术大师，就想与他比试比试。

王征南微笑着表示同意。山焰叫了一声："小心了！"就欺身上前，想用他的铁拳将王征南打倒在地，但还没等他靠近王征南，就被对方一拳击倒在地。山焰倒在地上，挣扎了半天爬不起来。

王征南说："现在的人认为内家功夫没有什么了不起，想用外家功夫称王称霸，其实这种想法是错误的。只是内家功夫若是再没有人学习就要失传了。"

王征南的内功技法有两种，一种是拳，一种是射箭。

他的拳法有应敌打法多种：长拳滚斫、分心十字、摆肘逼门、迎风铁扇、弃物投先、推肘捕阴、弯心杵肋、舜子投井、剪腕点节、红霞贯日、乌云掩月、猿猴献果、绾肘裹靠、仙人照掌、弯弓大步、兑换胞月、左右扬鞭、铁门闩、柳穿鱼、满肚疼、连枝箭、一提金、双架笔、金刚跌、双推窗、顺牵羊、乱抽麻、燕抬腮、虎抱头、四把腰等。

点穴法多种：死穴、哑穴、晕穴、咳穴、膀胱、蛤蟆、猿跳、曲池、锁喉、解颐、合谷、内关、三里等穴。

王征南的内功技法练手方法有35种：斫、削、科、磕、靠、掳、逼、抹、芟、敲、摇、摆、撒、镰、嚣、兜、搭、剪、分、挑、绾、冲、钩、勒、耀、兑、换、括、起、倒、压、发、插、削、钓。

练步方法18种：瓦步、后瓦步、蹞步、冲步、撒步、曲步、蹋步、敛步、坐马步、钓马步、连枝步、仙人步、分身步、翻身步、追步、逼步、斜步、绞花步。

这些练功方法都包括在六路与十段锦之中，其中

391

流派纷呈

各显异彩

■ 古人射箭壁画

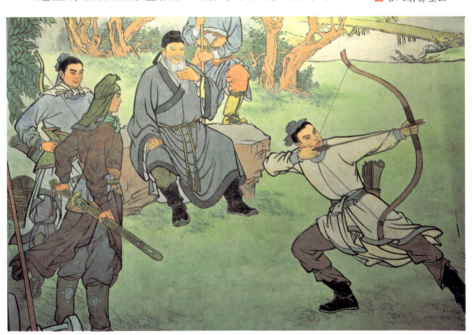

内家拳群雕

强身健体的中国功夫

还有不同的歌诀。如六路歌诀为：

佑神通背最为高，斗门深锁转英豪，仙人立起朝天势，撒出抱月不相饶，扬鞭左右人难及，煞锤冲掳两翅摇。

十段锦歌诀为：

立起坐山虎势，回身急步三追。架起双刀敛步，滚斫进退三回。分身十字急三追，架刀斫归营寨。纽拳踝步势如初，滚斫退归原路。人步韬随前进，滚斫归初飞步。金鸡独立紧攀弓，坐马四平两顾。

王征南的射箭技法有三种。

一是强调"利器"，就是要有好的弓箭。王征南认为，配备弓箭，必须要视自己力量的强弱，宁可让臂力强于弓，不要让弓的力量强于自己的臂力。一般练习射箭时，弓可以窄一点儿，箭也可以轻一些。而同敌人对阵时，弓则应宽一些，箭也应该重一些。

二是强调"射准"。王征南认为，目标有远近，要想箭正好射准目标，不是一件容易的事。箭射出后不知落到何处叫"野矢"。要想射准目标，应该以前手的高下分远近，如靶子八十步，前手与肩对齐。一百步要与眼睛对齐。一百三四十步则与眉毛对齐。最远的一百七八十步则要与帽顶对齐才能射中。

三是强调"正体"。王征南认为，身有身法，手有手法，足有足法，眼有眼法，射箭虽然是手射，其实是身体在用力。射箭最忌腆胸弓背，而应该像打拳一样，站好马步，身不动，臀不显，肩、肘、腰、腿的力量要汇集于一处。手法务要平直，身体既正，则手足自然相应，待弓拉满时，以右眼观左手，就没有不中的目标。

王征南晚年虽然收了几个徒弟，但他对黄百家最为中意。他曾经对黄百家说："我没有传人，我会将自己的所学全部传授给你！"

因为黄百家在学拳术的同时，兼学枪、刀、剑、钺等技法，王征南对他说："只要是拳术学好了，其他的都不难了。拳术的某种打法就是枪法，某种打法就是剑法或者钺法。"

王征南在同黄百家谈到武艺时，还谆谆告诫他

弓 是由富有弹性的弓臂和柔韧的弓弦构成，当把拉弦张弓过程中积聚的力量在瞬间释放时，便可将扣在弓弦上的箭或弹丸射向远处的目标。自人类出现战争到近代枪炮大量使用为止，弓的作用是任何武器无法替代的。

钺 我国古代武器及礼器的一种，为一长柄斧头，重量也较斧更大。早在新石器时代良渚文化遗址中，已发现玉制的钺，在当时具有神圣的象征作用。后因形制沉重，灵活不足，终退为仪仗用途，常作为持有者权力的表现之用。

说："拳不在多只在熟，练习纯熟后，哪怕只学好了六路也变化无穷，例如，阴阳十八法，就能变出四十九种拳法。"

王征南还说："拳术就如绞花锤，前后左右中都要照顾到，不可只顾一面。"

清康熙八年，即1669年2月9日，王征南因为儿子夭亡悲痛而逝。清初三大儒之一黄宗羲亲自为他写墓志铭，黄宗羲的儿子黄百家则为师父撰写了《王征南先生传》，详细介绍了王征南先生的生平事迹和武功，为后世留下了一份宝贵的文化遗产。

强身健体的中国功夫

阅读链接

传说王征南的各种功夫非常奇妙，如他的点穴法，训练时一般用铜人练习，练习到一定的程度，无论是死穴、昏穴、哑穴，点到哪里就会出现相应的症状。

有一次，有一个恶少侮辱人，被他轻轻点了穴位，这个人几天不能小便，一直到他登门谢罪，王征南给他解开穴道后，才得以恢复正常。

有个牧童偷学了王征南的点穴方法去打同伴，谁知同伴当场死去，家人痛哭流涕，要牧童抵命。王征南前去看了后说："孩子没有死，他点的是晕穴，不久会醒转过来。"过了一会儿，那个牧童果然醒了过来。

17世纪中叶，在民间家传拳法的基础上，吸收众家武术之长，融合易学、中医等思想，逐渐形成一套具有阴阳开合、刚柔相济、内外兼修的新拳法，命名"太极拳"。后逐渐衍生出杨式、武式、吴式、孙式、和式等多家流派。

太极拳基于太极阴阳之理念，用意念统领全身，通过入静放松、以意导气、以气催形的反复习练，以进入妙手一运一太极，太极一运化乌有的境界，达到修身养性、陶冶情操、强身健体、益寿延年的目的。

继承完善

发扬光大

黄百家著书传播内家拳

黄百家之父黄宗羲像

黄百家，字圭一，号不失，别号黄竹农家，明崇祯十六年，即1643年12月6日出生于浙江余姚通德乡黄竹浦一个书香世家。

他的父亲黄宗羲是明末清初经学家、史学家、思想家、地理学家、天文历算学家、教育家，与顾炎武、方以智、王夫之、朱舜水并称为"明末清初五大家"，有"中国思想启蒙之父"之誉。

黄宗羲精通天文历算和数学。他用推算日食的方法和阎若璩等人考证古文《尚书》系古人伪作，给当时思想界带来很大震动。黄宗羲通过对照《国语》，认为古文《尚书·汤诰》是后人"误袭周制以为《汤诰》"。并得结论"今因推日食于昭十七年六月（鲁昭公十七年夏六月甲戌朔日）"，"可见《夏书》本文不同孔书、左氏而非伪也，则不能不致疑于古文矣"。西人Fred Espenak的数据表明黄宗羲的推算完全正确。

黄宗羲在数学上也取得很大成就。他纠正了朱熹《壶说书》中的相关错误。分析了明朝流行的算盘和《数术记遗》中记载的计算器的区别。他对乡射侯制进行了详细数学分析。黄宗羲亦对中国和西方数学进行了平行比较，但由于时代的局限性，他认为西方数学中的一些概念方法不过是对中国古代算术的窃取和修改。

而其子黄百家却自幼好武，早年拜内家拳大师王征南学习武功，王征南大师由于儿子夭亡，所以将自己的所学全部传授给了黄百家。

王征南去世后，黄百家的父亲黄宗羲亲自写《王征南墓志铭》一文记述王征南的事迹，黄宗羲在这篇文章的开头写道：

> 少林以拳勇名天下，然主于搏人，人亦得以乘之。有所谓内家者，以静制动，犯者应手即仆，故有别少林为外家……

黄百家在他的父亲撰写《王征南墓志铭》7年后，写有《王征南先生传》，内文有：

> 征南先生有绝技，曰拳，曰射。就穿杨贯战善射者，古多有之，而惟拳则先生为最。始自外家至少林，其术精矣。张三丰既精于少林，复从而翻之，是名内家，得其一二者，

■ 武当功夫

已足胜少林。

黄百家在这里主要说明的是其师王征南的拳技属于内家拳，此功夫有别于少林而胜于少林，源自张三丰对少林拳之吸收与改造。

除了《王征南先生传》外，黄百家还撰写了《内家拳法》，专门记录了王征南传下来的内家拳法。

黄百家所述的内家拳主要内容有六路和十段锦两套拳法及内家拳的练法、内家拳打法、内家拳心法、内家拳所禁犯病法等。其所论朴实详尽，在继承了前人精华的基础上，又建立了自己的理论体系，最终成为自成一派的宗师。

黄百家的《内家拳法》，是内家拳训练法则，它非常形象地说明了内家拳的训练要领。内家拳并非

劲力 凡能抬举、提拉重物而不能运力达于四肢者，武术家称之为有"力"，但叫它"死力""拙力"。而能将全身之力运送于一拳一脚甚至一指之端者，武术家称之为有"劲"，也叫"劲力"。"劲"有透力，可由表及里；"力"无透力，仅及于表面。练武术讲究练的是"劲力"，而不是"死力，拙力"。

狭义上的一种拳术，而是泛指所有追求整体劲力的拳术。其发力是从人体内的腰脊开始，而不像外家拳打的是局部劲力，发力是从人体四肢开始的。

黄百家在《内家拳法》中写道：

不丁也不八，平视头略拔。腰要如束带，肩要卷紧压。二肘顾二肋，二股跨其夹。三尖要相照，劲力内心发。神清意自得，绳墨传无差。

"不丁也不八"，指的步子的要领。步子既不是"丁"字步，也不是"八"字步，而是介于"丁"字步和"八"字步之间，称为"丁八步"。"丁八步"的具体站法为前足基本直顺，后足呈45°斜位，前后足相距约一肩，左右相距约一足宽。两腿都要弯曲成钝角，不可伸直。

丁八步是经过实战逐步完善的一种优秀步法，而弓步、马步、仆步、歇步、丁步、虚步在实战中逐渐被淘汰了，因其无多少实战价值。

"平视头略拔"，指的是头的要领。头要挺拔，所谓"虚领顶劲"，但头拔不可过分，否则头颈僵硬，因此为"头略拔"。

弓步 俗称"弓箭步"，用于桩功练习时，称为弓步桩。一腿向前方迈出一大步，约为脚长的4~5倍，同时膝关节弯曲，大腿近于水平，膝盖与脚尖垂直。另一腿挺膝伸直。两脚全脚掌着地，上体正对前方。左腿在前为左弓步，右腿在前为右弓步。要求前腿弓，后腿蹬；挺胸、塌腰、沉髋；两脚左右相距约一脚。

■ 内家拳功夫

视线水平观敌，头直目正，不可左顾右盼，仰视俯视。

"腰要如束带"，指的是腰部要领，这里采用形象的比喻，腰如同束扎了一条宽边布带，由后向前束捆裹抱，使腰部阳面肌得到有效的锻炼，并和下肢连接成一个整体。

打太极的老人

"肩要卷紧压"，指的是肩部要领。肩要卷起来，由外向里卷，而且要卷紧。在卷紧肩部时，最易产生"耸肩"，为了克服耸肩的毛病，所以特别强调"压"字。肩部的要领相对比较困难些，一般来说要经过较长时间才能真正掌握。

有不少人在站桩时尚能将肩卷起压下，可一旦试力发力就不自觉地耸起双肩。双肩一耸，必然使横膈膜发紧，而横膈膜一紧，形体就改变了。

"二肘顾二肋"，二肘要顾着左右两肋，对二肋进行有效的防护。不可"散"开肩架来胡抢乱打，街头打架往往是抡起胳膊来打，是典型的"散打"。

为了做到"二肘顾二肋"，可设想腋下夹一小球，肘向两边横撑开来。切不可将"二肘顾二肋"理解为二肘贴住二肋，或腋下夹的球过小，这样便没有多少回旋的余地，犯了"肩架瘪了"的毛病，必然要被动挨

强身健体的中国功夫

■ 内家拳雕塑

打，很难有效地进行反击。

　　"二股跨其夹"，股，即大腿股骨，两大腿股骨要相争相合，相争表现为"跨"，有拉开的感觉，"开胯争裆"。还要"夹"，裆要圆，一般有夹球的意念，所以说二股的要领是既"跨"又"夹"，跨中有夹，夹中有跨，不可有任何偏向，一味"跨"，形成开裆散式的病态；一味"夹"，形成尖裆的毛病。不可不知，一般人很容易犯片面之病。

　　"三尖要相照"中的"三尖"指的是前手尖、鼻尖、前足尖。这"三尖"要相互照应，上下一条线，不可左右偏离。如果"三尖"不相照，必然使肩架散乱，而"内家拳"的本质特点就是"整"。"散"是"整"的大敌。

　　肩架"散"，必然是四肢局部之动，是"散"

修炼　一般指修心炼身。道教贵生恶死，因而道教不但有修心的方法，还特别强调炼身的方法，强调心身并炼。"修"有整治、改正、修理之意。"炼"原指用加热等方法使物质溶化并趋于纯净或坚韧，道家用来指炼丹等活动。"修炼"两字合用，多见于道家典籍。

武当内家拳表演

打之动。所以，作为内家拳修炼者，要把"三尖相照"牢记于心，时时注意。

"劲由内心发"，是讲心意的主导作用，以形为基础，以意为统帅。发劲时，要先由心意发动，然后才是骨骼肌肉的爆发运动。

如果心意没发动或没充分发动，就随手一击随足一踢，力量必然有限，一般人正是如此。

有些人在恐惧、慌乱中面对攻击者本能的反抗是拳打脚踢，这正是因为缺乏这种"劲由内心发"的意识刺激。

能否"劲由内心发"，是能否"意与力合"的重要标志。

"神清意自得"，讲的是无论平时训练还是实战搏击，精神一定要清醒，神清气爽，不可萎靡不振，无精打采。不仅要掌握外形，更重要的要掌握内在神韵。精神自然开放，才能得心应手。

"绳墨传无差"，是说以上所谈要领、标准，要严格做到，丝毫不差，如木匠用墨线一样，不差分毫。师父传授内家拳给弟子，要按规矩，否则，失之毫厘，谬以千里。

师父要按规矩传授，弟子要规规矩矩地学习。只有按"绳墨传无差"的要求，才能保持内家拳学本来的风貌。

黄百家在《内家拳法》中还记录了王征南口述的内家拳"十四禁忌"，即懒散、迟缓、歪斜、寒肩、老步、腆胸、直立、软腿、脱肘、戳拳、扭臀、曲腰、开门捉影、双手齐出。

懒散，就是意识分散，杂念丛生，精神萎靡不振，垂头丧气，心驰外物，打拳时心猿意马。这些状态显然是不能练好拳的。

迟缓就是智慧不敏、感觉不灵、反应迟钝、动作滞涩，迟缓者只能被动挨打。

歪斜是指不守重心，头容不正，脊椎不正，肩不与胯合，肘不与膝合，手不与脚合，身体前俯后仰，左歪右斜，前后左右失衡。歪斜失重，难以聚力，难以形成有效的打击。

寒肩是指肘不能沉，肩不能松，肩胛紧锁，两肩高耸，就像是立于寒冬的北风之中一样。这样会导致气血不通，劲路不畅，造成上劲不能由脊发，贯劲于

■练习内家拳的人群

■ 武当内家拳招式

印戳 即印章，在周朝时就有了。根据历代人民的习惯有印信、记、朱记、合同、关防、图章、符、契、押、戳子等各种称呼。其是用作印于文件上表示鉴定或签署的文具，一般印章都会先沾上颜料再印上，不沾颜料、印上平面后会呈现凹凸的称为钢印，有些是印于蜡或火漆上、信封上的蜡印。制作材质有金属、木头、石头、玉石等。

指梢，下不能虚胸盈腹，引气达丹田。

老步是指两腿虚实不明，步法迟涩不灵，上下难以相随，前进后退无方，折叠转换双重，举止张皇失措，就像年迈老人一样，用这种步击拳，后果可想而知。

脾胸就是努气挺胸，这样容易气涌胸际，神凝血滞，上重下轻，根脚拔起，被人一拳击倒。

直立就是僵直而立，全无戒备。这种状态不易施展自己的拳脚，易被行动迅速者制伏。

软腿就是软裆萎膝，叠步"过劲"，足膝偏撤，掀脚拔跟。"软腿"是属于下盘系列的问题，而下盘是平衡和支撑全身的根基，基础不扎实，不灵活，就好比空中楼阁。内家拳视软腿为大忌。

脱肘就是肘部悬扬，犹如肘关节脱臼一样。肘部举扬，肩、肘、腕等关节自然就难以松沉，容易造成气血阻塞，劲力滞涩，两臂无劲，劲不能由脊发，也不能贯于手指，强劲攻击。

戳拳就是腕骨不正，握拳不直，形如印戳，拳与前臂不在同一直线上，犹如脱榫的锤子一样。若用戳拳猛击敌人，遇到阻力，首先会使自己的腕关节扭断或扭伤，击人的力量也会大打折扣。

扭臀也叫"晃臀""摆臀""摇臀""游臀"，指臀部外突，或臀部时而前顺，时而后撅，或扭来扭去，犹如"游鱼摆尾"一样。扭臀致使发劲无定向，放劲失平衡，劲不能"专注一方"。

曲腰就是"点头哈腰"、中轴扭曲的样子。"曲腰"本身就属于"歪斜"的范畴。这里的内容可视作对"歪斜"的进一步说明。而内家拳术把"曲腰"单独视作一大忌，可见对它的重视了。

开门捉影就是撒开两臂，"正门"大开；探头探脑，如捕风捉影一样。胸腹为"正门"，将胸腹要害暴露于敌，轻则受伤，重则致命。"探头探脑"，一则形象不美，二则"首脑"暴露于敌，易为敌所乘；三则破坏了立身中正，更易产生一系列的连锁问题。

双手齐出就是用"两只拳头打人"，一发无余，不考虑后顾之忧。双手齐出的另一种表现为，两臂挺直，出手过远。内家拳行拳须周身内外三合，即各关节左右合住，上下对齐，两手两足等对称合住，手与足、肘与膝、肩与胯合住。这样就要求两臂不能挺直，出手太远，避免重心前移，被人乘势借力牵动，因失重心而跌仆，也避免

幼儿练习武术

被人乘机入侵。

内家拳十四禁忌，其实质是互相关联的，不能截然分割。深刻理解，真正明了它的内容，不但对学习掌握内家拳起到事半功倍的作用，而且还能掌握研究评判内家拳的重要尺度，使其向更高层次发展。

黄百家的《内家拳法》，除详细介绍了内家拳的打法和练法外，还写出了内家拳六路与十段锦的歌诀，并将歌诀的每一句话进行了解释，以使后人容易理解。

在黄百家之前，内家拳一直是口传心授，没有什么拳谱之类的东西，黄宗羲的《王征南墓志铭》和黄百家的《内家拳法》首次揭开了蒙在内家拳法上的神秘面纱，使世人开始了解和研究这门差点成为绝唱的独门功夫，黄氏父子的努力，使我国古代的这门武术绝技，继续在华夏大地开花结果，并发扬光大。

强身健体的中国功夫

阅读链接

传说黄百家小时不爱读书，喜欢惹事，后来听说了王征南的名字，他就闹着要去王征南的住地宝幢学习武艺。他的父亲没有办法，只好把他送到宝幢。王征南是武当派内家功夫的传人，对自己的功夫非常珍惜，他一直找不到合适的传人，因为武当功夫有"五不传"：即心险者不传、好斗者不传、狂酒者不传、轻露者不传、骨柔质钝者不传。但是，黄百家来后，王征南非常喜欢他，就决定将自己的功夫传给他。由于王征南的家里地方很小，他就在家旁的铁佛寺向黄百家传授武艺。

黄百家非常聪明，从师后，他不仅将武当功夫的应敌拳法、点穴方法、禁忌十四条全部学会，还把难以理解的武功歌诀记录下来，逐字逐句解释后再加以运用。王征南见了欣慰地说："我的功夫终于能够传诸后世了！"

甘凤池继承内家拳术

清康熙二十九年，即1690年，黄百家再次进京编写《明史·历志》，次年四月编成。后来因为他的父亲年老体衰，辞职回到南方的老家浙江余姚。

黄百家回家后，除了事父尽孝外，就是读书练武。这一天，黄百家听说县城高升客栈来了个打虎小英雄甘凤池，便特意去客栈访问。

甘凤池是江苏江宁县人（今南京市江宁区），自小父母双亡、孤苦伶仃，他不喜欢读书，却爱好武功，十几岁时，就曾以"提牛击虎"名扬江南。

甘凤池听说拳家多出浙

内家拳招式

■ 少林拳法

金陵 是南京最雅致而古老的正式名称，一直沿用至今。其来历，一般认为是因南京钟山在春秋时称金陵山而得名。南京历史悠久，是中国四大古都之一，有"六朝古都""十朝都会"之称，是中华文明的重要发祥地。

东，如张松溪、单思南、王来咸、黄百家等都是明朝以来的内家拳家，便决心去浙东求师深造。他离开金陵，只身来到四明山。当年的四明山，山林茂密，古木参天，经常有猛虎出没其间，当地人都不敢单身入山。

甘凤池却毫不畏惧，一个人昼夜兼程，风雨无阻来到余姚。黄百家来到客栈，正好遇见甘凤池，经过一番交谈，甘凤池说明来拜师学艺的意图。

黄百家见他资质聪明，又有勇力，便答应收他为徒，将内家拳等武术传授给他。时光如白驹过隙，眨眼间3年过去了。

黄百家把甘凤池叫到身边说："老夫的全部本领都已传授给你，如今，离本县80里的大岚山上，会聚着各方英豪，行仁义之师，你练就一身武艺，要为人民仗义行侠，正可到那里干一番惊天动地的事业。"

甘凤池拜别恩师，来到大岚山，遇到了少林高僧一念和尚。一念和尚是江苏苏州人，当时正从事反清复明的大业。一念和尚见甘凤池少年英雄，又聪慧灵敏，就将少林拳法传授给他，为其反清复明培养接班人。

甘凤池武功学成后，成为反清复明的重要成员，经常为一念和尚收集情报，侦察地形。他周游各地，十分注意各地的山川关隘、险要形势、攻守事宜。他有个随身携带的本子，上面密密麻麻记录了他一路上的所见所闻，还注上了道路里程，以及政治、制度、刑法、天文等各方面的知识。

有一天，他来到京城为一念和尚打探情报。为了使自己掌握到准确的清军动向，他来到京城某王府献艺，王爷问："你有什么本领？"

甘凤池说："我能轻似蜻蜓，重于泰山。"

王爷说："何以见得，可否一试？"

甘凤池见王府庭院中有海棠花数丛，迎风摇动，便一跃登上花枝，挥剑而舞，身轻如蝶，花叶一片不落。

王爷惊叹道："果然有真功夫！"甘凤池听到赞扬，连忙收剑，单腿前跪称谢。王爷请甘凤池起来，却见所跪之处竟陷下一尺之深。王爷大惊失色，便请甘凤池到他的府上住了下来。

这件事在江湖上传开之后，引起了不少武林高手的嫉妒。济南有个叫张大义的人，身长八尺余，力大无比，尤以腿功见长。他的脚趾都裹上了铁，谁要让他一脚踢中，不是命丧九泉，就是摧筋断骨。

张大义走了数百里地从山东来到京城，要与甘凤

内家拳招式

池一比高下。甘凤池身兼重任，不愿惹事，所以他一再推辞，可王爷却想看热闹，竭力鼓动，甘凤池只得同意。

身高马大的张大义在院子里等了好久，才看到甘凤池出来。他见甘凤池个头矮小，貌不惊人，心想一定是徒有虚名，所以迟迟不敢出来。

甘凤池抬头看看张大义，好像害怕似的倒退到墙边，这使张大义更加看不起他，以为一脚便可踢翻他。王爷在旁边观战，只见张大义腾空跃起，飞脚如狂风一般向甘凤池袭来，王爷吓了一跳，以为甘凤池一定会吃大亏。

谁知甘凤池不慌不忙，抬起手来，以掌接脚。掌脚相接的瞬间，只听张大义大呼一声："啊呀！"随即仆倒在地。下人赶忙前来替他脱下靴子一看，原来他的脚趾都嵌入了所裹的铁中，断掉了。

出了这件事后，甘凤池不久就离开京城南下，来到扬州继续打探情报。他来到一个富商家中住下。富商久闻凤池大名，将他待为上宾。富商对待甘凤池的态度，使他家的一位武术教师马玉麟大为不满。马玉麟认为自己在江湖上也是有头有脸的人物，主人对他从没有这么恭敬，因此他故意找甘凤池的麻烦，想出一口恶气。

马玉麟长躯大腹，体壮如牛。他骑马行路，马都受不了，而翻墙爬树，却比猴子还灵敏。他天天逼着甘凤池与他较量武艺，甘凤池也感觉此人不同寻常。

有一次，甘凤池与他暗中测试，竟只能与他打个平手，心中不禁暗暗佩服。时间一天天过去，甘凤池不免心焦，他潜心研究了马玉麟的各种招式，终于找出了他的弱点。

这一天，两人相约开始比武，甘凤池根据自己的研究，连连攻击马玉麟的弱点。他本想点到即止，让他知难而退。不料马玉麟并不领情，越攻越急，逼得甘凤池不得不出手，点中他的要穴，马玉麟顿时僵仆倒地，惭愧而退。事后，甘凤池对人说："其实我的力气并不如他，我之所以能够战胜他，是因为我能借助他的力气再制于他。"

随着时间的推移，甘凤池的名气也越来越大。有一次，甘凤池回到南京探访亲友。当时南京是八旗兵的驻防重地，一些八旗兵听说了他的名气，也想试试他的武艺。

411

继承完善

发扬光大

■ 太极雕塑

八旗兵服

　　八旗兵们让甘凤池把手臂放在小门口的石道上，不穿衣服，他们坐在十几辆牛车上，从凤池臂上驰过，待车辆过完后，他们一起下车来看。

　　甘凤池伸出手臂，上面不但没有丝毫创伤，而且连一点痕迹都没有，这些人无不惊讶叹服。于是，大家请他喝酒，把他灌醉后，想再试试他的武艺。

　　甘凤池叫士兵搬来一个长颈酒瓶，倒置于地上，他跳到瓶上，单腿直立，用两指夹住一根竹竿，请几十名士兵用力拉竹竿。他说，如果众人能将他拽下来，便算他输。

　　这些兵丁不服，他们一起拉住竹竿，用尽九牛二虎之力，甘凤池却岿然不动。过了一会儿，甘凤池突然两指一松，只见兵丁们"呼啦"一声，全都仰面朝天，倒在了地上。

　　在这次回家的路上，甘凤池看到田畔有两头牛正在相斗，头角相触，难解难分。放牛人因要用牛，急得满头大汗，再说牛是庄稼人的宝贝，万一受了伤，可如何是好！

　　甘凤池见状，赶忙跑上前去，两手各压一个牛背，两头牛竟被压得陷地尺余，动弹不得。甘凤池见牛被陷在地下，又抓住牛角像提小鸡似的将它们从泥中提了出来。

甘凤池回到老家，便遇到了两个人前来江宁与他比试武艺。泰山孙迪侯武技绝精，听说甘凤池在江湖上闻名遐迩，便南下到江宁寻找凤池比武。

孙迪侯在江宁游览街市，见有一个和尚头戴一顶又大又重的铁帽子，每经过一个店铺，便将这顶铁帽子放到柜台上要掌柜的给钱，并说道："谁能把它推到地下，我便戴着它离开此地，不再讨一文钱了！"

掌柜的没法子，只得掏钱。孙迪侯一眼便知道这是一位武林高手，是来向甘凤池挑衅的。他心中感到奇怪，甘凤池怎么毫无反应呢，难道他害怕这个和尚吗？

怀着好奇的心情，孙迪侯找到了当地的一个茶馆。他等甘凤池进了茶馆，故意大声说道："甘凤池的武艺不过是空有其名罢了！"

茶　原为我国南方的嘉木，它是古代我国南方人民对饮食文化的贡献。三皇五帝时代的神农有以茶解毒的故事流传，黄帝则姓姬名荼，荼即古茶字。茶可食用、解百毒，常饮有宜健康、长寿。经长久发展至今，茶品要顺为最佳，所以就有一句"茶乃天地之精华，顺乃人生之根本"，因此道家里有茶顺即为茗品。

继承完善
发扬光大

■ 打内家拳的老人

内家拳招式

强身健体的中国功夫

甘凤池听到有人提到他的名字，便前来请教尊姓大名，听说是泰山孙迪侯，他说："久仰先生大名，鄙人就是甘凤池。"

两人坐定，甘凤池问："我确实无多大本事，不过，先生从未见过我，何以知道呢？"

孙迪侯便把和尚在街市寻衅的事说了一遍。甘凤池听后，压低声音说："这里不是谈话的地方，请先生到寒舍一叙。"

到家之后，甘凤池推心置腹地对孙迪侯说："我的确知道那和尚是冲着我来的，但我眼下实在没有办法应付。因为昨天与人比武，两人边舞拳边行走，说定谁先力竭就算谁输。走了几十里路，我虽然侥幸没输，但受了内伤，现在只有等恢复之后才能设法制伏这个和尚了。"

武林高手遭受内伤，非至亲好友，绝不吐露，不然仇家寻衅，便有生命之忧。孙迪侯见甘凤池对自己一见如故，视为莫逆之交，大为感动，不但不再提挑战之事，反而主动用气功医好了他的内伤。

此后，甘凤池便事孙迪侯以兄长之礼。孙迪侯说："你如此待我，我一定帮你制伏这个和尚。但以你我的身份，两人打一，胜之不武，且为人笑，而弟子帮助师父，江湖上是允许的，不如我假作你的弟子吧！"

甘凤池笑着说："那就委屈兄长了。"

两人计议已定，便上街找到了那个和尚。那和尚正在店中寻衅，甘凤池上前，挥指一弹，铁冠应声落地。

和尚笑着说："看来，你一定是甘凤池了。我正要找你过几招。"

于是，两人拉开场子斗了起来。好几个回合下来，胜负难分。和尚心生一计，将铁冠往空中一掷，铁冠坠下，必中甘凤池头颅，如凤池挥拳上挡，和尚正好攻击凤池下路。

正在危急之时，孙迪侯纵身一跃，以臂接住铁冠，叫道："弟子在此，师父不必担心！"

和尚自度必胜，不料事出意外，一时心慌手乱，被凤池击中胸部，一败涂地。甘凤池连忙扶起和尚说："多有得罪！"随后，甘凤池与孙迪侯一起，将和尚请到酒店，摆素斋与和尚压惊。自此，三人成为好朋友。

甘凤池的两任师父都是反清义士，所以他的命运也与"反清复明"活动紧紧地联系到了一起。康熙四十六年，即1707年，甘凤池第一次参加了轰动一时的一念和尚起义。

这次起义的背景十分复杂。明朝灭亡，崇祯皇帝自杀，遗下的三个儿子逃出北京。清军入关建立新朝后，千方百计要把明朝的皇家子弟一网打尽。

三位皇子颠沛流离，两个皇

回合 源于我国古代车战主要形式。车战开始时，战车驶向对方，两方开始交战：先是远程，射者对攻；战车靠近后，车右用戈矛交战；然后战车擦身而过，驶向远方，再是弓箭对射。这个过程成为"合"。战车驶远之后，各自必须再兜过头来，准备第二次对攻。这个战车掉头的过程，就是"回"。然后两车再驶近而"合"。

415

继承完善

发扬光大

■ 打内家拳的老人

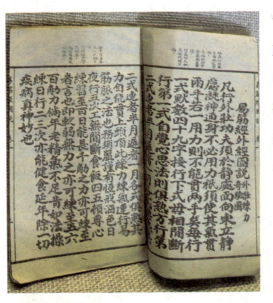

■《易筋经》古籍

强身健体的中国功夫

符箓 是道教中的一种法术，亦称"符字""墨箓""丹书"。符箓是符和箓的合称。道教声称，符箓是天神的文字，是传达天神意旨的符信，用它可以召神劾鬼，降妖镇魔，治病除灾。符指书写于黄纸、帛上的笔画屈曲、似字非字、似图非图的符号；箓指记录于诸符间的天神名讳秘文，一般也书写于黄纸、帛上。

子先后死去。四皇子慈焕隐姓埋名，到处躲避。康熙中叶，他被江南的一个反清秘密结社发现。他们把他及其家眷隐匿起来，企图以他的名义发动起义。

这个秘密组织以苏州为中心，其成员大多是教师、医卜和星相之人，核心人物就是一念和尚、董春园、叶伯玉、张月怀等人，这个组织的党羽遍及浙江、安徽。

康熙四十六年（1707），一念和尚在江苏太仓打出"大明天德元年"的旗号，发动起义，甘凤池参加了这次活动。然而，虽然起义军非常英勇，甚至还有甘凤池这样的武林高手参战，但是与强大的清军相比，他们的力量还是非常弱小，因此，这次起义不久即被镇压。

起义失败后，起义军领袖一念和尚以及四皇子慈焕一家被清廷捕获处死，大批起义将领被杀，甘凤池因当时年纪还轻，被一个名叫马姿逸的军官保释。

轰轰烈烈的起义被清廷血腥镇压了，但是，一念和尚余党的活动并没有停止。不久，他们又以张云如为中心形成了一个新的反清组织，主要组织者有甘凤池、周昆来、蔡思济、陆剑门、陆同庵、范龙友等人。

张云如自称是前明后裔，在江宁居住已有数十年。这个人相命、气功、符箓、奇门遁甲等奇术无所不通，三教九流、达官贵人无所不识，具有非常强的号召力。

因此，在一念和尚起义失败后，张云如又广收门徒，密谋反清，企图"辅佐海中真主"登位。

这个组织以传习神枪符箓的方式发展党羽，党徒每月可得饷银2~4两不等，经济十分宽裕，他们计划在雍正八年，即1730年秋季大举起事。甘凤池因通晓天文兵法，武艺高强，被推举为起义军的军事领袖。

正当张云如集团积极准备起义之时，不料由于叛徒出卖，他们的行动被清政府发觉，团体中张云如、甘凤池以及甘凤池的儿子甘述等十余人被诱捕。

由于甘凤池在康熙、雍正年间两次卷入"谋逆"大案，所以，这次被抓后，他们父子和张云如等几个重要头目不久就被杀害。

甘凤池是黄百家之后内家功夫的集大成者，他用心血编著的《花拳总讲法》《独门搏击秘术》等武学著作，为继承和发扬了内家拳法、传播武当功夫做出了卓越的贡献。

阅读链接

在香港著名作家梁羽生的作品中，甘凤池是"江南八侠"之一，独臂老尼的七徒弟，吕四娘的师兄。

在《江湖三女侠》中，他虽是由大师兄了因代师授艺的弟子之一，然而在知道了因投靠清廷以及一系列恶行之后，毅然与其反目并协同其他师兄妹一起大义灭亲。另在消灭邪派铁扇帮，营救沈在宽、路民瞻等事情中，甘凤池也发挥着重要作用。

在梁羽生的作品中，甘凤池是江南武林领袖，与杨仲英南北辉映，都是以侠义威德服人的武术大侠。

董海川创立八卦掌术

在黄百家的《内家拳法》问世100多年后，在直隶文安县又出现一个内功高手，他就是八卦掌的创立者董海川。董海川，原名董明魁，于清嘉庆二年，即1797年农历十月十三出生在直隶文安朱家务村的一个农民家庭，于清光绪八年（1882年）冬季逝世，原葬于北京东直门外小牛房村旁，1980年迁葬京西万安公墓，有碑铭数幢环墓前后，后世编有多种崇尚董海川武功的传奇故事，其中以武侠小说《雍正剑侠图》，影响最广。该书中以童林（字海川）影射董海川，给董海川生平和八卦掌渊源染上了一层神奇色彩。

董氏家族于明朝初年由山西洪洞迁至河北藁城，后分化出很多支系，其中一支迁至河北雄县开口村，到了董继德这一辈，董氏家族再度迁居文安富管营村，后因屡遭水灾，移居朱家务，从此安定下来，繁衍生息。

董继德有两个儿子，其中之一便是董海川的父亲董守业。董守业有3个儿子，老大德魁，老二明魁，也就是董海川，老三武魁。董海川

■ 太极八卦图

小时跟"威名震河朔"的堂兄董宪朝夕相处，形影不离，他向堂兄学习武技，二人常往来雄县与文安以武会友。

董海川身体健壮，力量惊人，两只胳膊长得也比一般人长，到十六七岁的时候，因为家境贫寒，海川无法继续深造学业，就把全副精力都集中在对武功的钻研上，功夫不负苦心人，幼年的爱好使他打下了深厚坚实的武功功底。

清道光四年，即1823年，26岁的董海川为了丰富自己的阅历开始游历名山大川。他游吴越，过江皖，走巴蜀，足迹遍及大江南北，他到一处，访一处，拜访各地高人隐士及武林高手。

走过寒暑秋冬，越过崇山峻岭，四季的气候在

九华山 位于安徽省池州市青阳县境内，古称"陵阳山""九子山"，因有九峰形似莲花，因此而得名。保留有乾隆御笔金匾"东南第一山"。九华山与山西五台山、浙江普陀山、四川峨眉山并称为我国佛教四大名山，相传是地藏王菩萨道场。

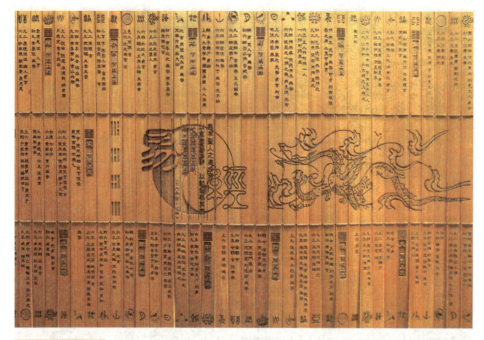

■ 竹简书《易经》

隐士 古代隐居的
贤士。是指在道
教崇尚自然思想
的影响下，文人
们放浪形骸的生
活方式和谈尚玄
远的清谈风气。
隐士不是一般的
人，是有才能、
有学问、能够做
官而不去做官也
不作此努力的一
些人。他们寻求
诗意的栖居，反
映出人性的一种
回归，是对仕隐情
结的一种解脱。

变，身边的景致也在变。北方的山粗犷，南方的山灵秀，北方的河奔放，南方的河蜿蜒，就像武术一样，北方的武术大开大合，南方的武术注重细节，董海川深深地感到中国武术的博大精深。

有一天，当董海川来到安徽九华山时，由于山林里雾大，他迷路了。他在山林里转了一天一夜也找不到出路，第二天拂晓，正当他在树林里东撞西窜时，遇到一个道士踏歌而来。

董海川惊喜地上前施礼。道人还礼后，仔细地端详了他一番后说："你我是有缘之人。"

董海川忙问："此话怎讲？"

道人说："你先说说你来此山的目的，我再告诉你不迟。"

董海川说："我是想到名山大川寻访世外高人，学习武艺。"

道人听了哈哈大笑说："所以说我俩是有缘之人。"原来道人名叫云盘老祖，是一位精通内家拳法的武术大师。董海川听了道人的介绍，急忙拜倒在地，请求传授武功。后来在盘山道长的传授下，董海川学会了八易寒暑掌法、步法、单练及徒手器械。

董海川在这里首次接触到《周易》，知道了以阳爻和阴爻相配合而成的8个符号乾、坤、坎、离、震、艮、巽、兑，分别代表天、地、水、火、雷、山、风、泽，还知道了八卦互相搭配而成的六十四卦，可用来象征各种自然和人事现象。

他学习的八易寒暑法就是把八卦中的8个符号，作为8个方位用于武术技击。董海川用所有的时间和道长学习武术。每天凌晨，当鸟群开始发出此起彼伏清脆声音的时候，董海川便开始练功了，天空蒙着一层灰色的蓝，然后逐渐地清晰透亮起来。冬天黑的，树枝上会有冰冷的露水滴下来，寒风刺骨凛冽，冻得浑身都在发抖，似乎能听见自己牙齿撞击的声音。

每天练完功，董海川便在山洞里打坐。虽然闭着双眼，他依然可以感觉到斜射在身边的午后的光线，听到清凉的风声，还有树叶落地的唰唰声。此时，他的脑海里是飞舞的八卦符号和盘山道长传授的武术动作。

随着打坐的时间不断增加，董海川脑海里的武术动作渐渐清晰起来。而这些招式也仿佛随着八卦图互相演化，海川的功力随着刻苦的修炼在每天进益，感觉来自天地之间的能量注入自己的身体，又通过各种变化的招式融入自然，这强大的能量又岂止用于搏击而已。八年后，董海川艺成下山。从雄县开口的翻子门拳到南方道教的转天尊、八易寒暑掌法，这些都成了董海川之后创编八卦掌的基础。

临别之时，师徒二人自然是依依不舍。云盘老祖鼓励海川入世之后能够根据自己所学另创一门武学，以扶危济困，发扬光大。但老祖

强身健体的中国功夫

■ 太极功夫

知府 官名。宋代至清代地方行政区域"府"的最高长官。唐以建都之地为府，以府尹为行政长官。宋升大郡为府，以朝臣充各府长官，称以某官知某府事，简称"知府"。明以知府为正式官名，为府的行政长官，管辖所属州县。清沿明制不改。知府又尊称"太守""府尊"，亦称"黄堂"。

乃是世外高人，不允许海川说出自己师傅的身份。这样，海川带着精深的武功和师傅的重托拜别了云盘老祖。

这一天，董海川来到了河北霸州，正赶上这里一年一度的庙会，街市上到处都是熙熙攘攘的人群。董海川在街市上正在浏览琳琅满目的商品，忽然看见一个人欺负一位卖白蜡杆的老人，围观的人虽多却敢怒不敢言。

董海川一打听才知道，这个人是当地有名的恶霸，他心怀不平，上前劝解。歹徒不但不听劝阻，反而突然出手袭击董海川。

董海川一错步，轻轻闪过，对方扑了空。这个人恼羞成怒，爬起来就朝董海川身上踢，董海川一把抓住对方脚脖子，轻轻往前一送，那人仰面朝天摔倒。

这人摔倒后，爬起来转身就跑，不一会儿工夫就找来20多人，他们个个手持兵器，杀气腾腾。董海川大喝一声，舞动白蜡杆四面迎击，打死、打伤多人。这时早有人报知霸州知府，董海川被捕入狱。当天晚上，董海川抖动双臂将镣铐崩断，越狱潜逃。为避风头，他来到塞外张家口董玉家避难。

董海川在董玉家住了一段时间后，董玉托在清廷总管内务府当差的朋友保举，让董海川到肃王府去当了一名太监。据记载，清朝当太监的大多出自两个原因，一是自幼家境贫寒，以太监作为谋生之路。二因犯有重罪，净身当差可免于一死。

董海川在王府当差时，因为一个偶然的机会显露才华，受到王爷的重用。

这天，肃王大宴宾客，肃王府高朋满座，肃王心情非常好，叫护院总管沙回回为大家演武助兴。肃王命董海川上茶，当时，人们都围观沙回回表演，茶送不过去，董海川一急之下，手托茶盘，纵身跃上大殿，自殿前宾客桌前飘落，静无声息，茶水竟一滴未洒。

肃王及宾客大吃一惊，大家都没有想到这个端茶送水的太监有如此好身手，于是都吵着让董海川表演。盛情难却，董海川练起了转掌之术，似行云如流水，脚步生风，时而翻身如雄鹰，时而转身如泼猴，时而跃起如小燕，变化万千。

在场的所有人都看得目瞪口呆，全场鸦雀无声。正在此时，董海川一个提气腾空，轻灵跃起数尺之高，如旋风旋转而下，落地无声。

随后，董海川又舞枪刺剑，变化百出。王爷问

剑 古代兵器之一，属于"短兵"。素有"百兵之君"的美称。古代的剑由金属制成，长条形，前端尖，后端安有短柄，两边有刃的一种兵器。剑为具有锋刃之尖长兵器，而其大小长短，端视人体为标准，所以须量人而定。我国在商代开始有制剑的史料记载，一般呈柳叶或锐三角形，初为铜制。

继承完善

发扬光大

■ 打太极八卦拳的老人

■练太极的少年

枪 在古代称作矛，为刺兵器，杀伤力很大，其长而锋利，使用灵便，取胜之法，精微独到，其他兵器难与匹敌，故称为"百兵之王"。武术长器械的枪由古代兵器矛演变而来。枪的长度约相当于人体直立，手臂伸直向上的高度。又因枪可以刺，收放极快，防不胜防，所以称"兵中之贼"。

道："你学的是哪门哪派，师父是何人？"

董海川虽从师数年，但却不知道师父的真实姓名，也不知道是什么派别，所以他脱口答道："我学的是八卦门，师父是安徽山中的一个道人，具体姓甚名谁，我也不知道。"

王爷惊讶地说："你是得到了异人的传授啊！"随后就任命他为王府的总教习，让他授徒保卫王府。董海川从此就开始收徒传艺。王府外面想学艺的人听说了他的大名后，也投拜到他的门下，董海川一时名动京城。

有一次，董海川奉肃王的命令去塞外征粮，走到路上遇到十几个武士持利器攻击他，董海川四面抵挡，快如旋风，不一会儿就把他们全部打倒在地。这些人认为董海川是神人，全都拜他为师。董海川的大名由此又传到了塞外。

有一天，当时的太极拳名师杨露禅奉召在肃王府与府中拳师比武，他连战连胜，最后竟将一拳师击到园内的一张网上。这时董海川手托菜盘由此经过，立即飞身上网救起拳师。

随后，董海川与杨露禅相斗。一个是太极高手，一个是八卦宗师，在桩上你来我往，如蝴蝶翻飞，似流星划过，看得众人如醉如痴。

杨露禅在与董海川比武后感叹："我与董先生比武只能比个平手，胜董海川很难。"

从此，太极、八卦这两大内家拳派的鼻祖级人物结为好友，也促进了太极八卦两大门派的交流沟通。

清光绪八年，即1882年冬，董海川在京城逝世，葬于北京东直门外小牛房村旁。殡葬之日，上百个徒弟执幡送葬，第二年，他的大弟子尹福为他立碑述志。董海川终生没有后代，然而他创立的八卦掌后来却传遍了大江南北。

继承完善

发扬光大

阅读链接

关于董海川杀人逃亡的传说还有另外一个版本。传说董海川这一天来到苏州，正在欣赏小桥流水，忽然看见了苏州官府的一帮官差正在强抢民女。民女家哭天抹泪，场面非常凄凉。

董海川不知怎么回事，便向旁边的人打听，路人告诉他，这是苏州知府要强纳这个姑娘为妾。姑娘家不同意，但百姓怎么斗得过官府呢？这不，人家来明抢了。

董海川听了义愤填膺。为了搭救民女，他当夜闯进府衙，一掌结束了苏州知府的狗命，救出那个姑娘。可是杀害朝廷命官是重罪，一夜之间董海川成了被朝廷追捕的钦犯，他好不容易逃出苏州城，从此过上了居无定所的逃亡生活。

禅武慈悲的十八罗汉掌

十八罗汉掌法原图谱为宋末元初所绘制，与传统少林大金刚拳属同一时期，素为嵩山少林寺"镇山护寺"之宝而秘传于寺内，为武僧首领及高僧大德、方丈住持所专习。

少林诸柔拳，均以至缓至柔的功法为基础，突出其独立平衡动作的能力和诸武功造型中奇巧与难度，立意展露和体现少林佛学养心的主题为内涵；而十八罗汉掌却以独特圆缓、自然的柔法拳技，契合、突出了远古少林拳尊尚实战为本；以传统攻防技法、功法为结构；崇尚内力，以刚柔有度、潜心慎行、清逸舒朗为主旨内容的少林柔拳；其本质与特征浸染着原生态古韵般的奇绝与风韵，凝聚着古历史遗迹的智慧与本真。

明末清初时期，少林寺寺院曾一度荒芜，其民间诸多原始孤本、拳法经典、棍棒绝技、功法秘传随法典佛经大部分散失、流落民间。十八罗汉掌即在此时传于民间。

十八罗汉掌形仪古雅，质朴本真；结构简洁，中正和顺；飘然绝俗，通贯神韵；刚柔有致，端庄沉稳。注重动静之间严谨精到，彰显活力、守正求法，颇富庙堂之气而独具灵动与法度。

十八罗汉掌练法注重一法两势，左右均衡，阴阳互换，直线斜行；圆中取直，意随虚实；顺力柔化，步换轻灵；攻防相依，吐纳循经；刚柔有变，垂正合应。最能体现"禅武合一"的精神内涵。

十八罗汉练习中的神韵

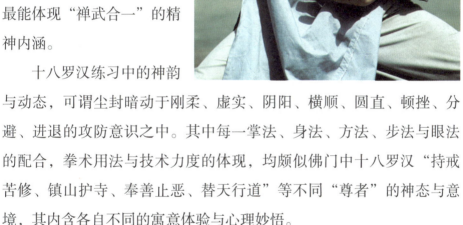

与动态，可谓尘封暗动于刚柔、虚实、阴阳、横顺、圆直、顿挫、分避、进退的攻防意识之中。其中每一掌法、身法、方法、步法与眼法的配合，拳术用法与技术力度的体现，均颇似佛门中十八罗汉"持戒苦修、镇山护寺、奉善止恶、替天行道"等不同"尊者"的神态与意境，其内含各自不同的寓意体验与心理妙悟。

凸显十八罗汉护法诸神：广大神勇、弘法利生、明心见性、参禅开悟的坚韧与毅力、气质与心性；从而彰显出十八罗汉苦其心志，求其证悟、匡扶正义、不惧生死的佛学精神与智者法度。

十八罗汉掌的修习，在拳与法同习的意境中，融汇于我国传统文化睿智思维与信息，在潜移默化的苦修和心性沐浴过程中的智慧与胆识、自信与勇敢中；在坚韧宽容、自强进取等人格再造精神的更多理性思考与"觉悟"中，都会给人们纯净与新意、中和与心炼。

罗汉掌雕塑

正因为如此，十八罗汉掌在传统文化元素的意蕴中，可谓充满了质朴纯真、气格高古的智慧哲理和生命活力。十八罗汉掌会使练习者有更多的机会欣赏、理解、诠释"尚武精神"与"佛法禅学"互相凝聚、交融的意境与理念，使其传统佛学禅宗的圆融精神与少林武功高度完美的心悟境界所焕发出的远古历史灵光与拳法"本真致一"的神韵。

十八罗汉掌练习过程中的方法与劲道，从起势"天地采气"至收势"引气归元"共十八动势，均以掌法为其主体，但同时其中又兼容以拳法的配合，例如，"怀中抱月势""霸王敬酒势"等，从实战角度讲有效提升了拳与掌的互补与运用。

而拳术动作间的节奏掌控、韵律变化与攻防走势，始终遵循斜线直行沉稳灵活、匀速平缓、意在圆柔、势节相连、舒展自然、刚柔顿挫的特点与风格，使技法灵动婉约之中充满韧性；又会纵然出现瞬间动静有致，如弓弩撑满后的劲力突变。其因势随行，如古雅清奇体势中不失轻柔似水的智慧与灵性，又处处蕴含其原始野逸的遒劲。

十八罗汉掌在攻防走势交织循环、刚柔圆转运筹有度的松静、柔缓、灵动的基础上，在起、承、转、合，凝练简约，定法异变，势断意连的劲道与韵律间的微妙运用于变化中，突出了整体拳法柔中寓刚、刚柔相济、连贯相属、气脉相容、层层递进、一气呵成的节奏与韵律。

十八罗汉掌战法内容包括：扑、劈、抽、挑、托、弹、戳、推、肘、撞、砍、切、击、截等18种不同技法，均巧妙地融汇于拳术的踢打摔拿之中，其中方法清晰，使用简约，独具特色。

十八罗汉掌技术结构严密，拳术风格以临战为本，讲究"招招有势，势势有法，法法有用""攻法如锋穿壁，御法如云入水""彼不动，吾不动，彼先动，吾已动"的心法运用；以"习之有形，用之无形，即无形之形，无状之状，无象之象"为本念；注重"练中自有千变化，用时全在一念间"，讲究"随时而动，因势随形""心悟手从，形随意出"等"拳禅一体"的战术攻略与心法理念。

在实战运用中，十八罗汉掌以其独特"防守反击"型的战术原则，充分运用每一动势稍纵即逝的战机，实施掌、拳、肘、膝、腿为主攻，以近摔、锁拿为助攻控制的"直横撩劈、沉托分闭、吞吐开合、借势闪避、柔化顺进，迅猛突袭"的战术攻防特色。使其攻防能力和技法运用达到战术的最高水平。

继承完善

发扬光大

阅读链接

十八罗汉掌的修习包括：坐壁观禅功、站桩功以及"接手"等。通过长期攻与法循序渐进、持之以恒的专注、刻苦训练。

一方面在禅学修为身心的过程中涵养、恢复人体的精、气、神、力，同时又能使人的心性趋于淡定自然、心绪平和、情致静逸、自信果敢，进而消除内心忧郁、易致躁怒之弊；另一方面利用功法的训练可有效储备身体的多种潜质，以有效强化和促进综合实战能力。

杨露禅创杨式太极拳

1799年，乾隆皇帝弘历去世。也就在这一年，河北广平府永年县（今邯郸市永年区）杨家出生了一个胖小子，父亲欣喜地为之取名"福魁"，字露禅。

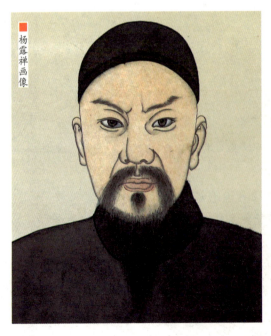

杨露禅画像

杨露禅家世居县之南关，以务农为生，他自幼好武，因家贫，迫于生计，为城内西大街杂粮摊帮工，空闲时在永年县西关大街中药字号"太和堂"中干活。这药店为河南焦作温县陈家沟人陈德瑚所开。

恰巧这段时间，陈家沟太极拳传人陈长兴在这里借陈德瑚的大宅院教授徒弟。杨露禅自幼爱好武术，在家里时就常

■ 杨露禅故居

常喜欢一个人舞枪弄棍，现在发现这里有人在教授武艺，闲时就在一边偷偷观看，并用心记下某些招式，无人时便私下练习。

一天清晨，陈长兴早起练功，却发现一个少年在晨曦中练习自己的功夫，而且一招一式有模有样。陈长兴暗暗感叹这个少年是一个有天赋异禀的武学奇才。因而，陈长兴不但没有怪罪他偷学自己的功夫，反而大胆摒弃门户之见和江湖禁忌，和陈德瑚商量，准许他在业余时间正式学习陈家沟拳术。

这样，杨露禅就正式拜陈长兴为师。

几年后，杨露禅感觉这样零零星星地学习没有太大的长进，于是就辞去工作去陈家沟正式学习陈式太极拳。杨露禅第一次去陈家沟习武时，年龄还不是很大，便在陈长兴家一边当佣工一边习武，经过几年的学习，收获很大。后来为了家庭的生活，杨露禅辞别师父回去挣钱养家。

乾隆（1736—1795），清高宗爱新觉罗·弘历的年号，弘历是清朝第六位皇帝，定都北京后第四位皇帝。乾隆帝25岁登基，在位60年，退位后当了3年太上皇，实际掌握最高权力长达63年零4个月，是我国历史上执政时间最长、年寿最高的皇帝。

■ 打太极的女性

强身健体的中国功夫

走镖 旧时镖局相关术语，即镖师保护钱财物等上路，有时也有保护人的，称"肉镖"。江湖上把携重要物品行路分为轻重两种走法，轻走指秘密上路，重走便是请保镖护持上路。走镖是镖局的主要业务，不仅风险大，而且对镖师的要求也高。

杨露禅回家后，以卖煤土为生。十多年后，辛苦挣了一点钱后，他第二次去陈家沟学艺。这次他在陈家沟一住就是10年，除了继续学习武功，他还与陈长兴一起走镖山东，为大户人家保镖护镖，这种经历使他学到了丰富的实战经验。

10年期满，杨露禅自温县陈家沟返回永年时，寓居太和堂药店，以授拳为生。此时，杨露禅已经是声名远扬，当时不光是爱好武术的人，就连那些不常出门的老年人和刚刚懂话的儿童，也都纷纷传言，说是卖煤土的杨老露从河南学来了太极拳，技艺高超，人莫能及，任你有千斤之力，只要他轻轻一拨，便可抛出十几丈远。

由于杨露禅的名气太大，常常都有人找上门来与他比武，杨露禅推辞不过，只好与人比试一下。一天，又有一人找上门来了，要与他切磋。他再三推辞，那人也不答应。

这人长得五大三粗，武功也确实不错，杨露禅本想应付一下就收场，没想到那人步步紧逼，差一点把杨露禅打倒在地，为了自卫，杨露禅回手一掌，正打中那人的胸部，岂料那人中掌后狂吐了一口血，就倒在地上不省人事了。

杨露禅急忙将人救起，并出钱延医调治。比武本来是两相情愿的事，受了伤一般不会追究对方的责任，可那家人见人受伤了，不依不饶，告到官府非要让杨露禅吃官司。为了躲避官司，杨露禅只好逃离故乡来到北京谋生。

当时北京东安市场北面有一家"天义顺"酱菜园，掌柜的人称"张四胖子"，此酱园腌制的酱菜不向外出售，专供王府使用，因这人与王府过从甚密，有钱有势，又称"小府酱菜张"。

张四胖子家住海淀，每隔数日来酱园一次，那些日子他正要为他的两个儿子寻找教书先生，便嘱咐酱园门前的粥摊掌柜丁紫兰留心，让她遇到合适的帮忙找一个。

这天，杨露禅来到东安市场，没钱下饭馆，就到丁紫兰的粥摊喝粥，他边吃边问丁紫兰有没有什么事可让他做，工钱不计多少。丁紫兰问他会些什么，杨露禅说自己认识字，可以教书。

丁紫兰一听便想到张四胖子所托之事，于是将杨露禅作为教书先生推荐给张四胖子。张四胖子一

继承完善 发扬光大

■ 打太极的老人

■ 打太极拳的老人

看这人像个教书先生，便爽快地答应了。

从此，杨露禅就住进北京海淀张四胖子家里，每天教两个孩子念书。因为是逃避官司而来，练武的事不敢露一点口风。

张四胖子家大业大，家中还雇有二十几名看家护院的家丁，每日打拳练武，平时因门户之见，家丁们和一些绿林好汉早就有些矛盾。

杨露禅在张家教书半年有余，一天晚上他正在书房后面角门小屋里休息，忽然听见后花园内有动静，像是有人用刀枪打斗。

他随手拿着三尺长的烟袋，向后花园走去，只见有人在格斗，有人被打倒在地，有的还被捆上了。杨露禅近前一看，倒地被捆上的都是家丁。

有个家丁见杨露禅走过来，还大声喊叫："杨先生，可别过来，别让他们把您打了。"

杨露禅哪听这些，过去用烟袋锅一拨，就把一绿林好汉的刀给下了，再一点又撂倒一个，三下五除二，几下子就把绿林好汉都打倒了。

然后，他又用捆家丁的绳子把他们一个个都给捆上。杨露禅问他们愿意官了还是私了，官了是交官

影壁 也称"照壁"，古称"萧墙"，是我国传统建筑中用于遮挡视线的墙壁。影壁也有其功能上的作用，那就是遮挡住外人的视线，即使大门敞开，外人也看不到宅内。影壁还可以烘托气氛，增加住宅气势。影壁可位于大门内，也可位于大门外，前者称为内影壁，后者称为外影壁。

府处理，私了是有仇宜解不宜结，以后不再闹事。这些绿林好汉当然愿意私了，于是个个求饶，结果把他们都放了，杨露禅才又回到小屋休息。

事情过后，家丁们感到非常难堪，因为吃粮听差，看家护院是他们的职责，结果却让人家给捆了，还是靠教书先生给解的围。

第二天，家丁们都来向张四胖子辞行，说是没有脸再干下去。张四胖子也没想到教书的杨先生还会武术，就对家丁们说："你们也别走了，就让杨先生来教你们吧。"从此杨露禅除了教书以外还教起了武术。

就这样又过了两年多，杨露禅给永年县老家去了信，告知他在北京的情况。一天，门房传话，说老家来人了要找杨先生。

杨露禅不知是谁，随即走出迎接。当时张家大门口马路对面有一座大影壁，上有"迎祥"两个大字。杨露禅出门一看，来的人并不认识，是个30多岁的年轻人。

年轻人过来就请安，要施大礼，右腿向下一跪，右拳直冲杨露禅的小腹而来。原来此人是杨露禅在永年县那次打伤之人的家属，来京找他是报仇的。

他要请安施礼是假，借机进招攻击杨露禅的下三路冲拳进裆是真，这人的行动早被杨露禅看在眼里。说时迟，那时快，只听"嘭"的一声，杨露禅用海底针把那

■ 道家武术

■ 杨露禅故居杨式太极拳发祥地

年轻人打到大影壁上，身子直贴在"迎"字上。

年轻人摔倒在地，并没有屈服，但他知道自己不是杨露禅的对手，所以爬起来叫道："大叔，咱们三年以后见！"说完就跑了。

杨露禅回到屋内，想到不定何时还会有人来找麻烦，心中烦闷。于是找张四胖子，对他讲了在永年县伤人之事，他认为自己要防备一下，所以要离开此地。

张四胖子听了，感到很惋惜，因为两个儿子才学两年多，还没有学到什么本领。他想了一下对杨露禅说："你先别忙着走，我去活动一下，看能不能能到四爷那里去干。我找大管家王兰亭去说说，或许能行。"

张四胖子所说的"四爷"就是清朝宗室，道光帝旻宁之孙，惇亲王奕誴之子，38岁袭封端郡王的爱新觉罗·载漪。

咸丰年间（1850—1861），端王称"四爷"，杨露禅若能到端王府教拳，问题就解决了。端王府的总管王兰亭特别喜爱武术。经张四胖子推荐，王总管又从中说合，杨露禅真的被四爷看中了。

这样，杨露禅便来到端王府开始教拳。总管王兰亭精明能干，个子高大，身强力壮。杨露禅在教端王练拳时，王兰亭就在一旁跟着学，而且杨露禅每次都用王兰亭试手，挨打的是王兰亭，但他也因挨打而慢慢地领会了太极拳法的精华。

端王学习一段时间拳术后，感觉杨露禅拳术的威力很大，于是又安排杨露禅去充任旗营武术教官。杨露禅当时所教的拳术，不叫太极拳，而叫作"绵拳"，只教旗人不教汉人，旗营中也是只教近八旗，不教外八旗。

那时的旗营分为东八营和西八营，东八营是善扑营，练摔跤；西八营多是提笼架鸟的，体质较差，练绵拳。后来，杨露禅为了适应一

■ 练太极剑的人

■ 打太极拳的老人
雕塑

般练拳人的需要，逐渐删改原有发劲、纵跳、震足和难度较高的动作，遂定型为杨式大架子，由于练法平正简易，成为后来最为流行的杨式太极拳。

杨式太极拳的特点是柔和缓慢、舒展大方，速度缓匀，刚柔内含、深藏不露、轻沉兼有。此拳名声一出，在京津一带影响很大，学者日众。当时有很多王公子弟都来学拳，然而，大多数人因怕吃苦而学艺不精，仅有时贝勒之子时绍南和武状元出身的将军岳柱臣得到太极真谛，并且正式拜师杨露禅。

旗营下级军官中也有三人得太极真传，这三个人是凌山、万春、全佑，三人各得所长，凌山善发劲，万春善刚劲，全佑则善柔化。因碍于旧的等级观念，三人不能与贝勒子、将军等人称兄道弟，故杨露禅令此三人拜其子杨班侯为师。

杨班侯（1837—1892），名钰，字班侯，杨露禅的次子。杨班侯相貌清瘦，富有膂力，幼承严父真传，学武悟性极高，腾挪跳跃，像猿猴一样，尤其擅长太极大杆技术，掌握了太极拳的奥秘。他继承了乃父衣钵，武功卓绝。

杨班侯是在杨露禅38岁时出生的，他和他父亲一样，以武技在世上传奇，有关杨班侯比武取胜之事不胜枚举。杨家太极枪素负盛名。因杨班侯性躁劲猛，其母命其摘去枪头，以免伤人，后杨家练枪均用无枪头之白蜡杆。

　　杨班侯上阵对敌所用之钢枪重40多斤，竟然被他在练大抖枪时抖断，可见其太极内劲是何等浑厚惊人啊！杨班侯性情刚烈，对弟子要求严格苛刻，故从学者少。

　　杨露禅40岁时，三子杨健侯出生。杨健侯性情温和，从学者甚众。教授大、中、小三种架子，晚年专心事佛。杨健侯有三子：长子兆熊，次子兆元早亡，三子兆清。

　　杨兆熊，字梦祥，晚字少侯，后人呼为"大先生"，生于1862年，他7岁习太极拳，其艺得自祖父杨露禅、伯父杨班侯和父亲三人亲传，为人仗义疏财，爱打抱不平。但性格也多与杨班侯相似，故从学者不多。著名弟子有田兆麟、尤志学、乌拉布。

■杨露禅故居

强身健体的中国功夫

■ 太极表演

杨兆清，字澄甫，生于1883年，继传拳之后，南下武汉南京广州沪杭教拳。他总结祖孙三代教拳谋生的经验，为应付王公贵卿，青巾墨客追求时髦，不愿意多下苦功的心理需要，将杨氏传统架修定为松软、轻动、不做开裆下势的贵族文人风范，常常练功而不脱长衫，以定"大架"之为。

此大架也称为"社会架"或"养生架""休闲架"抑或"文艺架"，杨氏家传的真功夫也只在入门弟子中秘传苦练。

杨兆清之桩功基础极好，金鸡独立稳如泰山，推之不倒。曾与众门徒游上海法国公园，园内之法国梧桐，树干粗壮，时值深秋，树叶枯黄。杨兆清往树干上施用靠劲，枯叶纷纷飘落，令观者咂舌。

杨兆清勤练活桩，身上任何部位，均可将人击出。有一次，杨兆清出门用早茶，路上有一大汉迎面走来，与他擦身而过，杨兆清只觉得自己大腿与此人相触，内功自动引发，此人已腾空跌出寻丈之外。

杨兆清推手之时，不用有形之擒拿手法，而是用意气于无形之中，拿住对方劲路大喝一声，将对方腾空放出，其发劲之猛，击人之远，无人能及。

长衫 又称"长褂"，起源于满族人的旗服，清朝后汉人也以此为常服。仿马褂而于斜部加以割裁、缝缀，以表征福田、百衲之意。在古代长衫也代表了身份，因此分为代表贫穷劳动人民的短衫帮和代表富裕上层人士或有文化的人的长衫帮。

杨兆清善于用剑。杨家所蓄之龙泉剑，往往为"半开口"，即剑刃不开口而剑尖开口，锋利无比，可刺穿铜钱。杨兆清剑法精妙，比试时不欲伤人，用竹剑点人手腕脉门，令对方兵刃脱手。

杨兆清教弟子剑法，将柚子皮数块，悬挂于屋梁下不同高度与角度，令弟子手执宝剑，足踏九宫步，往复穿行，目光顾及任何一块柚皮，即刻眼到身到、身到剑到，刺穿柚皮。

练到百发百中之后，将柚皮换成橘子，最后又换成铜钱大小的金橘，如果仍能百发百中，则点人手腕脉门，好比探囊取物，易如反掌。

杨兆清有入门弟子多人，著名者有：陈月坡、闫仲魁、崔毅士、王慎东、牛春明、李春年、陈微明、武汇川、董英杰、褚桂亭、郑曼青、曾如柏等，杨兆

■ 练武术的少年

金鸡独立 武功练习方法，将两眼微闭，两手自然放在身体两侧，任意抬起一只脚站立，关键是不能将眼睛睁开。这样调节自己的平衡就不是靠双眼和参照物之间的谐调，而是调动了大脑神经来对身体的各个器官的平衡进行调节。

继承完善

龙泉剑 我国古代十大名剑之一，诚信高洁之剑。传说是由欧冶子和干将两大剑师联手所铸，剑成之后，俯视剑身，如同登高山而下望深渊，缥缈而深邃仿佛有巨龙盘卧，故名"龙渊"。唐代时因避高祖李渊讳，便把"渊"字改成"泉"字，称龙泉剑。

熊的弟子尤志学、田兆麟也奉师命复拜学于杨兆清。

杨露禅在旗营担任武术教官后，许多武术名家都远道来和杨露禅比武，华北各省的名家无论各门各派，皆非敌手，因此威震京城，人称"杨无敌"。

后来，时绍南因出天花丧命，岳柱臣在中俄边境战争中阵亡。杨露禅再无心教拳，遂辞去武术教官之职，离开了旗营。

同治十一年，即1872年，杨露禅在北京逝世。杨露禅过世后，儿子杨班侯、杨健侯接过了父亲的衣钵，后来由孙子杨澄甫修定完善。杨氏太极拳由于学习的人多，因而也衍生了许多杨氏的支派，最为著名的有王氏太极、郑氏太极拳、熊式太极拳、董氏太极、田式太极、李氏太极拳、府内派等。

阅读链接

传说杨露禅能够在北京授徒，还有另外一个版本：永年的武氏，在京城里担任官职，因此是北京某富豪张家的贵宾。武氏在一个偶然的机会下，将同乡人杨露禅推荐给张姓富豪认识。张氏家雇有武术教师多人，还有一些想考武举的子弟们在这里练习武艺，准备应试。

为了给一班学艺的子弟们辅导，武氏在一场宴会中介绍了杨露禅。张家雇的武术教师都是彪形大汉，身强力壮，而杨露禅看上去身材比较瘦弱，为此，张姓富豪初见面时，非常看不起杨露禅，让杨露禅与他家的武师比试一下武艺。

比武开始了。一个拳教师气势汹汹地挥拳直奔杨露禅，施了一个"饿虎下山"的招式，杨露禅略一举手，那位拳教师立即被打飞到几丈远的地方去，摔得浑身血污。另一位拳教师见状，又如苍鹰般猛扑过来，结果也落得同样下场。其余武师一看都吓得不敢再比了。主人也诧异万分，连忙请杨露禅上坐。

邓钟山奠定南派功夫

　　清嘉庆十五年，即1810年，在武当山下的均县（今湖北省丹江口市）一个世代习武的家庭诞生了一个健壮的婴儿，他就是邓家第九代传人、后来创立了武当南派功夫的邓钟山。

南派功夫

■ 功夫招式

时辰 我国古时把一天划分为12个时辰，每个时辰相等于现在的两小时。相传古人根据我国十二生肖中的动物的出没时间来命名各个时辰。西周时就已使用。汉代命名为夜半、鸡鸣、平旦、日出、食时、隅中、日中、日昳、晡时、日入、黄昏、人定。又用十二地支来表示，以夜半23时至1时为子时，1至3时为丑时，3至5时为寅时，依次递推。

邓钟山祖上九世习武，功法来自明朝宣德年间武当山上隐居着一个姓邓的道人，邓道人的功法在传授中有道特殊的戒规："传本家不传异姓，传儿子不传女儿。"

邓钟山的幼年、少年时代是在一心一意习武练功的环境里度过的。他每夜子时练软气功、硬气功、特绝技，下午则演练拳法，一天习武练功的时间长达4个时辰之多。邓钟山的青年时代，喜欢与同行较技，所以，他的名声在当时武术界盛极一时。

邓钟山的武功异常高超，他能够隔空1米左右将碗内水扑出，还能在3米开外将武功高超的对手击晕在地。邓钟山的左手整天戴着"罩子"，此为五雷闪电手的"收雷藏电法"，他若用此绝手取人，一般无人能敌。

五雷闪电手，全称为"道家太乙玄门五度鸣雷闪忽电光绝手"，属道家武当派太和门软性功夫、硬形功夫、轻盈要术、特绝秘技四大功种之一的特绝秘技范畴。该功因以施放雷、电并产生5种鸣声与闪亮电光为宗旨，且功成后运劲生威、消力缩劲，出手令对手形体枯焦、拳屈而亡，收功则自身无恙而得名。

五雷闪电手的全盘完整功法，共有乾人天罡三十六阳性雷电法与坤人地煞七十二阴性雷电术两大类。

其中的乾人之法包含了练就劈砖打石、拉扯坚物、抓石成粉、推指为沟、拖刀抓斧、扑敌化形、发射毒气、斩断灵魂、裂敌救敌等本领的系列、完整的方式。而坤人之术则囊括了练就隔空溅水、划掌割肤、扑敌化形、催射毒气、斩断灵魂、裂敌救敌等技艺的系列、完整的方法。

这些方式，是武当太和门的珍贵秘宝，数百年来均口耳相传，单线独授，旁人绝难觅其一斑。因此，邓钟山轻易没有使用过这个独门绝技。

功夫招式

邓钟山的性格与祖辈不大相同，他好周游，也好结纳朋友，但他始终遵守家规，对慕名求学者一律拒之不授，然而也有例外。

在邓钟山的追随者中有数十人诚心诚意，多年如一日殷勤服侍邓钟山。有个年长邓钟山十余岁的山东蓬莱武士李家年，对他更有十二分殷勤。李家年唯一的要求，就是希望邓钟山能收自己的第六个儿子李老六为嫡传弟子。

精诚所至，金石为开。有感于他们的一片至诚之心，加之邓钟山做功已成"整身"，没有配偶，膝下无子，所以邓钟山这才打破森严的家规，决定开创一个独特的门派，取名为武当"功家南派"，传授外姓武当功夫。

李老六有幸成为邓钟山破例后所收的第一个弟子。李老六名叫李德贵，山东人氏，祖上世代以行武保镖为业，他的父亲李家年曾做过当朝的宫廷镖师，因在半个山东都有名望，被武术圈内称为"李半边"。

李老六自幼随父习武，并经常出入官宦要人之家，使他自小就见过大世面。长至12岁时，他父亲就想为他寻觅一个名师授他武技，后来访得武当山邓钟山练有绝世武功，因此前来求学，使他为武当"功家南派"嫡传一代弟子。

从光绪元年，即1875年起，邓钟山花费了5年时间，最终写成了

《功家秘法宝藏》一书，在这本书里，邓钟山详细记录了他一生所学，并且对各种功法的名称、动作、练法都做了阐述，这本书后来成为自黄百家之后第二本武功秘籍。

清光绪七年，即1882年，邓钟山应两江总督左宗棠之聘，首破武当关门授徒的戒律，下山开办武学堂，在江苏江宁府仓巷桥，即今江宁县境内开创了武当南派。

据说，左宗棠在两江总督制台衙门目睹了邓钟山所著的《功家秘法宝藏》后，曾惊叹地写下了一首诗赠予他。诗曰：

左宗棠（1812—1885），字季高，湖南湘阴人。号湘上农人。晚清重臣，军事家、政治家、著名湘军将领，洋务派首领。他一生经历并参与了镇压太平天国运动，开展洋务运动，平叛陕甘回乱，收复新疆等重大历史事件，为维护民族和平统一，稳定和开拓边疆做出了重大贡献。

447

继承完善
发扬光大

武坛一孤本，价值可连城。
万贯不脱手，谁知传何人？

■ 武术演练

■ 功夫演练

拐子 一种兵器，形状略像"工"字，两头横短，中间直长。上面的那端称为拐头，下面的那端称为拐尾。拐头和拐尾皆可用来捅，拐尾朝手肘的方向可用于向后捣或向外侧捣；转过来拐尾向前，用来劈、扫。拐身比较便于格挡，攻防兼备。使用时通常双手各持一把，一边格挡的同时另一边可用于攻击。

邓钟山开办的这个学堂有弟子100余人，早晚练武，白天习文。经过数年的教习，这100余名弟子中，武艺突出的有钟老八、杨拐子、姚中源等人。

邓钟山的晚年，大部分是在南京度过的。当时他居住在朝天宫、上浮桥两处，有嫡传弟子李老六终日相陪，还有李老六长子李松如、弟子李钟奇服侍。

邓钟山高兴之时，还乘兴持械与弟子练习。他手持掸尘，打一圈风波扫秦拳。

邓钟山在仓巷桥所教的南派功夫主要有武当六路拳、洪门拳、醉八仙、孟珠下海、四门刀、戒刀等。

武当六路拳因在技击中擅防前、后、左、右、上、下六方，且"交手"时画出六线并按六线6个方位出击而得名。六路拳共有36个适于进攻与防守的主架，且每一个主架尚可化出6个小架，它讲究实用，无"加花"之处，每架皆含精奥的攻防技术在内。

所以，邓钟山在自己所著的《功家秘法宝藏·六路拳图说》中说："一缩形周身无缝隙，一撒臂通身皆有手""拉大架犹如铺天盖地，使小式则为仙人变形""一出手便知高低"。

他还说："六路拳乃功家南派之精华，邓家拳法第一矣。"六路拳刁钻古怪，软硬相兼，软时如绵里裹针，硬时似钢刀如刃。

洪门拳是邓钟山在江宁府传艺时教授随行的一名仆人演练的一套拳术，因这个仆人姓洪，又以看守学堂的大门为生，所以邓钟山为该拳起名为"洪门拳"。

洪门拳有36个适于戡与防守的架子。演练此拳分大、小两个架子：大架绕手划臂，起脚转腿，大开小合，气势磅礴；小架拦手搁臂，转步藏腿，小开小合，招式严谨。

洪门拳的技击性较强，其在"交手"中讲究"以静待动，以缓制快，以柔克刚，以软化硬""一招发敌，便知高低"。所以，邓钟山在《功家秘法宝藏·范例门拳图说》中说"洪门拳，乃邓家拳法第二矣"。

醉八仙因其假托汉钟离、吕洞宾、韩湘子、曹国

■内家功夫

功夫对打

舅、何仙姑、蓝采和、张果老、铁拐李八仙诸形态演练，所以起名"醉八仙"。

醉八仙共有8个架子，每个大架子化出8个小架。所以这个功夫的术语说道："八仙者，化架则为八八六十四矣。"演练醉八仙的人，必均须跳起身子并以头、肩、背、腰等部位跌地，所以术语称之为"醉八仙"。

孟珠下海是因其假托得道成仙的武当神人孟珠下海擒妖捉怪并与"四海龙王"所辖兵将相遇的形态演练而得名。孟珠下海共有8个架子。演练孟珠下海的人，都必须站在高处并跃起以头、肩、背、臂等部位栽地，所以称之为"栽孟珠下海"。

四门刀刀法因在与敌"较技"的"观阵"中要立出4个"金鸡独立"的"门户"而得名。四门刀共有16个适于进攻与防守的架子。

邓钟山在《功家秘法宝藏·四门刀图说》中说："悟其真谛，其妙无穷。"四门刀在演练时摆拉开架子，大开大合，而比武时则用"小架"，即缩形小身，舍其架子。

四门刀法自燕尾单刀中摘来，邓钟山说："四门刀法，乃吾游侠三省与敌较技中悟出，其架皆出自祖传文雁尾单刀。"

龙王 是我国神话传说中在水里统领水族的王，掌管兴云降雨，为人间解除炎热和烦恼，是我国古代非常受敬重的神灵。传说共有东海敖广、西海敖钦、南海敖润、北海敖顺这4个以海洋为区分的四海龙王。

戒刀刀法因其在与敌"较技"中取敌但又不得"杀生"而名。戒刀共有16个适于进攻的架子。邓钟山说："戒刀之法，皆雁尾单刀中来。何为戒刀？戒刀者，乃寻常双双佩于腰际，此谓之不得随意妄开杀机。"

　　雁尾单刀因形如雁的尾部而得名。雁尾单刀共有36个架子。其架能大能小、能快能慢、宜攻宜守，变化无穷。邓钟山在《功家秘法宝藏》说："雁尾出势一条枪，七星绞手把内缠；……任伊千变万化来，玩起雁尾态安然。"邓钟山称雁尾单刀为"行侠义必备刀法"。

　　南派功夫著名的招式还有四门枪、雁门神枪、八仙剑、浑元铁棍、板凳拳、云帚拳、春秋大刀、风波扫秦、鸳鸯镖、梅花针等，邓钟山在《功家秘法宝藏》里对这些招法的练习方法、掌握技巧都有详细叙述。

　　邓钟山的开山弟子李老六自得到武当南派武功的秘法后，在师父的悉心教授下，勤学苦练了13年，悟得了《功家秘法宝藏》的奥秘，成为名冠金陵武术界的一代精英。

■武术切磋

强身健体的中国功夫

■ 武术演练

信 古代称作"尺牍"。古人是将信写在削好的竹片或木片上，一根竹片或木片约在一尺到三尺之间，所以叫"尺牍"。信在古文中有音讯、消息之义，如"阳气极于上，阴信萌乎下。"信也有托人所传之言可信的意思。在我国古代的书信中，最著名的是秦朝李斯的《谏逐客书》，还有司马迁的《报任安书》。

邓钟山老先生95岁高龄时，他的外甥赵石城从湖北武当山来信，请求舅父到老家安享晚年。俗话说，树高千丈，叶落归根。邓钟山当时也正有此意，于是，他谢绝众人的殷切挽留，独自一人赴湖北武当山而去。

邓钟山虽然回归武当，但他创立的武当南派功夫，却在南京落地开花，枝繁叶茂。他的后代传人除了开山弟子李老六外，后来又收了黄春燕、赵石城等。

黄春燕是道光年间江苏扬州人，祖上世代为书香门第，先人中曾有人中过状元。她的父亲黄彪曾做过文官，后因不满当政腐败，便愤然辞官返乡。

黄春燕因随母亲来无锡迎接黄彪，中途出游太湖，遭强盗拦劫，幸遇游侠赵石城相救，后来秉持"练得高技可惩恶扬善"的理念，便随赵石城同往江宁，拜邓钟山为师，被邓师定为武当"功家南派"的嫡传第一代传人，从而练就了一身高超的武技。

赵石城是道光年间山东蓬莱人，其祖上代代习武。赵石城自幼得自家传，年少之时即习得一身好武艺。16岁时便独身行侠江湖，遇不平之事则仗义相助。后来又拜其舅父邓钟山为师，入武当功家南派并被定为嫡传第一代弟子，从而如虎添翼。后赵石城与黄春燕结为夫妻，生有一子，取名邓继侠。

邓继侠自幼便随父母练"圈内"武功，深得其中精奥，成为武当"功家南派"嫡传二世弟子。

李义侠、李燕侠，武当"功家南派"嫡传二世弟子。江宁人氏，为兄妹二人。他俩自出生后即被赵石城、黄春燕作为义子收养，并定为武当"功家南派"嫡传二世弟子，尽传"圈内"武功。通过十几年的勤学苦练，终于大功告成，从此以"江南双侠"之名风靡一时。

李松如、李钟奇是武当"功家南派"的嫡传二世弟子。李松如是李老六的长子，山东蓬莱人氏，清光绪年间人。李钟奇是李老六的次子，清光绪年间人。他俩自幼得父亲李老六真传，成年后纵横武林，世称"武坛隐叟""武坛二老"。

阅读链接

传说邓钟山在教训顽劣弟子时曾用过独门绝技"五雷闪电手"。有一次，邓钟山在仓巷桥所收的弟子钟老八仗着自己的武功有了一点根基，便要与师父比试武功。

邓钟山见他狂傲无礼，一怒之下便使出五雷闪电手。两人相隔1米开外，只见邓钟山体态异常，怒目切齿，左手向前一抬一抖，钟老八瞬间被击倒在地。钟老八倒地后两目紧闭，脸色苍白，约半个时辰后，方才苏醒过来。钟老八爬起来立即跪倒在师父面前，向师父认错。

邓钟山教诲说："学武艺，一定不能心浮气躁，更不能仗势欺人。如果没有宽厚之心和仁义之道，练成了武艺，只会害人害己。"

钟老八和众弟子听了，连连点头称是。

武禹襄创立武氏太极拳

武禹襄蜡像

1812年，正是清代嘉庆年间，直隶广平府一武姓望族诞生了第三个儿子，父亲武烈为之取名"河清"。

武姓也是武术世家，河清的曾祖静远以武庠生授卫千总职；祖父大勇，弱冠游武庠；父亲武烈，邑庠生。长兄澄清，举人，官河南舞阳县知县；次兄汝清，进士，官刑部四川司员外郎，均习武。

由此家世，武河清后来取字禹襄，号廉泉。武禹襄自幼跟随父亲武烈练习红拳和骑射击刺之术。永年县西大街太和堂药店为温县陈家沟陈德瑚所开，但房屋是武家的，陈德瑚和武禹襄二哥武汝清是同科进士，因此，他们两家关系甚好。

这样，武禹襄就经常出入于太和堂药店，得以粗知太极拳术，同时也与杨露禅结成了拳友。当杨露禅去陈家沟学艺时，武禹襄曾照顾他的家人。

杨露禅学成归来后，名声显扬，武禹襄虽是儒雅翰林风范，但内藏武侠之心，他曾向杨露禅提出学武之事，但被杨露禅婉言拒绝了。

■ 武禹襄故居正门

1852年，武禹襄奉母命去舞阳探望长兄武澄清，经太和堂店东陈德瑚介绍，他便只身前往陈家沟，可到达时，恰逢陈长兴刚刚去世。

武禹襄只好绕道到了赵堡镇，向陈清平请教太极拳法。陈清平是太极拳赵堡架的第七代宗师。知道武禹襄是为学拳问艺而来，遂留武禹襄在赵堡镇居住月余，将拳艺奥妙尽授武禹襄。

由于太极拳赵堡架有"赵堡拳不出村"的旧习，所以陈清平只好私底下传赠给了武禹襄一部王宗岳注解的《张三丰太极拳论》。

武禹襄在得此太极拳谱之后，多有参悟，更有新的阐述，从此，无意仕途，放弃科考，终身致力于太极拳术的研究，经过多年的潜心研究，终于创立了独

员外郎 古代官职，原指设于正额以外的郎官。隋朝于尚书省二十四司各置员外郎一人，为各司之次官。在唐代贞观时期之前，吏部考功员外郎是科举考试的主考官。在唐开元年间后，改由礼部侍郎主持科举考试，并一直延续下来。在清代，此官职配置于朝廷或地方之辅助部门，品等为从五品。

■ 武禹襄《太极十三式纪略》

具特色的武氏太极拳。

而且，武禹襄承王宗岳拳论之余绪，以儒家学说为指导，参以兵家奇正虚实之理，医家经络气血之说，养生家吐纳导引之功，陈清平所授蓄发提放之技，结合实践心得，写出了《十三势行功要解》《太极拳解》《太极拳论要解》《十三势略说》《四字秘诀》《打手撒放》《身法八要》等著名拳论，把太极拳升华为练意，练体，养气三者相结合的高级拳术。

武禹襄在《太极拳论》开篇就说："一举动，周身俱要轻灵，尤须贯串。"这就是说，任何一个动作，全身都要动作，动作是要轻灵，就是必须圆活，才能轻灵。圆活没有主宰等于机器轮子没有安装上，还是不起作用，所以"必须贯串"等于全部机轮安好了，一处转，则处处转，才叫贯串。

要轻灵，必须松，要贯串，必须圆。而太极的圆，又必须公转之中还有自转。自转就是"懂劲"，或里缠，或外缠，螺旋推进，比起机器轮子，更为复杂。而"气宜鼓荡，神宜内敛"是指心静体松，内气舒畅，才能做到鼓盈内敛。

武禹襄指出"无使有缺陷处，无使有凸凹处，无使有断续处"，是说处处转得圆，全身配合得合适，自然可免此弊。这是讲拳的原理和运动规律，经身形，讲到气，又讲到神，层层深入。

而后面"其根在脚，发于腿，主宰于腰，形于手指"，是说方向的变化，全在腰劲，因又是重心所在之处，腰的方向变了，脚、腿必随同转变。与人交手，手先接触，所以必须把圆圈行至手指上，也就是手指须走缠劲。

"由脚而腿而腰，总须完整一气，向前退后，乃能得机得势。"这是说上下的圆圈配合的协调一致，不自牵碍，才能得劲，吐纳导引，自成系统。

"有不得机得势处，身便散乱，其病必于腰腿求之。上下前后左右皆然。"武禹襄在这里指出，配合得不恰当，身上的劲就由散而乱，检查毛病，一定是腰和腿的方向不一致，或是方向转过了。发现毛病所在，练拳时加以纠正，各方面全是检查。此处所以不说手者，因为手最灵活，只要腰腿配合好了，手是反正全可以用的。

武禹襄重点指出，太极"凡此皆是意，不在外面而在内也"，是

武氏太极拳

■ 武禹襄《四字秘诀》

四字秘诀：敷盖对吞

李亦畬

敷：敷者，运气于己身，敷布彼劲之上，使不得动也。

盖：盖者，以气盖彼来处也。

对：对者，以气对彼来处，认定准头而去也。

吞：吞者，以气全吞而入于化也。

此四字无形无声，非懂劲后，练到极精境地者不能知，全是以气言。能直养其气而无害，始能施于四体，四体不言而喻矣。

说学太极拳，特别要明白什么是意，意不是空洞的，而是"理想"，理想就包括原理、方法。运动时，外形的动作，必须根据原理和规律、方法，才能"不在外而在内"。后面武禹襄讲太极用力的技巧，如"若将物掀起而加以挫之之意。斯其根自断，乃攘之速而无疑"。这就是力学的杠杆作用，两人推手，只要脚步先插到对方裆中，他的重心自然牵动，对方是重点，我脚是力点，我身手是支点。

至于"虚实宜分清楚，一处自有一处虚实，处处总此一虚实"中，第一句叫人先明白什么是虚实，第二句叫人明白使向一处，都有实有虚，第三句是讲全身虚实的配合要协调，太极拳的步法，是前虚后实，但前步虚中要有实，后步实中要有虚。前步的实，在脚尖，后步的虚在脚外侧。步法与手足要相配合，手退则足进，手实则足虚，以两手论，前手是实中虚，后手是虚中实，重心则永远保持在丹田及腰部。

武禹襄在《太极拳论》最后结语说："周身节节贯串，勿令丝毫间断耳。"这又讲到全身的配合，以身体讲，脚是根节，腰是中节，头是梢节。以臂论，肩是根节，肘是中节，手是梢节。以腿论，裆是根节，膝是中节，足是梢节。凡是节，就等于轴子，只许转动，不许摇摆，如同一部机器，安得不松不紧，一经开动，大轮小轮，一同旋转，无一是阻碍间断之处。

武禹襄武学，以气贯串。武禹襄武学理论，除了追随王宗岳太极理论之外，其个人特色最为强烈，影响后世最大的就是他的"气"

强身健体的中国功夫

论。在短短的《打手要言》中，武禹襄就使用了25个"气"字，在他极短的《四字秘诀》中，也使用了6个"气"字。

"气"字用于武术，虽然不是武禹襄独有独创，但是却可以说是完全发扬光大于武禹襄。由此可见，武禹襄的武学理论可以说完全是以"气"来贯串。

武禹襄还根据拳理拳法创编了一套融技击、健身为一体的新型拳势和刀、杆锻炼套路，并把原来只有一进一退的推手，改为进退各为两步半，暗合五行，进步先进前足，后退先退后足的活步推手。

武禹襄远法王宗岳，近师陈清平、杨露禅，忠于继承，敢于参研，从拳理拳法到刀、剑、杆之运用，独树一帜，蔚然成家。得到武禹襄真传的有外甥李亦畬、李启轩。杨露禅之子杨班侯奉父命向武禹襄学文之余，其拳法也得到武禹襄的点拨。因武禹襄、李亦畬都是出身于书香门第的儒生，当时社会习俗士大夫阶级的人不能当拳师，所以武禹襄所创拳式直到第三世郝为真，才广为传业，盛行于世。

阅读链接

在杨露禅、武禹襄和他们的传人的辛勤努力下，太极拳成为既有理论指导，又有教学内容和符合时代要求的教学方法，才得以传播到通都大邑，并为日后的大发展奠定了良好基础。

武禹襄对太极拳最大的贡献就是他关于太极拳的著作。他的传人、外甥李亦畬继武禹襄之学而光大之，写有《五字诀》《走架打手行功要言》《撒放秘诀》《敷字诀解》《太极拳小序》及《跋》等。武禹襄的长兄武澄清晚年亦写有《释原论》《打手歌》。

武、李两家所写拳论本诸实践，并非向壁虚构，为太极拳的发展提供了系统完整的理论体系，影响了众多的太极拳家，一直被太极拳研究者奉为圭桌。

孙禄堂创立孙氏太极拳

1860年，河北完县一个穷苦人家刚刚产下一个男婴，家里人在欣喜之余，又盼望此子能长大成才，福寿双全，福禄满堂，于是为其取名"福全"。此子成人后字禄堂。

孙禄堂画像

虽然孙禄堂天资聪颖，勤奋好学，但不幸他9岁丧父，家中更是一贫如洗，全仗老母辛苦支撑，才把他抚养成人。

孙禄堂自小喜爱武术，曾拜一位江湖拳师学习少林拳术，时间虽短，但他勤学苦练，练得一身好功夫。11岁时，孙禄堂迫于生计，只得背井离乡，去保定一家毛笔店做学徒。

13岁时，孙禄堂拜河北拳师

【虎形】 【鹿形】 【猿形】 【飞鸟形】 【熊形】

李魁元为师，学习形意拳，同时文武兼学。两年后，因其武艺出类拔萃，李魁元便把他推荐给自己的师父郭云深令其继续深造。

■ 形意拳招式

孙禄堂跟郭云深学形意拳8年，得形意拳真粹。后又经郭云深举荐进京城，跟八卦拳创立者董海川的大弟子程庭华学八卦拳，以及点穴、轻功、八卦剑、七星杆等绝技。

形意拳、八卦拳同属内家拳，其理相通，故孙禄堂仅习数月就得八卦拳之精微。他知道内家拳首推太极拳，故又想学太极拳。

当时在京的太极名家要推杨露禅了，于是他便拜会了杨露禅，讲好以自己的形意拳与他的太极拳交换，二人约好第二天早晨在某庙前相会，但到了那

郭云深 清代末年的一位武术名家。郭云深幼年习练拳术，后拜能然先生为师，昼夜练习数十年，深得形意拳之精义。后来练就绝技"半步崩拳"，以"半步崩拳打遍天下"而著称。清光绪三年设教西陵，曾在宗室等地任教。以后游访南北，阅历颇多。

太极八卦图

天，杨露禅并没有如期赴约，孙禄堂于是知道杨露禅并不愿意，只得作罢了。

程廷华为了使孙禄堂经风雨见世面，广识神州武林各派之精华，追本求源，挣脱师法樊篱，日后自成一家，便诚恳地劝他离师门去四海访艺。

1886年春，孙禄堂只身徒步游南北11个省，其间访少林，朝武当，上峨眉，闻有艺者必访之，逢人较技未遇对手。

1888年他返归故里，同年在家乡创办了蒲阳拳社。从此孙禄堂广收门徒，因其名声显赫，来拜师的很多。

1900—1907年，孙禄堂继续经营蒲阳拳社，并且探究儒、释、道与拳学互证、互通之理。其间，清廷在京郊举行规模盛大的"天下英雄会"，邀集南北各派武林高手前来比试。经比试，孙禄堂技冠群雄。从此，他在武林中享有"虎头少保，天下第一手"的美誉。

1909年，俄国及欧洲格斗冠军、大力士、拳击家、柔道家彼得洛夫途经奉天，即沈阳，经俄公使馆提议在奉天设擂台，夸口天下无敌，拳打中华武林。

孙禄堂闻讯后非常气愤，决心前往打擂。到了擂前，只见那彼得洛夫身材高大，肌肉块块隆起，站在台中央宛如一座铁塔，正在口吐狂言。他为了显示武功，把铁链套在身上，一运功，就把铁链节节崩裂。号叫着："谁敢上台与我较量？胜者奖金牌！"

孙禄堂跳上擂台应战。彼得洛夫见孙禄堂像文弱书生，不以为意。两人约定，彼得洛夫先打孙禄堂三拳，孙禄堂再打彼得洛夫三拳。

彼得洛夫用足劲，第一拳打在孙的小腹上，如打在铁石上一般。心中不由大吃一惊，随即进一步运足劲，大吼一声，又猛击两拳，孙禄堂却仍如泰山一般，岿然不动。原来孙禄堂用的是气功，把气沉入丹田，所以小腹坚硬如石。

按理，彼得洛夫打过三拳后，轮到孙禄堂打彼得洛夫了，但彼得洛夫慌了手脚，心想若被他打，一定被打倒，于是，企图做垂死挣扎，就怪叫一声，扑向孙禄堂。孙禄堂见他来势凶猛，就运用内家拳的化劲法把它化掉了。

就这样，你来我往，只几个回合，彼得洛夫就被孙禄堂一拳打下

继承完善
发扬光大

峨眉 与少林、武当共为中土武术的三大宗派。峨眉山武术讲究后发先至，以柔克刚。关于峨眉派的起源，有多种传说，其中广为人知的是"郭襄开创峨眉派"或"道姑开创峨眉派"。峨眉武术有"五花八叶"之说，主要分布于四川和重庆等地。

■ 打太极的老人

强身健体的中国功夫

■ 功夫对打

了擂台。台下观众掌声雷动，高呼："打得好！"

这一仗，孙禄堂大长了中华民族的志气，打灭了洋人威风！

不久，大侠霍元甲南下上海挑战英国拳家奥皮音，特邀孙禄堂一同前往，为其压阵。孙禄堂预言，英国人必然不敢接战。霍元甲到上海后情形果真如此，由此对孙禄堂敬佩有加。

虽然孙禄堂已经在形意拳、八卦掌上达到登峰造极的境界，几乎打遍天下无敌手，但是仍对太极拳心仪不已，恰巧机会就来了。

武式太极拳第三代传承人郝为真去北京探望杨班侯，偶染风寒，孙禄堂马上请郝为真到家中，并热情款待，表达出想学太极拳的愿望。

当时郝为真70岁，孙禄堂也50岁了。按当时的习俗，想学就得拜帖子，行师徒跪拜大礼。孙禄堂提出，要拆两三招看看。这个也是当时的旧俗，不试试

霍元甲 清末著名爱国武术家，他的武艺出众，又执仗正义，继承家传"迷踪拳"绝技，先后在天津和上海威震西洋大力士，由农劲荪介绍来上海，在由陈公哲、陈铁生所创办的"精武体操会"中主教武术。霍元甲是一位家喻户晓的民族英雄，他的一生虽然短暂，但却轰轰烈烈，充满传奇色彩。

师父的功夫就拜师，没有先例。

郝为真说："你先出招吧。"

孙禄堂人称"活猴"，身体瘦小精悍，一个"猴子摘桃"直奔中路攻进来。郝为真个头大，一个懒扎衣，双手将孙禄堂撮起来。孙禄堂顿时双脚离地，如小孩儿一般被捧起来，悬在空中。人称"虎头少保，天下第一手"的孙禄堂这才心悦诚服地递帖子，投于郝为真门下，成为武派太极拳最得意的弟子。

孙禄堂宗老子自然之道、合易筋洗髓两经之义、用周子太极图之形、取河洛之理、依先后易之数，终于将太极、形意、八卦三家合冶一炉，融会贯通，革故鼎新，创立了孙氏太极拳，卓然自成一家。

接着，孙禄堂开始撰写《太极拳学》。该书为太极拳发展史上第一部公开出版的著作。

孙禄堂在该书中指出，太极拳之本质不过是研求一气伸缩之道。形意拳、八卦拳亦如此。一气者即中和真一之气，由无极而生。

故拳学莫不是自虚而始再还于虚。形意、八卦、太极三拳用法不同，各有侧重，然其理则一也。于是揭示出形意拳、八卦拳、太极拳三门拳学在本质上的同一性和技术体系上的互融、互补性。

阅读链接

孙禄堂除撰写了《太极拳学》外，还先后著述《形意拳学》《八卦掌学》《拳意述真》《八卦剑学》《论拳术内外家之别》等重要专著和文章。孙禄堂一生以教拳为业，足迹遍及祖国各地。

天津的《大公报》评价道："合形意、八卦、太极三家，一以贯之，纯以神行。海内精技术者皆望风倾倒。……为人重然诺，有古风粹然之气见于面背。"北京的《京报》评价孙禄堂是"我国太极拳界唯一名手"。

吴鉴泉创立吴氏太极拳

1870年，河北大兴（今北京市大兴区）的满族乌佳哈拉氏家新得一子，取名"乌佳哈拉·爱绅"。

他的父亲全佑曾跟杨氏太极拳的创立者杨露禅学习太极拳，后又拜杨露禅的二子杨班侯为师，学习杨式小架太极拳。

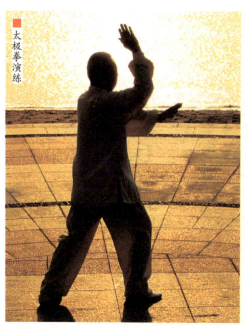

太极拳演练

后来，全佑改满姓为汉姓，因"乌"与"吴"谐音，所以就改称"吴"姓，他的儿子也改名为"吴鉴泉"。吴鉴泉自幼喜练武功，善于骑射。

有一天，全佑在北京朝阳门外茶馆同友人吃茶，隔壁是马贩子大院，吴鉴泉见有一匹马被铁链锁了，问他们："为什么锁着

■ 打太极拳的人

那匹马呢？"

马贩子说："这个马闹手，无法上鞍。"

吴鉴泉看看那匹马，微笑着说："你们放开，我来给你训练。"

马贩子说："马要是跑了，你赔，而你要是受伤我们不负责。"

吴鉴泉说："那是当然了。"

于是，马贩子便将马放开了，吴鉴泉一手抓鬃，一手用马鞭打马，此马直立，乱踢乱跳，围城跑了一周，满身大汗，马力已疲，始服人管，由此可见吴鉴泉的马术已是登峰造极。

吴鉴泉在父亲教导下，对太极拳苦心钻磨，增益修订，造诣日益精深。

后来，太极拳家许禹生在北京创办体育社，聘请杨少侯、杨兆清、吴鉴泉、纪子修、刘恩绶、刘彩臣等人为教员。

朝阳门 元代称"齐化门"，门内九仓之粮皆从此门运至，故瓮城门洞内刻有谷穗一束，逢京都填仓之节日，往来粮车络绎不绝，"朝阳谷穗"为南粮北运的第一位喜迎神，明代修缮齐化门，并将东面的两座城门改称"朝阳门"和"东直门"。

岳家散手 又称"岳氏散手""岳氏散掌"，属于岳家拳。据考证，宋代著名抗金将领岳飞曾创造子母拳，后其子岳震、岳霆隐居于湖北黄梅，传下了岳家拳。岳氏散手共三十二路一百七十三手，主要特点为以静待动，以快制胜，出手凶猛，见缝插针。

宋远桥 据旧籍记载，张三丰的弟子为宋远桥、俞莲舟、俞岱岩、张松溪、张翠山、殷利亨、莫声谷7人。宋远桥、俞莲舟等7人为友，因同往武当山，访一个名为"夫子李"的高人不遇，刚好碰到张三丰，于是7人拜其为师，学习"十三式"太极拳。

这些人都非等闲之辈，杨少侯、杨兆清为杨式太极拳创始人杨露禅之孙、杨健侯之子；刘恩绶、刘彩臣皆为吴鉴泉之父吴全佑之徒。

当时，许禹生有个朋友，叫宋书铭，祖传"三世七"太极拳，他自称明代张三丰的弟子宋远桥是他的远祖。于是，体育社的许多教员都随许禹生去访宋书铭，同去的有纪子修、吴鉴泉、刘恩绶、刘彩臣、姜殿臣、吴图南等人。

这一行人受到宋书铭很客气的接待。吴图南告诉宋书铭，说他从朋友处得到一个《宋氏太极功源流支派论》抄本。

宋书铭听说之后，马上到内室，也找出了一本家传《宋远桥太极功源流支派论》抄本，拿给大家看。两者除了名目略有不同外，内容完全相同。

接着，宋书铭应大家的请求，表演了"三世七"太极拳，和当世的太极拳大同小异，没什么使人意外的。

接着许禹生与宋书铭表演了推手。只见宋书铭一搭手，许禹生就不自在，处处受制，歪歪扭扭，不能自持。宋书铭推手的路子不同，一般人推手，都喜欢用两只手掌压住对方双臂，他则不同，两手臂专在对方双掌之下，用手背和胳膊外侧与人接触。

他们表演完毕，其他人多有不服气的表现——这一行人都是当时京师太极拳之翘楚。然而，一搭手，不得了，竟然都和许禹生差不多，没有一个人是宋书铭的对手。

其中最惨的要算纪子修了，纪子修早先是练岳家散手的，后来从凌山学太极拳，凌山是杨露禅的徒弟，以刚发著称，所以，纪子修就刚上加硬。

他看到其他人柔化对付不了宋书铭，他一搭手就是硬的，双手掌死死压在宋书铭的双臂之上。殊不知，这恰对了宋书铭的胃口，眼看纪子修要把宋书铭压垮，纪子修猛一用力，打算把宋书铭击翻在地，就听"嘭"的一声，纪子修就似断了线的风筝，倒飞出去，跌倒在地。

切磋之后，众人纷纷向宋书铭请教。宋书铭把珍藏的祖传《宋氏太极拳谱》抄本赠送给众人。这些人多是吴氏太极拳家，所以《宋谱》就被吴氏太极拳吸收，以后成了吴氏太极拳的经典。

吴鉴泉从宋书铭所学的是别家没有的"太极功"，即阴阳二十四式太极功及宋书铭的推手手法。

《宋谱》中的主要内容，就是许宣平《十六关要论》等经典，其中讲到"浑噩于身，全体发之于毛"。太极拳的功夫有五乘，曰：骨、筋、皮、毛、气。歌曰：

继承完善
发扬光大

太极刀法

磕格碰撞是骨打，全身五弓为筋发。皮打抖弹震死牛，毛发松弹手三阳，阴阳互感通天下。

宋书铭所以手臂放在对方手臂之下，他打的是手三阳经，皆在手臂外侧，即汗毛的一侧，故有"毛发"之称。

之后，吴鉴泉在北京体育研究社教授太极拳，从那时起他对家传的太极拳加以充实和修改，去掉重复和跳跃动作，使拳架更加柔化，形成了吴式太极拳流派。

吴式太极拳的特点是，动作轻松自如，连绵不断，松静自然。吴式太极拳虽然架势小巧，但具有大架功底，开展而紧凑，在紧凑中又舒展自如。

吴鉴泉还对太极拳推手作了改进，他的吴式太极推手别具一格，要求立身中正安静，细腻绵柔，宁静而不妄动。他的推手不仅手法严密，而且招数特别多，因此，吴鉴泉的武艺也就更加高超。

吴鉴泉演练的太极拳，除了慢架子外，还有快架子。快架子是一种刚柔相济、快慢相间的太极拳术，演练起来既轻快又柔和。

吴鉴泉不仅精于太极拳，对各种器械，如太极剑、太极对剑、太极刀、太极十三枪等也非常精熟。

阅读链接

吴鉴泉的"鉴泉太极拳社"自创设以来已有近百年的历史，它的分社已发展到香港，以及新加坡、菲律宾、加拿大、美国等国家和地区。

吴鉴泉一生之中培养了大批学员，为吴式太极拳的传播做出了不可磨灭的贡献。鉴泉拳发展壮大，分社已遍布海内外多个国家和地区，其门人遍布海内外，吴式太极拳在海内外广为流传。